RADIUS BÜCHER

Maria Jepsen
einmischen

Neue Predigten und Reden

Maria Jepsen, geboren 1945 in Bad Segeberg, studierte Altphilologie und Theologie in Kiel, Marburg und Tübingen; von 1972 bis 1990 Pastorin in Meldorf/Dithmarschen und in Leck/Südtondern; danach Pröpstin in Harburg; seit 1992 Bischöfin für Hamburg. Maria Jepsen ist Autorin von »Unten bleiben. Reden einer Bischöfin« (1993) und Herausgeberin des Bandes »Wen meine Seele liebt. Das Hohelied Salomos neu gelesen« (1995), beide im Radius-Verlag erschienen.

Die Deutsche Bibliothek – CIP-Einheitsaufnahme

Jepsen, Maria:
Einmischen : neue Predigten und Reden / Maria Jepsen. –
Stuttgart : Radius-Verlag., 1995
(Radius-Bücher)
ISBN 3-87173-035-1

ISBN 3-87173-035-1

Umschlag: André Baumeister
Gesamtherstellung: Clausen & Bosse, Leck
Printed in Germany

Inhalt

Vorwort

Pastorinnen und Pastoren, und darum eine Bischöfin auch, machen Worte. Viele Worte. Wenn ich sehe, wie viele da so zusammengekommen sind, allein in diesem Buch in einem so kurzen Zeitraum, dann ist das schon erschreckend. Aber es ist nun einmal unser Beruf. Wir sind Rednerinnen und Redner und stehen immer in der Gefahr, nur so dahinzureden.

Die ideale Leserin und der ideale Leser dieser Texte wären die, die sich neben dieses Buch ihre Bibel legen, die Hinweise aufnehmen, überprüfen und sich dann fragen: seh' ich das auch so? Und die die Sätze, die bei ihnen hängenbleiben, weil sie sie gut finden oder ärgerlich, mit ihrem eigenen Handeln und Denken, Glauben und Tun vergleichen und überprüfen. Es ist ja ohnehin meistens viel mühsamer, zu hören und zu lesen, als selber zu reden.

»einmischen« habe ich den Band übertitelt. Das ist als freundliche Aufforderung gemeint, ja keine Kluft zwischen Kirche und Welt entstehen zu lassen. Das hieße, die Schöpfung rückgängig machen und für unsinnig erklären zu wollen. Das hieße, das Kreuz zu zerbrechen.

Zuerst wollte ich das Buch »kinderleicht« nennen. Weil Gott uns ja alles vorgesagt hat, was wir weiterzusagen haben, und weil man es kinderleicht zusammenfassen kann mit Hilfe der Bibel in drei Wörtern: Gott ist Liebe. Das ist der befreiende Anfang. Aber ein paar mehr Wörter muß man dann wohl doch machen. Und es nicht bei Wörtern belassen, sondern sie glauben und tun: sich einmischen, mit diesen drei Wörtern im Hintergrund.

Hamburg, im April 1995

Maria Jepsen

Wegreligion und Standpunktreligion

Vortrag zum Thema »Biblische Ökumene in der Gemeindepraxis« in der Ev. Akademie Tutzing, 24. April 1993

Sehr geehrte Damen und Herren, liebe Schwestern und Brüder, auch ich finde es ungut, wenn Personen nur einfliegen für einen Vortrag, für ein Referat, aber ich muß sagen, ich wurde so bedrängt von Tutzing, daß ich nicht nein sagen konnte.

Als Bischöfin kann ich meinen Sprengel nicht so oft allein lassen, wie ich überall angefragt werde, und zwar von der Ökumene in der Bundesrepublik, aber auch weltweit. Da muß ich sehr genau überlegen, was ich mache, wo ich zusage. Hier habe ich zugesagt unter dem Stichwort »Biblische Ökumene« und – ich weiß nicht, ob es als Bonbon verstanden war, daß Schalom Ben-Chorin dabei sein sollte.

Ich bin Praktikerin und habe in der Woche über sehr viel mit ganz normaler Kirchenarbeit zu tun als Bischöfin: Verwaltung, Diakonie, Seelsorge, Öffentlichkeitsarbeit, Ausschüsse, Gespräche mit politisch Verantwortlichen aus der Wirtschaft usw. Deshalb konnte ich nicht noch ausführlich ein Referat erarbeiten. Ich hätte es vielleicht schaffen können mit Hilfe anderer, aber mir liegt im Grunde genommen bei der Ökumene auch sehr viel mehr an dem Gespräch miteinander. Ich habe deswegen Thesen verfaßt, aber nicht nur zu dem Verhältnis evangelisch-katholisch, sondern zur biblischen Ökumene, zu einer sehr weiten, offenen Ökumene, wie wir sie bei uns praktizieren. D. h. nicht, daß wir »überfliegen« und uns der Problematik evangelisch-katholisch nicht stellen; aber so eng ist die Ökumene bei uns nicht mehr wahrzunehmen. Hamburg ist vielleicht doch eine besondere Stadt. Es stand gerade im Zeit-Magazin, daß in Hamburg die größte Zahl von Religionsgemeinschaften auf der ganzen Welt ist.

Wir haben eine Arbeitsgemeinschaft Christlicher Kirchen. Da gehören fast 50 verschiedene Kirchen dazu, und wir haben ein sehr gutes ökumenisches Miteinander von der katholischen und evangelisch-lutherischen Kirche, ein sehr herzliches Miteinander mit dem Weihbischof auch, und das, was es an ökumenischen Schwierigkeiten gegeben hat mit meiner Wahl, hat mir nicht zu schaffen gemacht und uns in Hamburg auch nicht, wohl auch deswegen, weil wir uns sehr stark getragen wußten von der römisch-katholischen Kirche. Was bei uns selbstverständlich ist: wir können nicht einen ökumenischen Gottesdienst oder irgend etwas Ökumenisches »machen«, nur evangelisch-katholisch; bei uns ist es selbstverständlich, daß die Arbeitsgemeinschaft Christlicher Kirchen mitplant, mitdenkt, mitbetet, mitfeiert. Wir haben bei uns Syrisch-Orthodoxe, Griechisch-Orthodoxe, Mennoniten... Wir haben verschiedene katholische Christinnen und Christen da, aus Portugal und Polen, aus Ungarn und Ghana... Es gibt, glaube ich, nichts, was wir nicht haben. Und wir sind natürlich mit den vielen Gemeinden immer im Gespräch und auch darauf angewiesen – und sie sind auf uns angewiesen – und es ist eine große Bereicherung dann. Und so werden wir auch daran gehindert, einen »Überflug« oder »Einheitsbrei« zu veranstalten, sondern sind vielmehr gefordert, unser je eigenes Profil zu entwickeln. Das fiel uns im Norden früher ja etwas schwerer, weil wir eben so etwa 98% evangelisch-lutherisch waren. Jetzt sind wir, von der Bevölkerung her, in Hamburg unter 50% evangelisch, 13% katholisch, aber in vielen unterschiedlichen Gemeinden. Dazu noch die Freikirchen, die Orthodoxen... Deswegen kann ich mich nicht auf ein verengtes Verhältnis evangelisch-katholisch einlassen, auch im Lebensvollzug ist das für mich nicht vorstellbar. Das wäre mir zu wenig – bei der Fülle an ökumenischem Reichtum.

Nun zum Thesenpapier:

1. Es fängt an mit den Arbeitern im Weinberg bei Matthäus 20. Dieses Gleichnis möchte ich heute auch als ein ökumenisches Gleichnis begreifen. Da heißt es ja: Die einen sind früh dabei, und die anderen kommen spät, und die ersten beschweren sich nachher und sagen, wir haben auch soviel gearbeitet, und die anderen bekommen genausoviel wie wir.

Ich möchte es als ökumenisches Gleichnis im anderen Sinne verstehen, und ich denke, Jesus hätte es für die Ökumene heute anders erzählen müssen. Da beschweren sich nicht die ersten und sagen, wir haben viel mehr gearbeitet, wir sind viel länger dabei, sondern es ist eigentlich so, daß wir, die später Dazugekommenen, uns beschweren, indem wir sagen: »Wieso sind die, die bei Gott schon am Anfang dabei waren, warum sind die Juden eigentlich genauso geliebt von Gott wie wir?« Wir, die Letzteren, wollen ein bißchen besser sein oder wenigstens nicht ertragen, daß die anderen gleichgeliebt von Gott sind.

Lesen Sie mal in Ruhe das Gleichnis und beziehen Sie es auf Juden, Katholiken, Protestanten und alle anderen christlichen Denominationen.

Ja, wieweit sind wir überhaupt bereit, anzuerkennen, daß Gott die Juden lange vor uns erwählt hat und daß wir erst durch Jesus dazugekommen sind? Daß wir nicht höher stehen, sondern als jüngere Geschwister vielleicht eher niedriger stehen?

2. *Dialog oder Mission.* Die Geschichte von den Zebedaiden Jakobus und Johannes: die wollen beide neben Jesus sitzen, zur Rechten und zur Linken. Und Jesus weist sie ab und sagt: »Ich kann es euch nicht erlauben, denn das ist ganz allein Gottes Sache.«

Wie steht es mit unserer Sonderrolle? Wir wollen sie haben, festhalten. Sind wir Wurzelstamm oder sind wir doch nur Äste, die aufgepropft sind. Der »Zentralverein für Mission unter Israel«, lange so benannt, hat regelmäßig geworben mit einer kleinen Broschüre »Mission unter Israel«, von der Kirche weitergegeben und unterstützt: er ist jetzt endlich umbenannt worden als »Verein für Zeugnis und Dienst unter Juden und Christen«. Judenmission, eine Thematik, die ja im letzten Jahr wieder für Unruhe gesorgt hat. Und ich denke, da zeigt es sich, wie ernst wir es nehmen. Sprechen wir mit Juden auf einer gemeinsamen Ebene? – Vieles können wir auch übertragen auf evangelisch-katholisch. – Oder sprechen und denken wir doch immer noch von oben her? Von der Position derer, die eben schon seit langem die Macht haben, Recht haben? Gibt es die Möglichkeit des gemeinsamen Gespräches?

Wir haben in Hamburg in der Katharinenkirche eine Reihe gehabt, »Juden-Christen«, jüdisch-christliches Gespräch. Und ich habe am Beginn in einem Grußwort gesagt, es sind doch »ungleiche Gespräche«, ungleich, weil wir als Kirche sozusagen immer von den anderen erwarten: »Ihr müßt Eure – zumindest theologische – Existenzberechtigung erst mal nachweisen. Wir diktieren Euch die Fragen. Wir wollen nicht hören, was *Ihr* zu sagen habt, sondern *wir* zitieren Euch oder laden Euch ein.« Von der Zahl her sind wir natürlich sehr viel mehr, vielleicht 80 × 100 mal soviel Christen wie Juden. Da kommt es auch mal vor, daß wir als Christen dann die Juden umarmen und sagen: »Ach, es ist ja so schön!« Philosemitismus, das Schlimmste wohl nach dem Antisemitismus oder zumindest ähnlich.

Dialog heißt: Neugierig sein, veränderungsbereit sein. Manchmal habe ich die Angst, daß für uns die Frage nach Gott eigentlich schon erledigt ist, für immer beantwortet. Wir ahnen das vielleicht noch oder wissen es. Dabei wäre es an der Zeit, gemeinsam zu suchen, neu zu fragen. Für mich gibt es etwas, was ich aus dem Judentum in unsere Kirche übertragen möchte; Streiten, nicht streiten, um einen andern fertigzumachen, sondern um gemeinsam weiterzukommen. Erinnern wir uns an die Streitgespräche Jesu beispielsweise; diese Tradition haben wir leider gar nicht gepflegt.

Wie weit haben wir unserer Meinung nach gleichberechtigte Positionen?

An einem Beispiel mache ich es fest; – das ist natürlich dann ein evangelisches Beispiel. Die Ehe zwischen einem evangelischen Amtsträger / Amtsträgerin und einem jüdischen Ehepartner / Ehepartnerin ist nicht möglich gewesen – so Pressemeldungen vor einigen Jahren. Das ist – Gott sei Dank – geändert; inzwischen ist solch eine Eheschließung wohl zumindest ausnahmsweise doch möglich. Das ist schon sehr seltsam, theologisch schwierig, daß diese Verbindung verboten worden war. Da haben wir Gesetze, die dem biblischen Geist ganz gewiß nicht entsprechen. Ein Beispiel für die ungleiche Glaubensbegegnung.

3. Wir haben einen »lebendigen Gott«. Wir haben einen »lebendigen Gott«. Die Tendenz im Christentum – und das vor allem in beiden großen Konfessionen – ist eigentlich eine Systematisierung des Glaubens. Wir haben dogmatische Festlegungen. Das ist interessant und begeistert auch manchmal, aber es verstößt auch bisweilen gegen das Bilderverbot der Bibel. Gott wird statuarisch zur Dogmenstatue. Die Tendenz im Judentum ist mehr die erzählerische Vermittlung des Glaubens. Unterschiedliche Standpunkte der Rabbiner gelten nebeneinander. Ich nenne ein Bild, das mich sehr geprägt hat. Gott hat 70 Gesichter. Ich aber kann nur eins erkennen. Ich kann also nicht alle erkennen, nicht von allen erzählen. Andere haben ein anderes gesehen; es ist notwendig und gut, daß wir miteinander reden, einander erzählen! So können wir dann sehr viel mehr von Gott sehen und zeigen.

»Ich werde sein, der ich sein werde«, Gott hat sich wandelnde, veränderbare Gesichter und nicht nur das einmal festgelegte. Im Christentum ist es oft so: Wir haben das Glaubensbekenntnis und sammeln uns darum, und es muß genau entschieden werden: »Bist du darin, bist du draußen?« – mit Androhung der Exkommunikation oder Verketzerung.

Das Judentum hat die Geschichten. Die nehmen mit auf den Weg. Ich kann mich an ihnen reiben, ich kann mich hineinnehmen lassen.

Ich kann mich auch mal nach außerhalb begeben. Es ist eine Wegreligion; nicht eine Standpunktreligion. Können wir anerkennen, daß es zwei verschiedene Fassungen gibt? Oder unterschiedliche Bilder von Wahrheit?

Wie sieht das evangelisch-katholisch bezogen z. B. mit der Frage des Abendmahls aus? Oder auch innerhalb unserer eigenen evangelischen Tradition? Oder die Geschichte vom leeren Grab? »So und nicht anders« – heißt es dann.

Ich kenne nur allzugut die Bekenntnisfragen, wo wir abgestempelt werden sollen. Da heißt es dann rechthaberisch: »Wenn du das nicht glaubst, dann gehörst du nicht mehr zur Kirche«. Oder denken wir an die Beauftragung von Frauen. Kann es da nicht unterschiedliche Deutungen geben, ohne daß wir uns einander »fertigmachen«, verurteilen? Als zeitgeistgeprägt – oder ewiggestrig beschimpfen? Da wird auch die Stellung der Familie unterschiedlich bewertet. Überhaupt sehen wir viele ethische Fragen ganz unterschiedlich und meinen, nur wir selber hätten recht. Christliche Wahrheit soll bei uns meist ganz klar und kantig sein, holzschnittartig und schneidend scharf. »Je deutlicher und eindeutiger, desto besser«, wird behauptet.

Dagegen habe ich jüdische Wahrheit eher als warm und ausufernd empfunden, zu weiterer Auseinandersetzung führend, nicht von oben herab, sondern als Prozeß, wo gemeinsam gesucht wird. Als sehr hoffnungsvoll sehe ich das Gespräch an, »evangelisch-katholisch«, »christlich-jüdisch«, das im Rahmen der feministischen Theologie begonnen hat, wo ganz neu gefragt, gesucht wird. Und wenn die jüdischen feministischen Theologinnen uns Antijudaismus nachgewiesen haben – so hatten sie ja recht. Sie haben uns geholfen, daß wir nicht mehr so viel mit Schwarz-Weiß-Bildern arbeiten. Wir können nicht mit den überkommenen und übernommenen Schablonen arbeiten; wir müssen uns neu auf den Weg machen, nicht nur in der feministischen Theologie. Ich sehe da eine große Hilfestellung jüdischer Theologinnen und Theologen und hoffe, daß wir da gemeinsam ein Stück weiterkommen, daß wir unseren christlichen Glauben nicht immer nur abgrenzend formulieren, sondern offen. Wir brauchen nicht das Feindbild, die schwarze Folie, weder für die Frauentraditionen der Bibel noch für andere Glaubensaussagen.

4. *Die jüdische Kinderbibel.* Inzwischen beginnt da, Gemeinsames zu wachsen. Hinweisen möchte ich noch auf die jüdische Kinderbibel von Abrascha Stutschinsky. Es wird ja unglaublich viel getan, um Kinder heranzuführen an den christlichen Glauben, und das ist gut

so. Doch wir verzichten meist auf eine wichtige Quelle, auf die jüdische Geschichtentradition, auf die Midraschim, die Haggada, die so vieles erzählt in ganz offener, überzeugender Weise. Diese Glaubenstradition befähigt dazu, sich mit Glaubensfragen, mit Lebensfragen neu auseinanderzusetzen.

Jüdische Tradition finden wir in theologischen Werken, hier und da, wenn auch noch zu selten; sie begegnen uns auch in Anthologien, aber da meist nur »schöngeistig« oder als »Gebrauchstexte«, zum Zitieren, weniger zur Auseinandersetzung.

5. *Die Bibel.* Vielleicht ist es polemisch gesagt, aber ich erlebe es häufig. Das Neue Testament wird oft wie ein Hammer gebraucht, um andere damit zu erschlagen. »Das mußt du so glauben, so – und nicht anders!« oder wie ein Steinbruch. Ich suche mir ein einzelnes Wort aus und werfe damit nach anderen, um sie zu erschlagen. Sicher, nicht allgemein ist es so, aber ich erlebe es häufig. Dabei ist das Alte und das Neue Testament nicht so ein »Hammer«, sondern die biblischen Schriften sind vielmehr sozusagen »Schaufeln«, um unser Leben, um unsere eigenen Gedanken und Vorstellungen, Empfindungen umzugraben, immer neu, daß etwas Neues dann auch gut wachsen kann.

Wenn wir von dem »Alten« Testament sprechen, dann klingt das wie das »veraltete« Testament. Und wie ist das, wenn wir von dem »Spät-Judentum« sprechen und damit meinen, daß das Judentum zur Zeit Jesu aufhörte?

Was implizieren solche Ausdrücke für einen Juden heute? Hören wir nicht die Beleidigung, die darin steckt? Sicher ist es meist eine ungewollte Beleidigung, manchmal vielleicht auch aus christlicher Arroganz heraus. Ich denke, wir sollten unsere theologische Begrifflichkeit ganz genau daraufhin prüfen und verändern.

Wie und womit tun wir anderen weh? Ein Beispiel aus der evangelisch-katholischen Beziehung: Das Communio-Papier hat uns in den letzten Monaten beschäftigt, an der Basis wohl weniger, mehr in der Mitte und an den kirchenleitenden Stellen. Es stehen harte Aussagen dort gegen die evangelische Kirche. Und da wird uns immer gesagt: »Nein, so ist es ja nicht gemeint«. Es hat uns aber weh getan. Und nun bedenken wir: wie tut das weh: »Spätjudentum, Ende des Judentums«, Ausdrücke, die das heutige Judentum leugnen, die die jüdische Geschichte in den letzten 2000 Jahren ignorieren.

6. *Antijudaismen.* Ich hatte in einem kurzen Interview einmal gesagt, daß es schlimm sei, wieviel Antijudaismus wir heute noch ha-

ben. Das wurde als eine große Meldung letztes Jahr gleich nach meiner Wahl über sämtliche Medien verbreitet, unglaublich verkürzt zwar; man merkte da aber, da ist »was dran«.

Antijudaismen haben wir auch in der Kirche noch viele; wieviel ist da zu entdecken, schon wenn ich mir biblische Kommentare angucke; oder, wenn da so und so vieles einfach nicht erklärt wird, was eben nur aus der jüdischen Tradition zu verstehen ist.

Judaistik kam bei uns im Studium wenig vor, und das hat sich seitdem nicht mehr geändert. Auch in der übrigen kirchlichen Tradition wurde Antijudaistisches weiter tradiert; so heißt es noch in einem Choral (EKG 56,1): »Geführt vor gottlose Leut«. In der neuen Fassung wird es zum Glück geändert. »Die gottlosen Leut«, damit waren, sind die Juden gemeint. So etwas darf nicht mehr vorkommen. Ich überlege bei jeder Liedstrophe: kann ich sie singen im Angesicht der jüdischen Mitschwestern, Mitbrüder, die wir in Hamburg eben auch haben? Ich frage: wie wirkt das auf sie? Liedstrophen können wir leichter ändern. Wir wissen das von dem Choral: »und steur des Bapsts und Türken Mord« (EKG 142,1). Was würden die Katholiken wohl heute sagen, wenn wir das in der evangelischen Kirche noch sängen: »steur des Bapsts Mord«? Könnte es dann offene ökumenische Gespräche und Gottesdienst geben? Ich denke, wenn wir etwas nicht ändern können – z. B. gilt das von biblischen Texten –, dann sollen wir Fußnoten dazu setzen.

Ein weiteres nenne ich, was nicht unkommentiert stehenbleiben kann. Da heißt es in der Bergpredigt (Mt 5,43 f.): Den Alten ist gesagt: »Du sollst deinen Feind hassen«. Und es steht keine Fußnote dabei, daß es gar nicht im Alten Testament steht. Da muß m. E. eine Fußnote hinzugefügt werden; aber den biblischen Text sollen wir nicht ändern, hier nicht, anderswo nicht, jedoch die Richtigstellung beifügen. Wie wichtig Worte sind, haben wir Frauen vielleicht in besonderer Weise erfahren. Wenn wir nur »mitgemeint« sind, dann kommen wir nicht vor, dann gibt es uns eigentlich gar nicht.

Ein anderes Beispiel: Ich habe einmal in einem Gottesdienst ganz am Anfang meiner Zeit einen Text vorgelesen von »Lahmen und Krüppeln«, und es war ein körperbehinderter Mann da. Am Ende des Gottesdienstes bei der Verabschiedung war es – verbittert ging er hinaus, ohne mich anzublicken, ohne mir die Hand zu reichen. Er war »lahm und Krüppel«. Aber dies Wort impliziert heute eben mehr! Worte sind gefährlich, manche Worte verletzen, töten fast.

Antijudaismen gibt es auch in den Kirchen, in und an den Gebäuden: beispielsweise die »Judensau«, die in Wittenberg dargestellt ist oder in Dorfkirchen, wie ich es in Nordfriesland gesehen habe, eine Judensau war auf dem Steinfußboden. Alle mußten sie darübergehen, jeder Christ, jede Christin seit Jahrhunderten. In unserer Zeit wußte die Gemeinde es gar nicht mehr. Ich habe es in einem alten Buch gefunden. Man konnte die Figur noch erkennen. Wir treten die Juden mit Füßen, so sollte es sein, bleiben für Jahrhunderte. Diese Steintafel muß herausgenommen werden, als Mahnung aufgestellt werden, in ganz anderer Weise auf die Juden und Jüdinnen hinweisen.

Andere Beispiele für antijüdische Äußerungen und Beleidigungen: »Pharisäer«, wie reden wir darüber: sie seien Heuchler – und dabei stand Jesus den Pharisäern nahe – und das heutige Judentum ist vom Pharisäertum geprägt. »Geldjude«, »Judenschule«... Wir sollten unsere Sprache überprüfen und sollten dann auch den Reichtum erkennen, den wir aus der jüdischen oder jiddischen Sprache haben. Es ist vieles übernommen worden. Wenn wir uns »guten Rutsch« wünschen zum Neujahr. Dann hat das eben auch jüdischen Hintergrund – Rosh ha Schana – das ist der Jahresanfang. Oder Hals- und Beinbruch: »Haslacha w Beracha« – »Glück und Segen«. Wir haben sehr vieles, wo wir im Grunde genommen die Verbundenheit pflegen könnten, gemeinsam von Gott erzählen sollen.

7. Die Brückenfunktion der Kunst. Zuallererst ist wohl hinzuweisen auf Chagall-Bilder, die kommen meist gut an, aber nicht nur, weil sie schön sind. Ich kann hineinführen in jüdische Tradition, in biblische Themen. Und es gibt da sehr gutes Material dazu für Kinder- und Erwachsenenarbeit. Hilfreich sind auch jiddische Lieder und Musik, die uns vermitteln können, welche Glaubenserfahrungen die Juden in Osteuropa und bei uns gemacht haben.

8. Die Namen unserer Kirchen. Ich weiß nicht, wie es in Bayern ist. Ich habe es einmal für Hamburg und die Hannoversche Kirche ein wenig untersucht. Es gibt kaum alttestamentliche Kirchennamen. Debora, David, Hanna, Jesaja, Ruth, Mose – warum kommen sie nicht vor? Auch nicht als Namensgeber oder Namensgeberinnen für Gemeindehäuser? Könnte es nicht ein biblisch-ökumenisches Zeichen sein, wenn wir Namen aus dem alten Gottesvolk, aus der Hebräischen Bibel, für unsere kirchlichen Gebäude wählten?

Oder ein Beispiel anderer Art: da bin ich von Konfirmanden einmal angesprochen worden. Da ist das Kreuz Jesu und darunter die böse Schlange, die als besiegt gezeigt wird. Das begriffen sie, und dann wiesen sie hin zur Kanzel. Da oben steht der Pastor, da unten muß der Mose die Kanzel tragen. Ist das nicht auch so ähnlich, vergleichbar?

Ich selber bin auf den Gedanken nicht gekommen, aber wie kann das auf andere, auf unsere jüdischen Geschwister wirken: »Er muß das tragen« oder »er ist besiegt, klein gemacht – wie die Schlange.« Wir sollten da neu überlegen, wie unsere Kirchen die Verbundenheit zum jüdischen Volk zum Ausdruck bringen – oder nicht.

9. *Shoah und Holocaust.* Ganz kurz. Ich denke, es müßte eigentlich sehr ausführlich darüber geredet werden. Eine christliche Theologie, auch ein ökumenisches Gespräch, kann heute ohne Reflexion des Judentums und der jüdischen Wurzeln des Christentums nicht mehr geschehen. Nach Auschwitz müßte der Letzte und die Letzte es begriffen haben; aber vorher hätte es auch nie geschehen dürfen. Ohne diesen ausgezogenen Bezug entfernen wir uns total von der Liebe, von unseren Geschwistern. Wir entziehen uns der Verantwortung, werden direkt geschichtslos, haltlos.

10. *Kurze Ansatzpunkte in Einzelgemeinden.* In meiner alten Kirchengemeinde in Nordfriesland war an der Kanzel für alle sichtbar eine Schnitzdarstellung von Jesu Beschneidung. Und daneben war die Geburt in Bethlehem. Durch die Jahrhunderte und auch im Dritten Reich konnten alle sehen: Jesus, der Jude, wurde beschnitten. Aber das Judentum wurde dabei nicht gesehen. Das hätten die Christen und Christinnen wahrnehmen müssen und damit die eigene Bindung an Israel. – In skandinavischen Kirchen ist es heute noch üblich, daß der siebenarmige Leuchter, die Menora, auf dem Altar ist. Im nördlichen Schleswig-Holstein, aber wohl auch sonst, ist im Dritten Reich die Menora überall verschwunden; Jüdisches gehörte nicht mehr in die Kirche.

Statt der Epistel-Lesung im Gottesdienst gibt es manchmal die alttestamentliche Lesung, aber die wird eigentlich immer als »zweitrangig« verstanden oder »drittrangig«.

Der Israel-Sonntag, der 10. Sonntag nach Trinitatis, hat für manche Gemeinden noch Erinnerungsfunktion an die Zerstörung des Tempels und an das Gerichtshandeln Gottes: Er mußte ja zerstört werden, weil die Juden so böse waren und Jesus nicht anerkannt hatten. In manchen Gemeinden wird auch überlegt: was bedeutet Judentum und Israel heute? Ich denke, es wäre viel mehr mit dem Tag zu verbinden, damit wirklich die Beziehung des Christentums zum Judentum neu wahrgenommen wird – theologisch, theoretisch und praktisch.

Israel-Reisen werden verstärkt angeboten. Da kommt oft »was über«. Wer im Land Jesu gewesen ist, kann plötzlich ganz neu biblische Geschichten wahrnehmen und über jüdische Traditionen und Menschen anders urteilen. Nebenbei bemerkt, von Jerusalem weiß ich, wie viele entsetzt sind von der »christlichen Ökumene«, und sie sagen: »So darf das nicht sein, so können wir uns nicht aufführen. Wir haben doch eigentlich anderes zu bringen.« Da gibt es Streitigkeiten, die einfach peinlich sind.

Israel-Reisen laden vielfach ein zu einer dann ausführlichen Einführung in Judaica, ob es die Feste sind, ob es die Speisegesetze sind, ob es die Kleidung ist, Kipa und Tallit, die Gebote, die Verbote, das ist oft so ein Anlaß, näher in das Gespräch zu kommen und Vorurteile abzubauen.

Die »Reichspogromnacht« wird seit einigen Jahren bei uns in Nordelbien innerhalb der Friedenswoche wahrgenommen und mit Andachten verbunden. Passahfeiern ergänzen sozusagen das Abendmahl, nicht in der Praxis, aber in der theologischen Durchführung. Eine Übertragung direkt ist nicht möglich, aber den Hintergrund zu erkennen, welche Befreiungsgeschichte dahinter steht und welche Hoffnung damit verbunden ist.

Kontakte mit jüdischen Gemeinden sind schwierig. Wir haben in Hamburg eine jüdische Gemeinde, die sich bisher auch schwer nach außen öffnete, weil es wenig Juden und Jüdinnen von früher gibt. Die meisten sind aus den GUS-Staaten, aus dem Iran gekommen und haben nicht die Fragen, die wir haben, und sie können nicht die Antwort auf unsere Fragen geben. Ihre Geschichte, ihre Glaubensgeschichte ist ganz anders.

Ich bin in der letzten Woche bei einer Gedenkfeier für die Ermordung jüdischer Kinder in Hamburg gewesen. Da waren sehr viele aus der jüdischen Gemeinde da. Es waren viele, die in der ersten oder zweiten Generation erst bei uns in Deutschland waren, einige, die seit langem in Hamburg »zu Hause« sind. Christen und Christinnen waren kaum anwesend.

Und trotzdem sollen wir den Kontakt suchen und pflegen. Ich habe bei meiner Einführung den Landesrabbiner eingeladen. Im Gottesdienst nahm er im vollen Ornat teil. Zuerst wollte er ein Segenswort im Gottesdienst sprechen. Und dann haben wir es aus Rücksichtnahme auf manche, für die es schwer sein könnte, lieber gelassen. Er hat dann ein Grußwort, ein Segenswort im Rathaus gesprochen, auch auf hebräisch. Es war für mich wichtig, daß er dabei war, oder richtiger: ich war dankbar, daß er kam und mir ein Jesaja-Wort zusprach.

Ich besuche gern die jüdische Gemeinde. Auch bei der Chanukka-Feier war ich dabei. Es ist einfach wohltuend für uns zu sehen: Wir dürfen dabeisein. Und ich habe es bei einem Gottesdienst in meiner Kirchengemeinde erlebt: da sind die Tränen geflossen, als der Rabbiner sagte: »Liebe Schwestern und Brüder.« Er hätte gar nichts mehr zu sagen brauchen; diese Anrede wurde als Versöhnungsangebot verstanden, als Vergebung und Neuanfang.

Als Bischöfin für Hamburg nehme ich eine Art Verantwortung wahr für die jüdische Gemeinde, in Gesprächen, in Verhandlungen, wenn es nötig ist, in der Öffentlichkeit auch, weil ich denke, sie können nicht immer dabeisein. Für die christlichen Gemeinden wäre es gut, jüdische Häuser, jüdische Friedhöfe in der Nähe zu sehen, zu pflegen. Aber auch die Israel-Verantwortung heute gehört dazu, es geht nicht nur um das Judentum, das Israel von früher. Wenn wir als Christen glaubwürdig sein wollen, können wir das heutige Israel nicht außer acht lassen, allein lassen.

Auch in der theologischen Ausbildung muß da mehr geschehen. Ich bin eine starke Verfechterin des Hebräischen. Ich kann das zwar nicht mehr so gut, wie ich es einmal konnte. Aber jeden Tag muß jeder Theologe, jede Theologin hebräisch lesen. Das halte ich für ausgesprochen wichtig. Es wäre auch gut, wenn der Talmud hier und da mit hinzugezogen werden kann. Mein Mann ist Hausmann zur Zeit, er hat sich beurlauben lassen, und ich merke, wie oft er auch im Talmud blättert und begeistert erzählt, da habe er dieses oder jenes gefunden. Das kostet Zeit – aber die sollten wir uns auch mal nehmen – und einige haben auch die Möglichkeit, sich tiefer da einzuarbeiten und anderen dann Anteil daran zu geben.

Immer wieder stellt sich mir die Frage: Wollen wir diese biblische Ökumene überhaupt? Ich gebe zu: Ich bekam vorhin einen Schreck, als ich hörte, hier ginge es nur um evangelisch-katholisch. Und dann wurde gesagt: die weiteren Formen der Ökumene, das wäre ein Überspringen, ein sich Drücken von der wirklichen Ökumene. Ich sehe das anders, und der erste Ökumene-Ansatz ist für mich die Beziehung: »Altes« und »Neues« Testament, Juden und Christen. Deshalb meine Frage: wollen wir überhaupt eine biblische Ökumene?

Ich höre oftmals: »Nein, das mit den Juden, das ist etwas ganz anderes.« Für mich ist es nicht etwas ganz anderes. Wir haben den einen Gott, wir haben den einen gemeinsamen Teil »Hebräische Bibel«, und dann sind wir verschiedene Wege gegangen, aber mit demselben Gott und unter seinem Segen. Haben wir die Energie eines Schalom Ben-Chorin, der uns immer wieder neu das Angebot zum Gespräch gemacht hat? Sind wir bereit, uns so auf andere einzustellen? Von ihnen wirklich zu lernen? Segensreiche Begegnungen, lassen wir sie zu?

Manchmal habe ich das Gefühl, daß diese biblische Ökumene, daß das christlich-jüdische Gespräch immer noch keine Lebensfrage für uns geworden ist. Daß das »Alte« Testament eben doch, sozusagen etwas Veraltetes, Überholtes ist. Daß das Bild des Mittelalters noch stimmt, die Ecclesia – die strahlende Frau und die Synagoge mit der Binde vor den Augen, sie ist blind. Man kann das natürlich auch anders deuten. Sie ist blind, sie guckt nicht nach Stand und Beziehung, so wie beim jüdischen Segnen, da wird der Tallit vor die Augen gehalten. Der Priester kann nicht die Menschen angucken. Er sieht nicht, wenn er den Segen Gottes weitervermittelt.

12. *Anfang der Ökumene.* Wir stehen wirklich am Anfang der Ökumene. Es ist jetzt so, daß wir nicht mehr von Westeuropa allein aus bestimmen, was Ökumene ist, sondern uns werden von den Kirchen des Südens neue, andere Glaubensfragen und Glaubensantworten gegeben, aus eigener Verantwortung, aus eigenem Kontext. Was ich in Lateinamerika erlebt habe, von katholischen Basisgemeinden, das war sehr ermutigend, heilsam beunruhigend. Ich würde das sofort nach Hamburg übertragen wollen, aber das können wir eben nicht – so wenig wie es früher eigentlich ging; christlicher Glaube kann nicht einfach übertragen, »übergestülpt« werden, er muß selber »erobert«, entwickelt, weiterentwickelt werden. Wir müssen selber entwickeln, was bei uns jetzt dran ist.

Es ist erforderlich, daß wir die biblische Ökumene, wir Christen und Juden, wirklich entdecken, annehmen und pflegen, auch um dann gemeinsam ins Gespräch mit den Moslems einzutreten. Das wird, denke ich, von uns erwartet, und dem können wir uns nicht entziehen, in Deutschland nicht und weltweit nicht.

Ich möchte schließen mit einem Midrasch.

Der Baum des Lebens – wird erzählt – habe sich ausgebreitet
über alle Lebenden.
Seine Krone habe einen Umfang gehabt,
der einem Fußmarsch von 500 Jahren entspricht,
und alle Wasser seien von ihm aus über die Welt geströmt.
Katholiken und Protestanten,
wie wäre es, wenn wir alle uns
als Suchende betrachteten,

froh, dabei wieder Spuren zu entdecken
auf dem Weg des Lebens,
den die Kinder Israels schon vor uns gingen
und gehen.
Und manchmal abends kehrt Gott
dann bei uns ein.
Und manchmal, vor uns,
kommt er uns entgegen,
und manchmal läuft er
hinter uns her.
Wir haben
noch nicht viel gelernt.
Wir haben immer noch nicht gelernt,
die Rücken der Menschen vor uns
zu lesen.
Was erst würden uns ihre Augen
sagen, wenn wir uns wirklich
einander zuwenden?
Wie könnte ihre Sprache, ihr Leben
uns helfen, einander dann ein
Stückweit zu verstehen,
ein Stückweit gemeinsam zu gehen?
Und das alles unter den großen Zweigen
des Lebensbaumes.
Und wir darunter wie ein blühendes Gras,
wie bunte Blumen.

Ich denke, Gott würde sich freuen über die
Vielfalt, über die Blumen, über das, was wir
entwickeln.
Gottes Phantasie ist größer als unsere Phantasie.
Lassen wir uns nicht einengen.

Von heimlicher Sehnsucht

Thesen zum Thema »Der christliche Glaube ist nur so lange christlich, als er den jüdischen in sich trägt.« (E. Lohmeyer an M. Buber), Franziskanische Begegnungsstätte, Hamburg-Ottensen, 25. Juni 1993

1. Was uns schmerzt an diesem Satz, ist nicht unsere Abhängigkeit, sondern: daß man ihn nicht umkehren kann. Es kann nicht heißen: Der jüdische Glaube ist nur so lange jüdisch, als er den christlichen in sich trägt.

Es gibt wahrscheinlich eine heimliche Sehnsucht im Christentum, für das Judentum wichtig zu sein – und diese Sehnsucht ist in den Jahrhunderten der christlichen Verfolgung gewachsen; wir wünschen sehr, vom Judentum ernstgenommen zu werden, mit der Forderung der Anerkennung Jesu als Messias oder mit der Erwartung nach jüdisch-christlichen Gesprächen; wie kleine Kinder wollen wir gleich alt sein den größeren Geschwistern – und müssen uns doch bescheiden mit der Rolle der Kleineren. – So gebärden wir uns physisch als die Stärkeren, hantieren mit Absolutheitsansprüchen und Missionen, wollen die Ersten sein – und bleiben doch die Späteren.

Wir sind umgekehrt wie die Brüder im Gleichnis vom verlorenen Sohn und murren trotzig als Jüngere, daß der Vater den Älteren liebt, statt uns zu freuen, daß auch wir seine Kinder sind.

2. Was wir vom Judentum in dieser Zeit als erstes zu lernen haben, ist ihr Umgang mit ihrer eigenen »Theologie« – genauer gesagt: ihrer Systemlosigkeit. Wollte man es auf einen Begriff bringen, könnte man sagen: Das Judentum will nichts auf einen Begriff bringen, sondern es bleibt bei einer Erzählung, besser: beim Erzählen, nicht nur mit Worten, sondern auch mit Symbolen und Traditionen.

Das Judentum ist darin der Bibel gleichgeblieben, schließt nichts ab, sondern schließt auf. Es erträgt drei Antworten nebeneinander oder noch mehr, während wir die eine einzige Antwort suchen, eine verkopfte meist auch noch, fern von Bauch, Händen und Füßen. Die Wahrheit ist den Juden eher ein weites Feld und uns ein Punkt.

Oder anders: Wenn man so will: das Symbol für Gott nach jüdischer Tradition ist eher das Zelt, die Wanderbehausung (»Ich werde sein, der ich sein werde«), daneben das wandernde Gottesvolk, auf Erden, während das christliche Gottes-Symbol ein Stuhl, ein Sessel, der Thron des Dreieinigen Gottes geworden ist, in die Ferne gerückt – wie der vergoldete Pantokrator.

Nicht 70 Gesichter hat Gott für uns, sondern nur eins. Und die Theologen haben Mühe, die Bewegung Gottes am Leben zu erhalten. So unternimmt es Jüngel, die überlieferte Dreifaltigkeitslehre zu interpretieren mit dem Satz: Gottes Sein ist im Werden, um so jedenfalls annähernd den Freiraum zurückzugewinnen, den der behält, der auf Systematik verzichtet und zu Geschichten der Bibel zurückgeht und neu von ihnen auszugehen bereit ist und der Dogmen nur als Denkhilfen, Gesprächskürzel benutzt, doch nicht als Fundament-Steine des Glaubens.

Christliche Dogmatiker – wären sie selbstkritisch – müßten sich jeden Morgen die Geschichte vom Turmbau zu Babel vorlesen und sich fragen, ob sie nicht auch an so etwas bauen – einer vergeblichen Himmelsannäherung, einer Monopolisierung.

Und sie müßten sich erinnern lassen an den Aufstieg des Mose auf den Berg Sinai: selbst da wohnte Gott ja nicht, sondern war er nur vorübergehend anwesend in einer Wolke.

(So ist es, nebenbei gesagt, bei einem Blick auf Jerusalem und das Heilige Land, kein Wunder von der Sache der Bibel her, kein Wunder: daß sich am Sinai immer christliche Pilger tummelten und man kaum Juden dort antrifft, höchstens als Reiseführer – und daß Israel dort oben, was doch unserem Denken nahegelegen hätte, kein Heiligtum errichtet hat. Das taten die Christen, unten am Fuß, mit ihrem Katharinenkloster rings um den Dornenbusch und dann auch nach oben auf der Spitze.)

3. Um so froher natürlich war ich, als ich aus Judenmund doch einmal hörte, las, daß es eine Stelle gäbe, wo Gott tatsächlich anwesend sei. Abraham Joshua Heschel wagt diese ungewöhnliche Äußerung und schreibt: »In ihrer heutigen Gestalt ist die Bibel die einzige Stelle der Welt, von der Gott niemals weichen wird. Diesem Buch hat sich Israel unterworfen, wir müssen davor zittern, etwas darin zu verfälschen« (Gott sucht den Menschen, Seite 199).

Auf den ersten Blick erfreut dieser Satz jeden Protestanten und jede Protestantin. Doch seien wir vorsichtig. Natürlich spricht Heschel von der Hebräischen Bibel, dem Alten Testament. Und über Jahrhunderte hin hat christliche Theologie so getan, als sei dieser Teil der

Bibel nur die Wurzel, die man nicht anzublicken brauche – und der wahre Baum des Lebens sei das Neue Testament. Meiner Meinung nach stimmt das Bild so nicht: Das Judentum oder jetzt speziell: das Alte Testament ist nicht nur Wurzel, sondern tatsächlich ein ganzer Baum, lebendiger Baum, mit Stamm und Geäst und Krone.

Und das Christentum, oder jetzt speziell das Neue Testament? Vielleicht, hier im Gespräch, sollten wir ein neues Bild wagen und sagen: Unser Glaube, den wir ja selber abgeschlagen haben von diesem Baum, eine Sekte ehemals, abgetrennt – unser Glaube ist noch immer Holz von diesem Baum, und wir sollten uns mühen, zumindest eine Leiter daraus zu machen, die wir wieder anlehnen können an den Baum um hineinzusteigen in sein schützendes Blätterdach.

Jesus selber, der Jude, das wissen wir doch, hat diese Trennung ja niemals gewollt. Leiter anlehnen – das würde bedeuten zum Beispiel, daß wir uns verpflichten, in jedem Gottesdienst zumindest einen alttestamentlichen Text zu verlesen und gleichrangig diese Texte auch als Predigttexte zu wählen, damit die Perikopen-Texte (wörtlich, das Abgeschlagene) wieder angepfropft werden, wieder treiben können und Frucht bringen.

Oder anders: Das Neue Testament ist auch nicht der Schlüssel zum Alten Testament, wenigstens nicht der einzige. Sondern Altes Testament und Neues Testament sind Schachteln, in denen wir Schlüssel zum Leben finden, Schlüssel, mit denen Gott uns gleichsam unseren Lebensraum öffnet, mit viel Weite. Mit denen können wir erkennen, daß »die Erde erfüllt ist seiner Herrlichkeit« (Jesaja 6,3).

4. »Ich aber sage euch« – In dieser fast zornig klingenden Redeformel Jesu haben wir jahrhundertelang eine Absatzformel Jesu vom Judentum erkannt, als wollte er sich von ihnen abheben, absetzen.

Den Alten war gesagt – ich aber sage euch. Und wir hatten so getan, als sei es ein Satz vollkommener Trennung gewesen – und nicht sein Satz, neu zu sammeln. Wir haben so getan, als sei Jesus der erste Christ gewesen – und nicht der, der einem Propheten gleich Rost abklopfen wollte um des alten Glanzes willen.

Wir werden darauf beharren, daß wir in Jesus den Messias sehen, den Gesalbten, den Sohn Gottes – aber wir müssen neu lernen, daß dies ja gerade sein Gespräch mit seinen Glaubensgeschwistern war, seine Zuwendung und gerade nicht sein Abwendung. Seine Leidenschaft zielte ja nicht auf Trennung, sondern auf Beisammenbleiben. Oder verstößt eine Mutter ihr Kind, wenn sie sagt: Du hast das und das gemacht – ich aber sage dir? Die Schärfe prophetischer Worte ist doch Ausdruck der Liebe, der Leidenschaft – in doppeltem Sinn. Auch Jesus wollte sich nicht entfernen von den Seinen, sondern ihnen nahebleiben. Er baute seinen Zeitgenossen nicht ein neues Schiff zum Abdriften, er wollte reparieren und gemeinsamen Kurs behalten.

Jesus war kein Missionar, er brachte nichts Neues, besser: nicht etwas anderes; seine Leidenschaft galt dem Alten, sein Zorn den Verkrustungen.

Als er die Händler aus dem Tempel trieb, zerstörte er nicht den Tempel, nicht die Tafeln, sondern die Fleischtöpfe und die Goldenen Kälber der Römer und der Mächtigen Israels, derer, die nicht mehr den prophetischen Mahnungen und Verheißungen folgten.

5. Nach dem allen – sollte nun das Christentum nicht zu einer Dogmengemeinschaft werden, sondern zu einer Erzählgemeinschaft, Lebens- und Handelsgemeinschaft auch. Wir stellen unser Licht nicht unter den Scheffel, wenn wir sagen: wir haben nicht die Wahrheit in der Hand, sondern die Wahrheit ist in ihm und in jedem und in jeder, die Gott durch sein Wort heiligt, zum Mitwirken befähigt. Und weil »Wahrheit« ein sehr philosophischer Begriff ist, ist es vielleicht besser, statt nach Wahrheit – nach Brüdern und Schwestern zu suchen und einander nahe zu sein nach der Weisung des Herrn, zu suchen, zu fragen, zu zeigen, was sein Wille ist.

Hast du Schmerzen, lebst du noch

Predigt über Matthäus 1, 1–17
in St. Georg, Hamburg-St. Georg, 30. November 1993

Liebe Gemeinde,
wir feiern heute diesen Gottesdienst am Welt-AIDS-Tag, am 30. November, aber wir sind auch am Anfang der Adventszeit. So habe ich für meine Predigt einen Bibeltext ausgesucht, der mit Advent zu tun hat, oder richtiger: Es sind biblische Erwähnungen zu Beginn des Matthäus-Evangeliums: So heißt es: »Dies ist das Buch von der Geschichte Jesu Christi, des Sohnes Davids, des Sohnes Abrahams –« und dann werden alle Vorfahren Jesu genannt in heilsgeschichtlicher Reihenfolge.

Aber unter diesen Stammvätern werden auch vier Frauen genannt. Es sind Tamar, Rahab, Rut und Batseba, die Frau des Uria. Diese vier Frauen sind manchen unter Ihnen vielleicht unbekannt, und sie sollen auch nicht im Mittelpunkt meiner Predigt stehen, aber dazugehören, wenigstens am Rand dabeisein.

Da ist zuerst Tamar, die ihrem Schwiegervater Juda ein Kind abtrotzte, indem sie sich als Prostituierte an die Straße stellte.

Dann Rahab, die stadtbekannte und angesehene Prostituierte von Jericho, zugleich auch Priesterin.

Rut, die Moabiterin, die ihrer Schwiegermutter folgte, eine Ausländerin in Israel, ohne die üblichen Rechte.

Und Batseba, die als Frau des Uria genannt wird, doch Uria wurde vom König David in den Tod geschickt, weil er die Batseba zu seiner Geliebten machen wollte.

Vier Frauen, die aus der Rolle fielen, die in das normale gesellschaftliche Leben nicht hineinzupassen schienen; vier Frauen, die um ihre Rechte zu kämpfen hatten, mit unterschiedlichen Mitteln, die immer wieder die Macht und Druckmittel der Männerwelt zu spüren bekamen, – wenn sie in Not waren und auch wenn es ihnen gutging.

Diese vier Ahnmütter Jesu gehören in die Adventszeit, in unser christliches Leben und kirchliches Handeln, denn sie zeigen uns, daß wir das Kommen Jesu nicht nur für uns persönlich erwarten dürfen, nicht nur für die, die durch die Geschichte eher auf der Sonnenseite gelebt haben und leben, sondern das Kommen Jesu erwarten wir auch für die, die eher im Schatten der Geschichte leben, für die an den Rand Gedrängten.

Die vier Ahnmütter Jesu weisen uns deutlich auf Menschen, auf Frauen hin, denen es nicht so gut geht wie den meisten von uns; sie richten unseren Blick auf die, die unter schwierigen Bedingungen arbeiten, um leben zu können, die in jungen Jahren schon mit Elend und Tod konfrontiert sind und sich einfach nach Glück und schönen Gefühlen sehnen.

So wie die Hure Tamar auf Gerechtigkeit wartete und sich dann selber ihr Recht holte, so wie die Hure Rahab ohne Angst öffentlich auftrat und für ihre Sache, für die Rettung der Ihren klug und gottesfürchtig handelte, so sollen wir im Advent, durch den Advent ermutigt werden, für Gerechtigkeit einzutreten, im privaten und öffentlichen Bereich, für die, die unter uns, neben uns leiden, insbesondere Frauen, Ausländerinnen.

Und heute wollen wir vor Gott bringen, aussprechen, was uns belastet und beschwert, und wir, die wir von außen hierherkommen, wir wollen wahrzunehmen versuchen, worunter Prostituierte von St. Georg leiden.

Wir haben Aussagen gehört und zumindest ein wenig gespürt von dem, was sie bedrängt, von dem, was sie sich wünschen, wovon sie noch träumen.

Prostitution hat ganz unterschiedliche Gesichter – auf St. Pauli anders als in der Süderstraße, in manch Edel-Etablissements anders als auf St. Georg auf der Straße.

Junge Mädchen und Frauen suchen hier Verdientsmöglichkeiten, um besser leben zu können, um überleben zu können. Und sie gehen viele Risiken dabei ein, auch das Risiko, sich mit HIV zu infizieren, an AIDS zu sterben. Sie tun das nicht, weil sie leichtsinnig sind und ihr Leben leichtfertig dahinwerfen, sondern meist deswegen, weil sie andere Wege nicht sehen, um schnell an Geld zu kommen, um die Drogen zu bezahlen, von deren Konsum sie abhängig sind.

Was sind wir für eine Gesellschaft geworden, in der junge Menschen ihre Gesundheit, ihr Leben riskieren, obwohl sie doch eigentlich glücklich leben wollen?!

Aus unserer kirchlichen Tradition kennen wir den Satz Martin Luthers, daß der alte Adam täglich ersäufet werden muß – und jeder Tag die Chance zu einem Neuanfang hat. Ist das nun ein schöner und frommer Satz für die unter uns, die in gesicherten und heileren Verhältnissen leben? Ich denke, der Satz Martin Luthers enthält zumindest heute auch die Aufforderung für uns alle, uns täglich neu den Menschen zuzuwenden, »die am Ersaufen sind, die nicht mehr die Kraft haben, gegen den Strom zu schwimmen und alles von vorne mit enorm viel Tatendrang zu beginnen«. Einer christlichen Gemeinde kann es nicht gleichgültig sein, darf es nicht gleichgültig werden, wenn Kinder von Angehörigen und Bekannten mißbraucht werden – und so zu wirklichen Liebesbeziehungen nicht mehr bereit und fähig sind.

Wir alle wissen, daß sexueller Mißbrauch von kleinen und größeren Kindern häufig vorkommt; aber was tun wir ernsthaft und konsequent dagegen? Wir bleiben zögerlich und halten uns zurück, aus unterschiedlichen Gründen. – »Du sollst deinen Nächsten lieben wie dich selbst« – diesen Grundsatz aus dem Alten und dem Neuen Testament haben wir auch in den Familien, im engsten Lebensbereich neu wahrzunehmen, nicht als Aufforderung nur zu diakonischem Handeln, sondern auch als Möglichkeit, eine neue gute Beziehung zu uns selber zu finden, mich als Person anzunehmen, als die, die ich bin, ganz persönlich, ganz privat.

»Eigentlich kenne ich mich überhaupt nicht, ich habe Angst, daß ich mich bei einer Therapie wirklich sehe und das nicht aushalten kann«, – den Mut, das auszusprechen, haben nicht viele unter uns, und doch empfinden nicht wenige so. Vor allem Frauen ging es so, daß sie meinten, sie müßten nur für andere dasein, andere lieben und ernstnehmen, sich selber aber zurücknehmen, in allem, sich eben anpassen, einfügen, zur Verfügung stellen. Aufgrund unserer Erziehung und unserer Kultur wagten Frauen es kaum, sich selber wirklich ernstzunehmen, sich wichtigzunehmen und auch gutzufinden, sich Gutes zu gönnen. Frauen lernten es eher, zu schlucken als aufzumukken. Und wenn sie deutlich beim Namen nannten, was sie quälte, was sie bedrängte, dann hieß es, heißt es sehr schnell: Das hast du zu tragen – oder: Darüber spricht man nicht.

Doch christlicher Glaube will zu Offenheit ermutigen, dazu, daß wir das auch benennen, was uns bedrängt, was uns bewegt, was wir uns wünschen. Christlicher Glaube will uns den Druck nehmen, unter den wir uns gestellt sehen, durch die eigene Erziehung oder durch die gesellschaftlichen Normen.

So ist es gut, daß wir heute viele deutliche Worte gehört haben und sie gemeinsam vor Gott bringen – vor den, der uns kennt und uns annimmt, auch mit den dunklen und zerrissenen Teilen in unserem Herzen, in unserem Leben. Wir haben von Euch, von Ihnen, den Mädchen und Frauen, die hier auf St. Georg arbeiten und leben, einiges gehört, anvertraut bekommen – und sind doch auch hilflos, sprachlos, weil wir spüren, wieweit wir voneinander entfernt sind, aber auch, wie dicht wir einander sein wollen.

Jesus hat damals in Galiläa und Judäa diese Berührungsängste nicht so gehabt, er durchbrach die gesellschaftlichen Barrieren und sprach Hoffnung aus, durch Worte und durch seine Haltung, durch seine Nähe. Gegen diese Tabuisierung der Sexualität wandte Jesus sich, wie wir es einigen Geschichten des Neuen Testaments noch entnehmen können. Von den Ahnmüttern Tamar und Rahab, Batseba und Rut hatte er das Gespür behalten, daß Sexualität nicht aus dem Leben ausgegliedert werden darf, daß sie zum Menschsein dazugehört und daß auch in größter Not »Hoffnung, Trotz, Energie und ganz viel Hunger und Leben und Liebe Raum haben« können, Platz behalten müssen: denn sonst hat der Tod schon gesiegt, und das Leben hat seine Grenzen erreicht.

Auf St. Georg solche Hoffnung Tag für Tag, Nacht für Nacht durchzuhalten – es wird kaum gelingen, und deshalb ist es wichtig, daß wir uns als Kirche berühren und bewegen lassen, von Euch, von Ihnen, die Sie hier leben – und dem Tod, dem Beziehungstod und dem physischen Tod, öfter ins Auge sehen als viele andere.

Jesus, dem wir nachfolgen wollen, dessen Geschichte uns nicht losläßt, dieser Jesus hätte den Satz nachsprechen können: »Ich bin nicht, was ich scheine«, denn als Sohn Gottes war er mehr, war er anders, und auch wir sind nicht nur das, was wir scheinen, auch wir sind mehr, nur geben wir es bei uns selber selten zu, und auch lassen wir die anderen nicht sein, was sie sind, nämlich Ebenbilder Gottes, voller Würde und Größe, als Söhne und Töchter, die von Gott geliebt und geachtet sind – auch in den Elendsecken unserer Städte, da, wo alles kaputt erscheint.

»Hast du Schmerzen, lebst du noch« – ein Satz, der ganz und gar nicht in die strahlende Fassade unseres Lebens hineinpaßt – und doch unübersehbar, unüberhörbar, heute abend – aber wie gehen wir morgen damit um? Die HIV-Infizierten, die AIDS-Kranken – hier auf St. Georg und anderswo, lassen wir sie nicht doch wieder allein, draußen vor, wie einst die Kranken vor Jahrhunderten hier im Elendsstadtteil St. Georg?

Es ist eine Herausforderung, der sich die Kirchen und die einzelnen Christen und Christinnen in besonderer Weise zu stellen haben – um Jesu willen, der den Weg nicht um die Elenden herum suchte, sondern direkt zu ihnen ging und sich ihnen zur Seite stellte – und ihnen damit auch die Freundlichkeit und Barmherzigkeit Gottes zeigte.

Wenn Advent uns hinweist auf Gottes Gerechtigkeit auf Erden, auf Jesu Einsatz für alle Menschen, dann muß und kann es uns möglich sein, für Gerechtigkeit hier bei uns einzutreten, die von AIDS bedrohten Frauen und Männer nicht weiter ins Abseits zu drängen, ihre Nöte zu verdrängen, sondern offen darüber zu reden und nach Hilfsmöglichkeiten zu suchen und sie auch politisch einzufordern.

Advent 1993 auf St. Georg – hier gibt es einen guten Neuanfang, mit den erweiterten Räumen des Cafés Sperrgebiet, auch mit diesem Gottesdienst, in dem Sie, in dem ihr gemeinsam vor Gott bringt, was euch quält, worauf ihr wartet, die AIDS-Pfarrstelle unserer Kirche ist jetzt ausgeschrieben – und wir hoffen, sie bald gut besetzen zu können; ein Haus, ein Hospiz für AIDS-Kranke ist in Aussicht; einzelne Maßnahmen, für die wir alle dankbar sind. Aber wir wissen: Damit ist noch längst nicht genug getan.

Lassen wir uns dadurch also nicht beruhigen, bemühen wir uns weiterhin, stärker als bisher, gegen die Menschenverachtung und Zerstörung hier und anderswo gegenanzugehen und Hoffnungszeichen zu setzen, solidarisch zu sein, uns auch solidarisch zu zeigen – in der Nachfolge Jesu und in dem Glauben, daß es Gottes Wille ist, daß jeder und jede sich geliebt und geachtet wisse. Amen.

Ein Zeichen fordern

Predigt über Jesaja 7, 10–14
in St. Gertrud, Hamburg-Altenwerder, 24. Dezember 1993

Liebe Gemeinde,
eine Krippe, ein Kind, ein paar Menschen, die aus dem Dunkel kamen, Hirten und Fremde. Mehr brauchte Gott nicht, um dem Lauf der Welt eine neue gute Richtung zu geben. Und das alles in einem kleinen Ort in der Nähe der großen Stadt Jerusalem. Bethlehem, ein wenig läßt es sich vielleicht sogar mit Altenwerder vergleichen, dem alten Fischerdorf, wo wir heute nacht unseren Gottesdienst feiern.

Vor Jahren wurden die Häuser hier abgerissen, die Einwohner umgesiedelt, weil der Hafen der Großstadt erweitert werden sollte. So wie in den Braunkohlerevieren ganze Dörfer verschwanden, so verschwand auch Altenwerder am Rande Hamburgs.

Grün-graues Brachland ist hier entstanden. Nur die Kirche blieb stehen mit den Gräbern ringsum, als wollte sie ein einsames Zeichen sein, ein Zeichen dafür, daß das Wirtschafts- und Geschäftsleben doch nicht alles beherrscht, daß wir von mehr leben und für mehr leben als vom Brot allein und fürs Geld allein.

Sie ließen sich nicht alles nehmen, die Altwerderaner. Noch sammeln sie sich wie in dieser Nacht, in dieser Kirche, die der Treffpunkt der Gemeindemitglieder geblieben ist.

Doch wer achtet schon auf Altenwerder, wenn er nach Hamburg will, wenn sie vorn vor sich die Silhouette der City auftauchen sieht: die Türme der Hauptkirchen, des Rathauses, die Hochhäuser, die aufragenden Kräne des Welthafens? Wer achtet dann schon auf die Kirche in der nun menschenverlassenen Gegend?

Wer tat es damals, wer warf einen Blick auf die Hirtenfelder Bethlehems, wenn er auf Jerusalem zuging, das Zentrum der Macht: Wo die Pläne geschmiedet wurden, im Tempel und Königspalast, wo das große Leben pulsiert und das kleine Leben manchmal aus dem Blick gerät, wo die Zahlen regieren und der Sachzwang, wo man meint, man sei der Nabel der Welt. Doch Gott fing in Bethlehem an, neu an, und machte es zum Zeichen dafür, daß seine Pläne manchmal anders sind als unsere: Eine Krippe, ein Kind, ein paar Menschen, die aus dem Dunkel kamen, Hirten und Fremde, mehr brauchte er nicht für seinen neuen Anfang des Heils. Heute erinnern wir uns daran. Heute stellt er sie uns wieder vor Augen, die Krippe, das Kind, die anderen Figuren – wir haben sie ausgeliehen von der Seemannsmission, die ganz in der Nähe ihr Haus hat, wo sich Seeleute aus aller Welt treffen, auch heute abend.

Mit der einfachen Geschichte von Bethlehem will Gott unser Herz erreichen, uns zu Menschen machen, die mehr auf die Liebe rechnen, seine Güte, als auf Zahlen und eigene Pläne.

Ein Stall, in menschenverlassener Gegend, im Schatten der großen Stadt – »hier ist das Ziel, hier ist der Ort, wo man zum Leben geht, hier ist des Paradieses Pfort, die wieder offen steht«, so beschreibt der Choral den anderen Weg unseres Gottes.

Damals, noch lange vor Jesu Geburt, König Ahas zu seiner Zeit, der judäische Machthaber war kurz vorm Ziel seiner Wünsche, seiner eigenen Wünsche – die waren ziemlich weit entfernt von dem, was Gott wollte, zu weit, fand Jesaja, der Prophet, und er bedrängte ihn; im Predigttext lesen wir es, und sprach: »Fordere dir ein Zeichen vom Herrn, deinem Gott, es sei drunten in der Tiefe oder droben in der Höhe!« Der König aber lehnt ab, mit der Begründung: »Ich will's nicht fordern, damit ich den Herrn nicht versuche.« Die Antwort klingt gottesfürchtig und fromm. Sie klingt so. Doch in Wirklichkeit will Ahas gar kein Zeichen von Gott. Er will selber Zeichen setzen.

Aber halten wir uns heute abend nicht zu lange mit Ahas auf; wie er denkt und handelt, das kennen wir aus eigener Erfahrung allzu gut: daß wir letztlich lieber der eigenen, unserer menschlichen Macht vertrauen als den so wenig berechenbaren und überhaupt nicht manipulierbaren Äußerungen Gottes.

So gilt auch uns der Ruf des Propheten Jesaja, der sagt: Verlaß dich nicht auf deinen eigenen Willen, sondern frage Gott, was er dir sagt, – oder mit den Worten des Predigttextes: »Fordere dir ein Zeichen von Gott, es sei drunten in der Tiefe oder droben in der Höhe!« – ja, so verschließ dich nicht, mach dich auf, dein Herz, deine Tür! Laß dich hineinnehmen in Gottes Pläne, laß dich benutzen als Werkzeug seines Friedens und seiner Gerechtigkeit!

Damals und heute sind wir auf die Zeichen Gottes angewiesen, manchmal auf große und wohl meist auf ganz kleine. Damals wie heute sind es nicht nur Zufälle, die über uns entscheiden, oder unser eigener Wille, sondern dann und wann, viel häufiger als wir meinen, ist es auch Gottes Hand, die eingreift in unser Leben, »treu und unerkannt«. Doch wie gewinne ich Gewißheit, daß ich nicht nur von mir aus agiere, regiere, wie König Ahas oder wie König Herodes auch, sondern daß ich vom Wort Gottes her, an ihm entlang mein eigenes Leben gestalte und in die Gesellschaft hineinwirke?

Eine letzte Gewißheit bekommen wir wohl nie, gibt es wohl auch für den Frömmsten nicht. Aber es gibt Hilfen der Prüfung, die wir ernst nehmen sollten: Das Gespräch und die Auseinandersetzung gerade mit denen, die anders denken und leben als wir.

Eine offene Aussprache, wie sie der König mit dem Propheten hatte, ist unerläßlich, unverzichtbar, wenn wir uns nicht in die Versuchung eigener Gruppeninteressen fallenlassen wollen. Nehmen wir uns also ein Herz und reden wir ruhig über uns, über unsere Ängste und Sorgen. Und hören wir auf das, was die anderen bewegt, bedrängt und was sie von uns erwarten – die Jugendlichen und die Alten, die Fremden und die Armen, die Kulturschaffenden und die Reichen – und all die, die bewußt danach fragen, was Gott durch uns heute und morgen bewirken will.

Ich weiß, es gibt nicht wenige bei uns, die müde, matt geworden sind und nicht mehr viel für ihr Leben erwarten. Als seien sie überflüssig geworden und ihr Leben sinnlos.

Wir sind manchmal wie die Hirten in der Nacht, bevor die Engel kamen. Ja, daß Menschen müde und matt werden, das erleben wir immer wieder, auch bei uns selber; aber ist es auch möglich, daß Gott müde wird? Jesaja sagt es ja so: »Ist's euch zu wenig, daß ihr Menschen müde macht? Müßt ihr auch meinen Gott müde machen?«

Ich merke: Das ist eine mir kaum nachvollziehbare Vorstellung, daß Gott müde wird, schläft und schlummert. Es gehört vielmehr zu meinem Glauben, daß Gott Tag und Nacht seine Welt und auch mich im Blick hat und daß er uns Zeichen seiner Nähe schenkt, immer wieder neu. Ein Kinderglaube – ja, das ist richtig. Und ich hänge an ihm, gerade in schwierigen Fragen und Situationen, da, wo ich mich ohnmächtig fühle. Wenn ich schon müde bin, dann muß Gott doch wachsam bleiben. Und ich erinnere mich an viele biblische Aussagen und Verheißungen und Geschehnisse aus der Geschichte, auch aus der eigenen Erfahrung.

Ich weiß aber auch, daß viele Menschen ganz andere Erfahrungen haben machen müssen. Denken wir an den Holocaust vor 50 Jahren. An die schrecklichen Zerstörungen. Kriege und Katastrophen heute: Millionen Menschen sterben an Hunger, Verfolgung, unheilbaren Krankheiten und innerer Zerrissenheit und Leere. Die scheinbare

Ohnmacht Gottes hatten, haben sie auszuhalten – und nicht wenige von ihnen, die mit viel Hoffnung im Herzen, haben das Schweigen Gottes wahrgenommen, nicht als Schwäche und völligen Rückzug Gottes aus der Welt, sondern als sein Mit-Leiden, seine Gegenwart mitten in Elend und Tod, in Verhöhnung und Zerstörung.

Doch die Frage bleibt: Sollte Gott gerade in diesem Jahrhundert, gerade an unserer Welt müde geworden sein?

Zu Weihnachten zumindest schüttelt Gott seinen Kopf über solches Fragen und zeigt uns, Jahr für Jahr, wie wichtig es ihm ist, neues Heil zu begründen: Die dunkle Nacht von Bethlehem wurde hell durch den Stern und die Engel, die Fremden aus dem Morgenland und die Außenseiter der Gesellschaft von damals, die Hirten, sie wurden die ersten Zeugen an der Krippe Jesu, des Gottessohnes Immanuel, auf deutsch: des »Gott mit uns«. Das können wir wörtlich nehmen, nicht in dem Sinn, wie es auf den Koppelschlössern der deutschen Soldaten stand, derer, die als Werkzeuge der Kriege zu dienen hatten und nicht des Friedens. Jesus hätte aufgeschrien darüber, voll Schmerz!

Immanuel – Gott mit uns – das ist doch gerade anders gemeint – als Versprechen für alle Menschen, daß Gott uns nahe ist und daß wir seine Nähe und sein Heil anderen vermitteln – auch den Fremden, auf Wegen ohne Gewalt. Gott wendet seinen Blick nicht ab von den Hungernden und von Krieg Bedrohten in allen Erdteilen, den Asylsuchenden und Flüchtlingen, den Wohnungslosen und Armen unserer Stadt, den Vereinsamten und Suchenden und ziellos Herumirrenden. So gottverlassen manche Gegend auch wirken mag, es gibt keine Gottverlassenheit.

So menschenverachtend und gleichgültig Menschen sich auch zeigen, zu Wölfen werden, Gott hört nicht auf, sich seiner Schöpfung zuzuwenden. Und jede und jeder von uns kann ihm helfen in seinem Werk, wenn wir von ihm erzählen mit Worten und Taten, wenn wir Gemeinschaft mit anderen haben und suchen, Gastfreundschaft und Nähe anbieten, wenn wir beten und feiern und Vertrauen wagen. Die armen Hirten konnten es, die klugen Weisen konnten es – und wir? Vielleicht können wir es ja auch ein wenig.

Zu Weihnachten bleibt es unüberhörbar, unübersehbar, daß Gott uns in Jesus Christus sein Lebenszeichen gegeben hat, um uns Hoffnung zu schenken, trotz aller Gefahren und Gefährdungen, durch Krippe und Verfolgung, durch Kreuz und Tod hindurch.

Ich bin sicher: Gott wird nicht müde, solange wir ihn anrufen und um Hilfe bitten, Gott wird nicht müde, wenn wir ihm ständig im Ohr liegen, ob klagend oder fragend, ob zweifelnd oder preisend, aber er wird auch nicht müde, wenn wir ihn vergessen und für müde, matt und tot halten, selbst dann nicht. Gott ist nicht von uns abhängig.

Als unser Hüter schläft und schlummert er nicht, läßt er uns nicht aus dem Blick. Er wartet auf unsere Antworten und bleibt als Schöpfer und Erlöser bei uns alle Tage, alle Nächte, bis an der Welt Ende.

Zum Schluß: Das war in der Zeit, als man in Deutschland noch flüchtete, von Ost nach West, wie jetzt so viele von Osten und Süden in unser Land kommen. Der Vater hatte zwei Koffer gepackt. Nur das Wichtigste war drin. Die Mutter nahm einen Rucksack. Sie mußte die Hände frei haben für die beiden kleinen Kinder. Als sie dann angekommen waren, und als es dann Weihnachten wurde, Wochen später, holte sie als letztes den roten Beutel aus dem Rucksack. Der Vater ahnte, was drin war. Und sie packte sie aus: die Krippenfiguren aus dem Erzgebirge, Hirten und Engel, Ochse und Esel, Könige, andere als Ahas einer war, Maria und Josef, das Kind in der Krippe liegend. Das war das Zeichen von Gott, von dem die Engel gesprochen hatten über den dunklen Feldern. Sie hatte so viel zurücklassen müssen, doch die Krippenfiguren hatte sie mitgenommen, hingen an ihnen doch so viele Erinnerungen. Wichtiger als alles Schwere in den Koffern, notwendiger war dies Zeichen von Gott für sie alle. Für uns alle.

So wenig braucht Gott für seinen Anfang des Heils: die Krippe, die Krippenfiguren, sein Lebenszeichen. Ein Engel hatte einen Flügel verloren. Aber das machte nichts. Seine Botschaft war wichtiger: Friede auf Erden! Amen.

Den Zuspruch weitersagen

Predigt über Josua 1,1–9
in der Hauptkirche St. Michaelis in Hamburg, 1. Januar 1994

Liebe Gemeinde,
draußenvor lebten sie, auf den Feldern und im Gebirge von Juda, die Hirten und ihre Herden.

Sie zählten nicht viel, und keiner hatte Interesse an ihnen, an dem, was sie zu erzählen hatten – an Erfahrungen, an Erwartungen vielleicht auch.

Die Worte der Hirten waren ohne Wert. Sie lebten für sich, draußenvor, nach den Ordnungen und Gesetzen der Natur, der Kreaturen, tagein, tagaus, jahrein, jahraus. Bis dann eines Nachts etwas Besonderes geschah.

Das veränderte ihr Leben. Da erschienen Engel am Himmel, zuerst einer, dann unzählig viele. Die sprachen zu ihnen von der Freude, die auch ihnen widerfahren sollte, und von dem Christus in der Stadt Davids – und vom Frieden Gottes auf Erden.

Das wurde eine ganz besondere Nacht. Ihr Leben wurde anders. Sie fühlten sich nicht mehr als Außenseiter, als Randgruppe der Gesellschaft. Durch die Engel waren sie herausgeholt aus dem Einerlei, hineingestellt in die besondere Geschichte Gottes, geführt auf den Weg nach Bethlehem zum Kind in der Krippe.

Die Engel wurden ihre guten Wegweiser, für jene Nacht, für ihr weiteres Leben.

Solche Engel hatte sich Josua vielleicht auch gewünscht, als er ganz allein draußen auf dem Feld, im Gebirge stand.

Mose war gestorben. Er sollte das Volk nun weiterführen, endlich ans Ziel bringen. Fast 40 Jahre waren sie schon unterwegs, aber noch lag der Jordan vor ihnen, und Jericho, die große befestigte Stadt mit den vielen Soldaten und mächtigen Kriegswagen. Bei vielen kamen die alten Zweifel und Ängste wieder hoch; das blieb Josua nicht verborgen, und ihm ging es doch nicht anders.

Nein, ihm graute vor dem, was vor ihm lag. Da sprach Gott zu ihm: »Laß dir nicht grauen, sei nur getrost und ganz unverzagt, daß du hältst und tust in allen Dingen nach dem Gesetz, das dir Mose, mein Knecht, geboten hat. Denn Gott ist mit dir in allem, was du tun wirst.« – Worte, die Josua tief ins Herz trafen. Und sogleich ging er hin zu seinen Amtsleuten und erzählte ihnen, was er von Gott gehört hatte. Und diese sagten seine Worte weiter den anderen Männern, Frauen und Kindern.

Und es geschah das Erstaunliche: Alle aus dem Volk Israel, die von dieser Gottesrede an Josua hörten, verloren ihre Ängste und Bedenken, und sie gewannen Vertrauen und sprachen zu Josua: »Wie wir Mose gehorsam gewesen sind, so wollen wir auch dir gehorsam sein. Sei nur getrost und unverzagt!«

Und alsbald machten sie sich auf über den Jordan hinweg nach Jericho und weiter in das Land Kanaan, von dem sie so Großes und Wunderbares erwarteten.

Eine Anfangsgeschichte, die uns jedes Jahr am 1. Januar vorgelesen wird, mit der uns Mut gemacht wird für das Neue, das Unbekannte. Von dem wir soviel Gutes erwarten, Milch und Honig, vor dem wir aber auch mehr oder weniger Angst haben, denn wer weiß schon, welche Gefährdungen da auf uns lauern, welche Nöte, Engpässe oder unübersehbare Weiten.

Ein Jahr mit 365 Tagen und Nächten – da paßt viel hinein, da mag viel geschehen – im Guten und im Bösen, für unser Land und für unsere Kirche, für unsere Familien, Freundeskreise und einzelne, für Fremde in der Nähe und in der Ferne.

»So mach dich nun auf,
sei nur getrost und ganz unverzagt«

Dieses Wort können wir da gut gebrauchen, daß wir nicht zaghaft und gelähmt stehenbleiben oder im alten Trott verharren, weil uns der notwendige Schwung und die Freude fehlen.

Es ist die Aufforderung, die Gott immer wieder zu Menschen spricht, die in Traurigkeit und Unsicherheit zu lange verweilen.

So wichtig der Blick zurück ist, es darf dabei nicht bleiben.

Nach den Tagen des Weinens und Klagens hatte Josua den Weg fortzusetzen, hin zu dem Ziel, das Gott Mose und dem Volk einst versprochen hatte. Es gibt eine Zeit der Trauer und des Erinnerns, und eine Zeit der Zuversicht und des Handelns.

Als sei es nicht genug, daß Josua das nur einmal von Gott hörte: gleich dreimal hatte Gott es ihm in seiner Rede gesagt, dreimal dieses: »Sei getrost und unverzagt«, und eben dies erzählte Josua den Seinen

– zuerst den Amtsleuten, und diese sagten es weiter den anderen, und diese dann, sie traten vor Josua und antworteten ihm: »Sei nur getrost und unverzagt.«

Was Gott uns sagt, das ist wichtig. Daran will der Erzähler der Josua-Geschichte gewiß nicht rütteln.

Aber fast so wichtig ist es, daß wir die Worte Gottes dann wiederholen, anderen sagen, weitersagen und sie so auch noch selber durch andere hören, von den eigenen Leuten, aus der Familie oder Gemeinde noch einmal zugesprochen bekommen. Durch diese vielfache Wiederholung des Zuspruchs wird Josua und werden die Seinen zugleich tief in ihrem Inneren ermutigt und so zum Tun, zum Handeln bewegt.

Kundschafter werden nach Jericho gesandt. Das Gelobte Land wird das erste Mal von dem Volk Israel nach der Knechtschaft Ägyptens betreten.

Zwar kommen dann noch schwierige Situationen auf das Volk zu, aber der erste Schritt in das Land der Verheißung ist getan.

Liebe Gemeinde,
den ersten Schritt ins neue Jahr haben wir heute vollzogen.

Das hat die Uhr für uns so gemacht; aber daß wir erste Schritte auf einem guten Weg gehen, das ist nicht so sehr eine Zeitfrage, eine Uhren- oder Datumsfrage, nein, das hängt vielmehr davon ab, ob wir uns von einem Wort Gottes leiten lassen und ob wir uns gegenseitig solchen Zuspruch sagen, mit deutlichen Worten oder Zeichen, immer wieder neu.

Josua erfuhr es, daß Gott direkt zu ihm sprach. Von uns machen nicht alle diese Erfahrung, wohl die wenigsten. Auch geht es uns wohl kaum so wie anderen Personen der Bibel, von denen uns berichtet wird, daß ein Engel zu ihnen kam und sie ansprach und ermutigte. Denken wir nur an Maria, welcher der Engel Gabriel erschien, und er kündigte ihr die Geburt des Sohnes Jesus an, und sogleich machte sie sich getrost und unverzagt auf den Weg eilends zu Elisabeth. Ohne Angst ging sie durch das Gebirge, trotz der Gefahren, auf die sie dort stoßen konnte.

Auch von Jakob wissen wir, daß ihm in der Wüste die Engel Gottes erschienen. Und immer wieder waren es Engel, die den Menschen Gottes Heil vermittelten, bis hin zu den Hirten von Bethlehem.

Schöne Geschichten, die uns anrühren. Aber wem von uns begegnen Engel auf unseren Straßen, in unseren Häusern? Wie ermutigend wäre es für manche, sich von einem Engel angesprochen und begleitet zu wissen?

Könnten die vielen Engelsfiguren, die wir in diesen Tagen in unseren Häusern haben, doch ein wenig von dem vermitteln, was die Bibel von Engeln zu berichten weiß: Daß sie auf Gott hinweisen und seine Worte, daß sie den Abstand von Himmel und Erde verringern, damit wir Menschen uns nicht gottverlassen fühlen und Gott nicht einsam wird! Könnten wir die Musik, die Lieder der Engelsweisen doch mitnehmen in unseren Alltag!

Engel schenken neue Anfänge – aber nicht nur sie.

Auch wir können das, können wie Engel Neues, Gutes in Gang setzen, wenn wir die Worte Gottes wiederholen, sie einfach nachsprechen, sie uns gegenseitig zusprechen.

Dann, ja dann kann es – auch ohne Engelsbegegnung – zu einem guten heilvollen Neuanfang kommen in unserem Leben, in unserer Kirche auch. Wir können Engel nicht ersetzen, aber wir können uns von Gott hineinnehmen lassen in seinen Plan und so neue gute Räume und Felder betretbar machen.

Dazu bedarf es gar nicht großer Kraft und Phantasie, dazu brauchen wir keine besondere theologische Fähigkeit oder Frömmigkeit.

Es reicht, daß wir die Geschichten Gottes nacherzählen, nicht nur den Kindern, die sie vielleicht noch nicht kennen, sondern auch uns sie gegenseitig erzählen – zu Hause, in Gruppen oder zu zweit.

Denken wir noch einmal an die Hirten von Bethlehem. Sie hörten die Worte der Engel, gingen eilends hin und sahen beide, Maria und Josef, dazu das Kind in der Krippe liegen. Und alsbald breiteten sie das Wort aus, das zu ihnen von diesem Kind gesagt war. Die Hirten wurden zu Zeugen der Weihnachtsgeschichte. Sie erzählten ganz einfach weiter, was sie gehört hatten. Und heute sind wir es, die wir gehört haben und weitererzählen können, sollen.

Das neue Jahr 1994 – es liegt vor uns, und wir wissen nicht, was auf uns zukommt. Daß wir aber getrost und unverzagt hinein- und hindurchgehen, das ist Gottes Wille.

Und so lassen wir uns von der heutigen Josuageschichte und von der Weihnachtsgeschichte ermutigen und bestärken, auf das zu hören, was Gott uns sagt und was er bisher in der Bibel gesagt hat. Lassen Sie uns das aufnehmen und mit unseren eigenen Worten weitersagen. Ich bin gewiß – da werden unsere Wege gesegnet sein, und alle Anfänge unter Gottes Heil stehen. Amen.

Elsa Brändströms Vision

Ansprache zum Weltgebetstag 1994 in der Oncken-Kirche (Bund Ev.-Freikirchlicher Gemeinden) in Hamburg, 4. März 1994

Liebe Gemeinde,
in den letzten Monaten haben sich viele mit der Liturgie des heutigen Weltgebetstages befaßt, Christen und Juden, Christinnen und Jüdinnen. Manches war da zu lesen und zu hören, was beschämte, vom Inhalt her und vom Stil der Auseinandersetzung.

Werden wir es irgendwann einmal lernen, verantwortungsvoll über theologische und frömmigkeitsbedingte Fragen zu debattieren, ohne einander zu diffamieren, ohne einander den guten Willen eigener Glaubenssuche abzusprechen?

Mich hat es erschreckt, wie polemisch auch Christinnen bei uns reagierten, wie wenig ernst sie die Sorgen und Nöte derer nahmen, nehmen, die der vorgegebenen Gottesdienstordnung nicht zustimmen können, weil wir eben hier in Deutschland eine so verhängnisvolle Geschichte hinter uns haben und noch in uns tragen, sie wirken lassen.

Da brauchen wir gar nicht an die Friedhofschändungen der jüdischen Gemeinden zu denken oder an einzelne Äußerungen politisch Verantwortlicher oder an die Parolen der Rechtsextremen, die sich überall wieder einschleichen.

Auch wir in den christlichen Kirchen lehnen die einzigartige Bedeutung Israels bis heute ab, mehr oder weniger. Denken wir nur an die liturgischen Texte und Lieder, an die Aufnahme jüdisch-theologischer Erkenntnisse in unserer theologischen Ausbildung und im Leben unserer Gemeinden.

Zumindest von Israel-Vergessenheit können wir fast überall sprechen. Unserer Wurzeln wollen wir uns nicht erinnern. Und damit stehen wir weiterhin im Strom einer unheilvollen Flut, einer Sintflut, die nicht von Gott über unser Volk und unsere Welt ausging, sondern maßgeblich von unserer Theologie, von unserer Glaubenstradition.

Nach Auschwitz ist Deutschland anders geworden. Das betrifft auch die Theologie.

Ohne jüdisch-christliche Dialogversuche heute leben und glauben zu wollen, wer das will, der oder die gießt Öl in ein Feuer, das verheerend ist. Und dabei ist es uns doch geboten, dem Frieden zu dienen, den Frieden zu suchen mit Israel, mit Juden und Jüdinnen und nicht ohne sie oder gar gegen sie.

»Es ist dir gesagt, Mensch, was gut ist«, so heißt die Losung des Kirchentages im Juni 1995 in Hamburg. Es ist uns als Menschen von Gott gesagt, was gut ist, was friedensstiftend ist, was Gott uns anvertraut hat seit den Anfängen biblischer Verkündigung.

Gut ist es, daß Gott uns sein Wort mitgeteilt hat, freundlich und eindeutig, friedvoll und alltagsorientiert. Gut ist es, was Gott unserer Welt mitgegeben hat, mitgibt, damals wie heute.

Zum Heil, zum Frieden, zur Erbauung hat er gesprochen und gehandelt – und das nicht nur in der persönlichen Zuwendung, nein, vor allem auch in den geschichtlichen Umbrüchen, in Krisensituationen des Volkes.

So hat Gott sein Volk Israel aus der Knechtschaft Ägyptens herausgeführt und ihm die Zehn Gebote gegeben als Richtschnur für gottgefälliges Leben, für menschlich gelungene Gemeinschaft.

Er hat seinen Propheten und Prophetinnen immer neu offenbart, daß Gerechtigkeit und Frieden nur an seiner Seite, nur mit ihm heilvoll sind und nicht gegen ihn, nicht gegen sein Volk. Wer Israel antastet, der tastet meinen Augapfel an (Sacharja 2,12).

Diese Aussage Gottes hat sich nicht überholt. Von diesem Hintergrund her haben wir die Klagen und Gebete der Palästinenserinnen zu hören, aufzunehmen und anzunehmen in unsere eigenen Gebete.

»Es ist dir gesagt, Mensch, was gut ist, was Gott bei dir sucht«. Wir brauchen uns nur jeden Tag neu sagen zu lassen, daß Gott mit Israel und mit uns, den Christen und Christinnen, unterwegs ist. Daß er mit uns reden will, auf uns hören will, daß er uns Wege aus Angst und Not heraus zeigen kann, ohne alte oder neue Feindbilder, ohne Schwarzweißmalerei, ohne Haß und ohne einseitige Vereinnahmung biblischer Verheißungen.

Einige von uns waren in Israel und haben da Erschütterndes erlebt. In Jerusalem und auf der Westbank und vom Gazastreifen sind uns erschreckende Szenen bekannt – nicht nur von den letzten Tagen her.

Familien, menschenunwürdig zusammengepfercht, ohne Arbeitsmöglichkeiten, erbärmliche Unterkünfte. Auf der Straße steinewerfende Kinder und Jugendliche, brennende Reifen. Israelische Soldaten, die die eigenen Siedlungen schützen und den anderen auf brutale

Weise entgegentreten als herzlose Besatzer und nicht als Freunde, nicht als Mitmenschen oder gar Brüder. Und dann die fanatischen Siedler, deren Ängste zu Haß und auch Mord führen.

Sollte sich Gott so das Miteinander seiner Menschen vorgestellt haben?

Sollten so biblische Gerechtigkeit, biblischer Friede aussehen?

Können wir erwarten, daß die friedlichen Ansätze wachsen, wenn sich immer wieder Fronten aufzeigen, wenn immer wieder Schuldzuweisungen laut werden auf den Straßen und in den Gottesdiensten? Wenn Rache den Rhythmus diktiert – des Denkens und Redens und Handelns?

Nein – auf solche menschen- und gottesverachtenden Taten, wie in der letzten Woche in Hebron, darauf dürfen nicht ähnliche Schandtaten folgen, so verständlich die Verzweiflung und Trauer und Wut der Palästinenser und Palästinenserinnen sind.

Wir alle, Christen und Moslems, Israelis und Palästinenser und wir Deutschen, wir haben neu zu lernen und zu begreifen, daß die Wege biblischer Gerechtigkeit und biblischen Friedens für uns da sind, daß wir gemeinsam darauf zu gehen lernen, ohne Waffen, ohne Haß – mit Händen, die wir einander reichen, mit Händen, die zu Gott gerichtet sind.

Trotz aller unserer Verfehlungen und unserer Bosheiten hat Gott uns doch immer wieder gezeigt, daß es möglich ist, freundlich aufeinander zuzugehen und miteinander so zu leben, wie er es für gut ansieht, wie es festgehalten ist im Alten und Neuen Testament, in den biblischen Traditionen, die uns in der jüdischen und christlichen Glaubensgeschichte mitgegeben sind. Das meint nicht, daß wir all das Unrecht, was geschehen ist und noch heute geschieht, verschweigen und still hinnehmen.

Nein, wir haben es beim Namen zu nennen, so wie es die Palästinenserinnen dieser Ordnung tun, aber immer aus dem Glauben heraus, daß Gott nicht Rache und Verhärtung will, sondern friedenstiftende Worte und Taten, Umkehr und Neuanfang, Barmherzigkeit im Kleinen und Großen.

Heute am 4. März vor 46 Jahren starb Elsa Brändström, die als »Engel und Königin von Sibirien« bekannt wurde, weil sie sich dort mehrere Jahre um die Kriegsgefangenen des Ersten Weltkrieges in besonderer Weise gekümmert hat. Als Delegierte des Roten Kreuzes wurde sie damals mahnendes Gewissen, Schutz für die Gefangenen, Garantin für ein Mindestmaß an menschlicher und medizinischer Versorgung, oftmals allerletzte Hoffnung gegen das Vergessen.

1925 stellte sie ihre Rede auf der Weltkirchenkonferenz unter das Thema »Liebestätigkeit als völkerversöhnende Macht«, und sie sagte dort: »Wenn wir hoffen, daß die Liebestätigkeit eine der Brücken zur Völkerversöhnung werden soll, so müssen wir uns klar darüber sein, welches diese Brücken sind. Und wenn wir ehrlich urteilen, müssen wir einsehen, daß seither nur leichte Pontonbrücken von Strand zu Strand geschlagen worden sind...

Mit der ethischen Entwicklung der Individuen und Nationen ist auch die Möglichkeit zu einer edleren und aufrichtigeren Liebesarbeit verbunden. Aber diese Entwicklung geht nicht Hand in Hand mit der verstandesmäßigen, sondern oft entgegengesetzt. Wenn wir versuchten, etwas weniger zu denken und etwas mehr zu fühlen, kämen wir sicherlich weiter...

Sich kennenlernen und sich verstehen sind die Brückenköpfe; an die Menschheit glauben und sich für sie begeistern können sind die Pfeiler, auf denen die Liebesarbeit ruhen muß, wenn sie der Völkerversöhnung dienen soll.«

Ihre Vision der Völkerverbindung war nicht nur von kurzer Dauer. Elsa Brändström unterstützte nach dem Ersten Weltkrieg insbesondere deutsche Heimkehrer und Kinder verstorbener Kriegsgefangener. Sie gründete Sanatorien, Fürsorge- und Waisenhäuser. 1933 mußte sie dann mit ihrem Mann Deutschland verlassen und ging in die USA. Dort unterstützte sie deutsche Jüdinnen und Juden und setzte sich für Immigration und Flüchtlingsbetreuung ein. Auch wenn ihre Hilfe für deutsche Kinder als »Feindbegünstigung« behindert wurde, ließ sie in ihrem Engagement nicht nach. Kurz vor ihrem Tod schreibt sie an ihre Tochter: »Ich würde am liebsten allen jungen Menschen sagen, habt vor nichts Angst. Das Leben ist aufregender, schöner und kraftvoller, als ihr euch vorstellen könnt. Wir aber sind viel stärker als wir glauben.«

Liebe Gemeinde,
wenn wir von dieser Frau doch alle lernen könnten, uns freizumachen von dem Denken in Fronten, abzubauen, was uns trennt, zu hören auf das, was Gott uns längst gesagt, was er uns anvertraut hat, uns hier in Hamburg und den christlichen und jüdischen Geschwistern in Israel, in Palästina. Wenn wir von ihr doch lernen könnten, daß Leid und Elend nicht durch Vergessen aufgehoben werden, sondern nur durch Erinnern und durch versöhnende Schritte, durch gemeinsames Aufarbeiten in Gebet und neuem Tun. Elsa Brändström sagte 1925: »Mit der ethischen Entwicklung der Individuen und Nationen ist auch die

Möglichkeit zu einer edleren und aufrichtigeren Liebesarbeit verbunden. Aber die Entwicklung geht nicht Hand in Hand mit der verstandesmäßigen, sondern oft entgegengesetzt. Wenn wir versuchten, etwas weniger zu denken und etwas mehr zu fühlen, kämen wir sicherlich weiter.«

Ja, so ist es heute manchmal noch. Erinnern wir uns an die ersten Friedensschritte zwischen Arafat und Rabin, zwischen den Palästinensern und Israel. Mit politischen Plänen und verstandesmäßigem Kalkül kamen sie nicht weiter.

Der kleine Sohn des norwegischen Außenministers Holst, spielend zwischen den Verhandlungspausen, brachte den Umschwung, führte auf gute gemeinsame Wege. Vielleicht sollten Kinder mehr zu sagen, mehr zu entscheiden haben in dem, was unser politisches und wirtschaftliches Leben prägt. Frei nach der Bibel: »Aus dem Wort der jungen Kinder und Säuglinge hast du dir ein Lob bereitet« (Psalm 8,3 und Matthäus 21,12). Denn die Menschlichkeit, die Gottesnähe, sie wird so oft durch ganz andere Interessen in den Schatten gestellt und ins Vergessen gedrängt, zum Schaden für uns und für Gott.

Lassen Sie uns neu lernen, aufmerksam mit Gott die Wege zu gehen, die er uns zeigt, seine Wege der Gerechtigkeit und des Friedens, der Versöhnung und des Heils. Wir können sicher sein, das ist gut für uns, für die Menschen im Nahen Osten, gut für unsere Welt und ganz gewiß im Sinne Gottes. Amen.

Keine Schonfrist für Frauen

Vortrag zum Thema »Die Rolle der Frau in kirchlichen Ämtern – ein Vorbild für Staat und Gesellschaft?«
im Büro der EKD Brüssel, 29. März 1994

»Über Deutschland ist alles gesagt«, fing Christa Wolf jüngst eine Rede an. So würde auch ich am liebsten anfangen: »Über die Stellung der Frau in kirchlichen Ämtern ist alles gesagt«, müßte dann allerdings fortfahren mit dem Satz: »Es wird Zeit, daß jetzt auch alles in die Tat umgesetzt wird«, aber die Vorgänge in der Anglikanischen Kirche zeigen, daß wohl noch immer argumentiert werden muß. Daß vieles noch immer strittig ist, und der Worte noch lange nicht genug gewechselt sind. Auch wenn es scheint, daß den hysterischen Part, den man uns Frauen so gern nachsagte, nun eher die männliche Seite übernommen hat.

Und darum: Begeben wir uns noch einmal in aller Ruhe auf das Terrain, das das deutsche Grundgesetz so klar und einfach beschreibt mit dem Satz in Artikel 3 (Abs. 2): Männer und Frauen sind gleichberechtigt. Und kehren wir ihn zur Sicherheit gleich einmal um: Frauen und Männer sind gleichberechtigt.

Eine Reihenfolge des Sprechens und Denkens, die uns bei Maria und Joseph erstaunlich leicht fällt, vielleicht weil es da um die Mutterrolle geht, bei Adam und Eva aber immer noch schwer fällt, Eva ist eben nicht die Mutter, Eva steht für die Rolle der Frau – Adam und Eva, als käme es darauf an, daß Adam zuerst da war.

Doch Eva war die Aktivere und brachte uns raus aus den Mauern des Paradieses in die Wirklichkeit. Solange es uns allen, Frauen und Männern, nicht egal ist, wer zuerst genannt wird, solange Gesetzestexte, Verordnungen usw. immer noch und weiter in der männlichen Sprache formuliert werden und nicht geschlechtsübergreifend, geschlechter-gerecht, solange selbst solche Formulierungsprobleme noch Zornesröte oder überhebliches Lächeln erregen auf mancher Stirn, sind wir noch nicht sehr weit gekommen. Denn wer wollte bestreiten, daß unsere Sprache ein Indiz unseres Denkens und Handelns ist, ein Indikator, der hinweist auf die Realität in den sogenannten

Führungsetagen von Wirtschaft, Banken gar, Politik und Kultur. Der sich traurig bestätigt, wenn man auf den Arbeitsmarkt blickt und die Entlassungsstatistiken. Ich brauche das nicht auszuführen, Sie wissen das alles.

Und leiden Sie drunter?

Wirtschaft, Politik, Kultur: Doch ist es in der Kirche anders? Sind die Pröpstinnen, Superintendentinnen, Verwaltungsleiterinnen, die Bischöfin und die Generalsekretärin des Kirchentages, Synodenpräsidentin die Spitze eines Eisbergs, einer mächtigen Realität, oder doch nur eben eher schmückendes Beiwerk, Blümchen im Knopfloch, Feigenblätter, Alibis?

Für die Nordelbische Kirche, aus der ich komme, kann man beides nicht sagen: Dafür sind die Frauen überall, und wahrlich nicht nur in den Chefetagen, einfach zu sichtbar, und wie ich meine, gar nicht immer eiskalt.

Und was Feigenblatt und Knopflochblümchen angeht: Dafür sind Frauen viel zu tief verwurzelt in der kirchlichen Arbeit, nicht nur Blätter oder Blüten, die man einfach rauszupfen und wegwerfen kann. Auf der Gemeindeebene ist der Prozeß der Gleichberechtigung am weitesten fortgeschritten und unumkehrbar, die anglikanischen Hürden längst und gut übersprungen.

Auf der mittleren Ebene, unserer Kirchenkreisebene, ist – zumindest in Hamburg – die Gewöhnungsphase fast abgeschlossen: Niemand regt sich mehr über Pröpstinnen auf.

Und daß die paar Frauen in den sogenannten Spitzenpositionen, Synodalpräsidentin und Bischöfin etwa, mehr Steine auf ihrem Weg liegen sehen, das ist einmal in diesen Regionen normal, vergrößert sich durch die Lupe von Presse und Medien, zeigt aber, daß so ein Prozeß eben Zeit braucht. Und natürlich ist es für Männer schwer, wenn ich das einmal so sagen darf, Stühle zu räumen, auf denen sie jahrhundertelang saßen, und schmerzlich sogar, wenn sie dran klebten.

Um es anders zu sagen: Es geht uns ja gar nicht darum, daß Leonardo da Vinci sein Bild vom letzten Abendmahl Jesu ummalt und ein paar der Jünger retouchiert und Frauen drübermalt. Es geht nur darum, daß er ein paar Stühle dazumalt, auf denen die Frauen, die Jüngerinnen, zu sitzen kommen, die im Evangelium ja allenthalben und expressis verbis erwähnt wurden, Lukas 8, eine namentlich und viele andre dazu, und die dann zudem die ersten waren nach seinem Tod, die die Aufgabe der Verkündigung übernahmen und die Osterbotschaft verkündeten. Was allerdings jahrhundertelang geflissentlich übersehen und überlesen wurde. (Doch davon später mehr. Heute geht es ja nicht nur um die Rolle der Frau als Verkündigerin.)

1949 wurde das Grundgesetz verfaßt mit dem bewußten Satz von der Gleichberechtigung. Gut Ding will Weile haben.

20 Jahre lang brauchte man in Hamburgs Kirchen für den ersten halben Schritt der Gleichberechtigung. Ab 1969 durften auch Frauen Pfarrstellen besetzen. Aber nur, wenn gleichzeitig auch ein Mann Pastor war in der entsprechenden Gemeinde. Man traute dem Frieden nicht recht. Es dauerte noch einmal zehn Jahre, bis durch Hamburgs Vereinigung mit der Nordelbischen Kirche die volle Gleichberechtigung erreicht war von Pastorin und Pastor. Und noch einmal gut zehn Jahre, bis man auch Führungsämter weiblich besetzte, Pröpstinnen wählte und einführte.

Heute, 1994, könnten wir also das Vierteljahrhundert feiern: 25 Jahre Frauenordination in Hamburg. Doch wir feiern nicht. Einmal: Warum soll man Selbstverständlichkeiten feiern? Und zum andern: Auch kirchlich gesehen ist uns noch nicht zum Feiern zumute. Denn das Miteinander von Frauen und Männern – es hat noch nicht den Stand erreicht, daß wir sagen könnten: es wäre vorbildlich für Staat und Gesellschaft. Die Art und Weise jedoch, wie wir es anstreben, diesem Ziel eines gelösten Miteinanders nahezukommen, die mag auch Ihrer Hinsicht und Aufmerksamkeit wert sein.

Eins aber ist evident. Wir Frauen sprechen einfach mehr und vor allem offener miteinander als Männer es tun, und zwar über alle Ebenen hinweg.

Soweit vorab.

Und nun lassen Sie mich einen kleinen Schlenker machen, in einen Bereich, der mit unserem Thema heute auf den ersten Blick wenig zu tun hat. Es gibt nämlich ein Feld unseres Lebens, das wir alle beschritten haben, in dem die angestrebte tatsächliche Gleichstellung der Geschlechter seit langem vorbildhaft verwirklicht ist. Ich meine den Bereich der Kinderliteratur. Mehr als alle gutgemeinten Appelle und angestrengten Diskussionen haben Schriftstellerinnen und Schriftsteller wie beispielsweise Erich Kästner und Astrid Lindgren Bewußtsein gebildet in unsern Köpfen und Herzen. Denken Sie etwa an Kästners Jugendroman Pünktchen und Anton, der nicht Anton und Pünktchen heißt, wo das Mädchen Pünktchen die führende Rolle übernimmt, um die Schwierigkeiten ihres Freundes Anton zu überwinden. Nie hätte ich von den jugendlichen Leserinnen und Lesern dieses Buches gehört: daß sie sich hier etwas anmaßt, was sie nicht dürfe; daß Mädchen weniger könnten als Jungen.

Oder auch, international noch viel bekannter: Denken Sie an die Pippi Langstrumpf der Lindgren, dieses starke Mädchen, das ein Pferd hochstemmen kann und Dinge zu tun vermag, von denen Patriarchen selbst nur träumen.

Und Ronja Räubertochter und Eva-Lotte und wie sie alle heißen: Mädchen, die nicht nur Puppenmütter sind, sondern eingreifen ins Geschehen, außerhalb der Puppenküche und Kinderwagenwelt, neben den Jungen und mit ihnen, und dabei doch unverkennbar Mädchen bleiben. Sind diese Heldinnen der Kinderwelt subversive Elemente, die die Gesellschaftsstrukturen erzittern lassen? Oder stellen Lindgren und Kästner hier nicht vielmehr selbstverständliche Muster dar, die durch Erziehungskonzepte, unbewußt oder bewußt, verwischt und verbogen werden, und sich so aus historischen Gründen nicht fortsetzen und durchhalten können in die angesprochenen oberen Etagen, weil sie uns schon im Sandkasten ausgetrieben werden?

Wer nimmt dem Jungen die Puppe aus dem Arm, wer dem Mädchen den Hammer aus der Faust? Wo holen wir unsere Vorbilder her? Und wie kommt es, daß wir irgendwann sie verflüchtigen lassen, auch in uns selber? Wer zensiert die Wirklichkeit, bis sie den Grad von Normalität erreicht hat, den wir gewohnt sind?

In ihrer tatsächlichen Einflußlosigkeit aufs Heute mag die Kinderliteratur ja der Kunst allgemein gleichen, aber vielleicht hat sie Langzeitwirkung? Die Bibel, um den Schlenker zu beenden, weist uns auf ähnliche Frauengestalten hin. Man sieht in ihr: Es gab Zeiten in der Gesellschaftsentwicklung, wo Pippi und Pünktchen und Eva-Lotta erwachsen werden konnten, Frauen wurden, und nicht in die Kinderwelt verbannt blieben. Doch dazu später.

Ich glaube, ich kann Sie hinweisen auf drei Komponenten, die es uns in der Kirche vielleicht doch leichter machen, die Zielrichtung des Grundgesetzes zu verwirklichen, als auf dem politischen Parkett.

Einmal: Als evangelische Christinnen und Christen haben wir uns in dieser Frage eingebunden in ein internationales Netz. Wie ja überhaupt die Kirche, was ihre Inhalte angeht, national übergreifend – eben ökumenisch-weltweit – organisiert ist und aus den Erfahrungen anderer Länder leichter Anteil nehmen kann, als es einem verfaßten Staat möglich ist, unkomplizierter. So hat der Ökumenische Rat der Kirchen für 1988–1998 die Ecumenical Decade Churches in Solidarity with Women, Solidarität der Kirchen mit den Frauen, ausgerufen und sich verpflichtet, die Lage von Frauen kritisch zu beobachten und ihre Stellung zu fördern.

Gerade der ehrenamtliche Einsatz von Frauen wird so aus dem Schatten heraus ins Licht gestellt. Die Strukturen, in denen wir Gemeindeleben organisieren, werden abgeklopft auf patriarchale Verknöcherungen. Und zwar auf allen Ebenen.

Es geht nicht nur um Leitungsämter, schmückende Feigenblätter, wie es eine Bischöfin sein könnte, es geht genauso um die Anzahl der Frauen in den Kirchenvorständen, unseren untersten Entscheidungsgremien, und die Frage der Mitbeteiligung an der Repräsentation.

Die Kirche wird weiblicher? Nein: es wird anerkannt, wie weiblich sie seit langem ist. Solidarität mit Frauen umfaßt dabei natürlich viel mehr: bis hin zur Aufdeckung von persönlicher und struktureller Unterdrückung, Vergewaltigung, Kriegsfolgen und gelebter Solidarität.

Nach unserer Teilnahme an der internationalen Frauenkonferenz in Zagreb äußerte die Berliner Justizsenatorin, Jutta Limbach: Frauen sind dabei von Natur aus eher solidarisch, hätten eine stärkere Solidarität. Wohl: Weil sie die Opferrolle anders erfahren.

Nachdem die UNO-Frauendekade wenige Veränderungen gebracht hat, hat der ÖRK nun diese zweite »Frauen-Dekade« angesetzt, noch einmal zehn Jahre Zeit gefordert für diesen Beobachtungs- und Förderungsprozeß. Ein Zeitraum, von dem manche von ihnen wahrscheinlich nur träumen können, weil Reformansätze, gerade grundsätzlicher Art, immer wieder im Parteienstreit verwässert und von Wahlen abgehakt werden.

Was sind vier Jahre, fünf Jahre, eine Legislatur? Selbst zehn Jahre sind, so gesehen, keine lange Zeit. Was hindert uns, beharrlich, eine zweite, eine dritte Dekade dranzuhängen?

Zum andern: Es wächst das Bewußtsein, daß das, was Kirche ausmacht, sowieso in den Gemeinden, an der Basis, geschieht. Also da, wo Frauen schon immer und nun verstärkt Einfluß haben. Die oberste Ebene hinkt mancher Bewegung nur nach. Die Avantgarde, die ersten Schritte, werden nicht auf Bischofskonferenzen oder in den Kirchenleitungen unternommen, sondern sind Sache des einzelnen oder der einzelnen, der Gruppen und Grüppchen, wie sie sich auf den Kirchentagen sammeln und darstellen. Beispiel dafür wäre etwa auch das Wiederzusammenwachsen von Katholischen und Evangelischen, das Eingliedern der Homosexuellen usw.

Gott bewegt nicht Kirchen, sondern menschliche Herzen, und die dann wieder können die Kirche bewegen. Er rüttelt unten, normalerweise.

Es kommt dabei allerdings darauf an, wie man sich in den sog. leitenden Ämtern dazu stellt. Im Bereich des Protestantismus haben wir dafür seit Luthers Zeiten das Schlagwort vom allgemeinen Priestertum aller Gläubigen. Eine veramtete Kirche hat sicher oft dies Movens der Reformation sehr behindern, aber nie ganz entkräften können. So erschrecken wir zwar manchmal gehörig vor Neuerungen, die an der Basis entstehen, wir in den leitenden Ämtern, wir müssen aber begreifen, daß auf diese Ansätze neuer Richtungen weniger mit Dekreten, die Bestandswahrung anstreben, reagiert werden kann als mit Gesprächen, mit dem Zusammensitzen auf einer Ebene. Kirche geschieht unten. In Politikersprache gesagt: Jede Parteiführung ist gut beraten, die Arbeit der Ortsvereine ernstzunehmen, wenn sie lebendig bleiben will.

Und weiter, *der dritte*, der schönste Vorteil, den wir haben:

Wir sammeln uns um ein Grundsatzprogramm, dessen Auslegung zwar immer wieder zu Streitfällen führt, das in seinem Bestand aber abgeschlossen und unstrittig ist, die Bibel.

Unsere programmatische Schrift muß eben nicht immer wieder nach Meinungsumfragen oder Zielgruppenanalysen umformuliert oder gar verändert, erweitert und gekürzt werden. In seiner Parteilichkeit für Bedrängte und Bedrohte ist die Bibel ein für allemal festgelegt, und keine Programmschrift für mehr diese oder jene Partei.

Wer aus ihr heraus argumentiert, ob er nun konservativ ist oder ob sie eher fortschrittlich ist, wird nicht ausgeschlossen, sondern gehört und ernstgenommen.

Wir müssen nicht dauernd an unserm Programm herumfeilen, wenn wir sehen, daß etwas aus dem Ruder läuft, sondern müssen dann an uns selber feilen. Wir sparen damit eine bestimmte Form von Grundsatzdiskussion, der sich andere immer wieder stellen müssen.

So ist die Bibel auch kein Buch nur für Männer oder nur für Frauen. Sie ist auch ein Buch für Frauen und von Frauen: daß dies zunehmend wiederentdeckt wird, Stichwort: Feministische Theologie, hat dann allerdings Diskussionen ausgelöst, die bei den Anglikanern zur Zeit Unruhe verursachen, aber auch bei uns noch nicht verstummt sind.

Was ist wirklich zu finden in der Bibel, der Quelle unseres Glaubens, über Frauen und ihre Stellung vor Gott und in der Gesellschaft; wie beschreibt sie die Rolle, das Eingreifen der Frau bzw. die Rollen, die Frauen übernehmen können, ohne daß der Himmel zerreißt?

Blicken wir abschließend auf drei Frauen in der Bibel.

1. Rebekka: Rebekka war die Frau Isaaks und die Mutter Esaus und Jakobs. Sie hatte ihrem Sohn Jakob, dem Zweitgeborenen, geholfen, den Segen vom Vater zu erschleichen, der eigentlich für den Erstgeborenen, für Esau gedacht war.

Der schon schwache und erblindete Vater hatte sich täuschen lassen von Jakob, der sich mit Hilfe von Rebekka Felle an die Hände hat anbringen lassen, damit der Vater ihn für den rauhen Esau hält. Isaak ist auf den Trick hereingefallen und hat Jakob gesegnet. Der Segen war vergeben, Esau ging leer aus. Warum hat Rebekka das getan? Uns bleiben nur Vermutungen mit einigen Fragen.

Rebekka hat sich über die bestehenden Gepflogenheiten und Gesetzmäßigkeiten hinweggesetzt. Sie muß erkannt, gefühlt oder erahnt haben, daß nicht Esau die Zukunft gehört, sondern dem Jakob. Esau war der robuste Bauernbursche – ideal für die Hofübernahme, geeignet, den Viehbestand zu mehren und Reichtum zu erwirtschaften. Doch ob er auch der geeignete Mann gewesen wäre, der die Verheißungen Gottes hätte tragen können, schien Rebekka fraglich. Im entscheidenden Moment der Lebensgeschichte ihrer Kinder hatte Rebekka die Verheißung Gottes im Ohr, im Herzen und im Gemüt. Es ging bei der Verheißung um die Zukunft des Volkes Israel eben nicht allein um den Reichtum, um die Viehwirtschaft oder um die Landwirtschaft; sondern es ging um das Gottesverhältnis, also um das Wissen um eine Dimension, die nicht ganz obenauf liegt.

Während nun aber Isaak allein auf die bestehenden Gesetze vertraute und vielleicht allein die nächste Generation im Blick hatte und um deren Wohlergehen besorgt war, so muß Rebekka an die vielen Generationen nach ihnen gedacht haben. Sie hatte ein Gespür für die Begabungen ihrer Söhne; und für die Begabung Jakobs, für seine Fähigkeit und für seinen Gottesglauben hat sie gekämpft gegenüber ihrem Mann – so wie es damals den Frauen möglich war: mit List. Isaak mag das Praktische, als Viehhirte hat er auch die, um es einmal modern auszudrücken, finanzielle Seite des Geschehens im Blick. Rebekka scheint eher einen Blick für die Tiefendimension dieses Geschehens gehabt zu haben.

Rebekka hat in einem entscheidenden Moment die Tradition hinterfragt und altes Recht außer Kraft gesetzt, und dieses eher unkonventionelle Denken und Handeln ist so ganz untypisch für Frauen wohl nicht. Wie sehr Rebekka von den patriarchalen Strukturen in ihrem Lebensrecht beschnitten war, zeigt die Tatsache, daß sie sich nicht offen mit ihrem Mann austauschen konnte, sondern auf List und Tücke angewiesen war. Aber vielleicht macht gerade das sie so sensibel für die wesentlichen Entscheidungen des Lebens. Sie ist eine Frau, die die Legitimität höher stellt als die Legalität – wenn man denn diese Kategorien für die damalige Zeit überhaupt anwenden darf. Für heute jedoch gilt in jedem Fall: Frauen sind eher bereit, jene Strukturen zu hinterfragen, die geltendes Recht bestimmen. Sie sind es, die unter der langen Geschichte patriarchaler Gesetzgebung gelitten haben und so manche Beschwernisse immer noch tragen müssen. Hier könnte Rebekka Vorbild für Frauen wie auch für Männer sein, sich nicht den Traditionen blindlings hinzugeben, sondern sie auf deren Gehalt und Sinn zu überprüfen.

Und noch etwas: Die Handlungsweise Rebekkas läßt sich nicht losgelöst von ihrem Glauben sehen. Ihre Verwurzelung im Glauben an den Gott der Väter und Mütter, ihr Dank für die Führung Gottes durch ihr Leben läßt sie gottvertrauend in die Zukunft blicken, in diesem Falle gegen geltendes Recht.

Rebekka – ein Vorbild?

2. *Rahab*: Vielleicht könnte Rahab dieses Vorbild sein. Sie war eine kanaanitische Hure, die sich für das eindringende Volk Israel und deren Gott stark machte.

Ihre Geschichte ist schnell erzählt: Als das aus Ägypten geflohene Volk Gottes unter Josua in das gelobte Land einziehen wollte, hatte es sich natürlich mit den dortigen Bewohnern auseinanderzusetzen, Krieg zu führen, um es genau zu sagen. Strategisch wichtig für diesen Krieg war die Stadt Jericho, in die Josua zwei Kundschafter schickte. Diese beiden Männer wurden beobachtet, als sie in das Haus der Hure Rahab gingen.

Rahab versteckt die beiden Männer und schickt die Verfolger aus ihrer eigenen Stadt auf eine falsche Fährte. Als die Häscher fort waren, läßt sie die beiden Männer unter der Bedingung frei, daß ihr Haus samt allen Bewohnern bei der Eroberung durch die einziehenden Israeliten verschont bleibt. So läßt sie an einem roten Strick die Kundschafter an der Stadtmauer herab, und in der Tat, bei der Schlacht um Jericho werden ihre Verwandten herausgeführt.

Und so lebt sie fortan friedlich unter dem Gottesvolk, sie wird zur Ahnmutter Davids und damit auch zu der von Jesus.

›rahab‹ heißt im hebräischen »weit, geräumig«, läßt sich aber auch übersetzen mit »das Herz (der Erkenntnis) weit machen«.

Rahab hat ihr Herz sehr weit gemacht. Sie weiß, wie notwendig personale Beziehungen sind, die Interaktion und Begegnung von Menschen.

Sicher ist, daß sie den beiden Fremden zugehört haben muß, als sie von ihrem Gott erzählt haben, der sie durch das Schilfmeer geführt und Ägypter mit Plagen bestraft hat. Sie muß sich überzeugt haben lassen und eingelassen haben auf das Neue und Ungewohnte, das nicht Vertraute. Sie hat sich eingelassen auf die Erfahrungen der Männer, die bei ihr eingedrungen sind.

Und dieses Sicheinlassen liegt einer Frau vielleicht eher. Nicht über *etwas* entscheiden – sondern *mit jemandem* entscheiden, sich für jemanden entscheiden. Dieses Verhalten soll nun dem Mann nicht abgesprochen werden, es scheint jedoch einer Frau mehr zu liegen als dem Mann.

Als Frau ist sie eine, die sich anrühren läßt von den anderen, von Begegnungen, von Berührungen. Sie ist eine Frau, die – auch das ein etwas moderner Ausdruck – den nationalen Rahmen verläßt. Später wird sie zum Symbol für die Integration der Fremden in Israel.

Für uns könnte sie Symbolfigur sein, weil sie die Logik von Stadtmauern und Grenzen überwindet und Mut wie Bereitschaft zeigt, in einem entscheidenden historischen Moment als Protagonistin des Geschickes zweiter Völker aufzutreten. Die am Rande ihrer Gesellschaft stehende Frau wird zur Schlüsselfigur für das Gottesvolk. Es sind eben nicht immer die Starken und Mächtigen, die entscheidende Wendungen in der Geschichte bringen, sondern eben auch solche Menschen wie Rahab.

3. Die Frauen am Grab: Zum Schluß möchte ich von ihnen berichten. Das waren die Jüngerinnen, die Jesus von Galiläa am Anfang bis hin zur Kreuzigung in Jerusalem begleiteten, ihm nachfolgten, unter ihnen als bekannteste Maria von Magdala. Die wollten ihm nach dem Kreuzestod den letzten Dienst erweisen, seinen Leichnam salben. Während die männlichen Jünger sich resigniert verkrochen, hielten sie, die Frauen eben, das Leid, den Tod ihres Meisters und Freundes ganz anders aus. Sie bewahrten mehr Lebens- und Weitermachwillen, gingen zum Grab und bekamen dort, expressis verbis, den Verkündigungsauftrag der Osterbotschaft. Nicht: Das Weib schweige in der Gemeinde, wie es in einem der Paulusbriefe zu lesen ist, nachträglich hinzugefügt, sondern: sie sollten verkündigen, wie denn zu ihnen gesagt war. Und nun geschah, was Frauen in der Kirchengeschichte dann häufig erlebten: Als sie ihrem Auftrag nachkamen, sagte die Jünger über sie: das ist Geschwätz. Eine Reaktion, vom Evangelisten Lukas aufgezeichnet, als hätte er die Kirchengeschichte vorausgeahnt. Vorausgesehen, was geschieht, wenn Frauen einmal die Stimme erheben. Doch die Frauen hatten recht, wie Petrus und die andern bis Thomas hin schließlich bekannten.

Diese Bibelstelle ist natürlich zu einer Schlüsselstelle dafür geworden, daß Frauen neben den andern Funktionen auch das Amt der Verkündigung zu übernehmen berechtigt sind.

Sie bestätigt, was Frauen wie Rebekka, Rahab, Mirjam und andere praktizierten, im Rahmen und über den Rahmen ihrer gesellschaftlichen Wirklichkeit und Möglichkeiten hinaus.

Es braucht also nicht einmal die Bärenkräfte einer Pippi Langstrumpf. Das normale weibliche Vermögen, etwa Leid zu ertragen wie hier, reicht aus und zerstört mitnichten, was Gott will. Immer wieder im Verlaufe der Kirchengeschichte entdeckten Frauen solche Fähigkeiten an sich und Freiheit für sich, gegen den Widerstand einer männlich verfaßten Kirche, die die Bibel auf sich hin interpretierte und mit dem Wort Geschwätz nicht zurückhielt – da braucht gar nicht auf Ketzerprozesse und Hexenverfolgung hingewiesen zu werden.

In diesem Jahrhundert endlich kommt es – auch durch außerkirchliche Bewegungen gefördert – in Europa endlich zu einer Entkrampfung. Es entwickelt sich ein neues Miteinander von Männern und Frauen, Evas und Adams. Und, Frauen werden auch in Positionen gewählt, die früher nur Männer besetzten.

100 Tage Schonfrist gewährt man einem Politiker, wenn er neu im Amt ist, als Bonuszeit. Nach fast 2000 Jahren Alleinherrschaft der Männer in der Kirche wären 100 Jahre Schonfrist für die Frauen wohl angemessen. Die brauchen wir aber gar nicht, wir verzichten darauf, stark genug, im Vertrauen, daß Gott uns geschaffen hat zu gemeinsamer Verantwortung für seine Schöpfung, Frauen und Männer, mit oder ohne Amt.

Eingeigelt im Glück

Predigt über Lukas 13,6–9
in der Hauptkirche St. Michaelis in Hamburg, 1. April 1994

Liebe Gemeinde,
»wenn einer sich vornähme, das Wort Tot nicht mehr zu benutzen, auch kein anderes, das mit dem Tod zusammenhängt, mit dem Menschen-Tod oder dem Sterben der Natur. Ein ganzes Buch würde er schreiben, ein Buch ohne Tod, ohne Angst vor dem Sterben, ohne Vermissen der Toten, die natürlich auch nicht vorkommen dürften, ebensowenig wie Friedhöfe, sterbende Häuser, tödliche Waffen, Autounfälle, Mord.

Er hätte es nicht leicht, dieser Schreibende…

Nur wachsende Tage, nur Kinder und junge Leute, nur rasche Schritte, Hoffnung und Zukunft, ein schönes Buch, ein paradiesisches Buch.«

Er hätte es nicht leicht, dieser Schreibende, denn er müßte an unserem Leben vorbeischreiben. Großes und Wichtiges, das überall dabei ist – aussparen.

Treffen diese Worte von Marie Luise Kaschnitz wirklich zu?

Stimmen sie?

Oder ist es in der Tat bei uns nicht anders geworden?

Zumindest begegnen wir doch immer mehr den Versuchen, dem Tod auszuweichen, den Tod und das Sterben zu verdrängen, von uns selber fernzuhalten, ihn zu leugnen, wenn er uns in unserem Innersten wirklich, wirksam berühren und verunsichern will.

Auf Abstand nur, auf den Bildschirmen und in den Zeitungen, da nehmen wir Tod und Sterben wahr, manchmal geradezu als faszinierte Voyeure, aber nicht als wirklich Betroffene und Berührte. Denken wir nur an Südafrika und an die Kurden – wie kalt uns das läßt, wie wenig wir uns von ihren Ängsten, ihren Todesängsten bewegen lassen!

Wir haben uns an vieles gewöhnt, ohne die Schrecklichkeit und Endgültigkeit des Todes in unser eigenes Leben einzubeziehen. Wo begegnen wir dem Sterben in unserem eigenen Alltag noch?

Wo setzen wir uns den Todeserfahrungen wirklich aus?

Sterbezimmer und Sterbekliniken haben wir eingerichtet, und der Abschied aus dem Leben, der Abschied am offenen Sarg – immer mehr gehen wir dem aus dem Weg.

Auch die Bitterkeit des Kreuzes, des Karfreitags, halten wir schwer aus. Da suchen wir eher eine Art Karfreitagszauber mit wunderschöner Kirchenmusik und eine von österlicher Vorfreude überdeckte Karwoche.

Der wirkliche Tod scheint keinen Platz mehr haben zu dürfen, nicht der eigene, und auch nicht der Tod Jesu.

Die Sehnsucht nach Glück und Geborgenheit liegt über uns, in uns – wie eine unheimliche Macht, die uns verleiten will, zuzugeben, daß wir auch ohnmächtig sind und versagen können.

Da verbrennen sich drei Menschen mitten in Deutschland, und wir gehen zur Tagesordnung über, als sei nichts gewesen. Stur den Blick aufs eigene Glück gerichtet.

Aber: Tod – Sterben – Karfreitag durchkreuzt alle Vorstellungen von ungetrübter Freude und festhaltbarem Glück. Und wer dem auszuweichen versucht, kann zwar ein schönes Lebens-Buch schreiben, aber es ist kein ehrliches, kein gottgefälliges Buch.

Das Gleichnis vom Feigenbaum zeigt uns eine ähnliche Haltung: Gib ihm noch ein Jahr. Nein, noch soll es nicht ernst werden mit der Endgültigkeit des Abgehauenwerdens.

Noch nicht, noch ist Hoffnung da für das Leben und Wachsen. Noch kann sich eine Wende ergeben – gebt ihm noch eine Chance! Gebt uns, gebt mir noch eine Möglichkeit zum Leben!

Das hören wir aus dem Gleichnis, aber das Gleichnis will nicht, daß wir das Ende, die Endgültigkeit beliebig und blind verdrängen, im Gegenteil.

Es meint vielmehr, daß wir die Zeit nutzen zur Umkehr, zur erneuten Überprüfung unserer Einstellung zum Leben unter dem Gebot und unter den Gesetzen Gottes.

Eine Erzählung ist das, die Jesus auf dem Weg nach Jerusalem erzählte, nach der zweiten Ankündigung seines Leidens und Sterbens.

Eine Bußrede, die davor warnt, sich in Glück und Zufriedenheit einzuigeln und der Wirklichkeit Gottes und seines Gerichtes auszuweichen. Gewiß, die Situation war eine andere als unsere heute. Die Richtung des Gleichnisses ist auf Buße gerichtet, auf Umkehr zum Glauben und zum Tun des Gerechten; aber sie hat auch eine Karfreitagsdimension, zeigt sie uns doch, daß es eine Endgültigkeit der Geduld Gottes gibt – damals und heute.

Gott macht unser Spiel des Versteckens nicht auf Dauer mit.

So wie er im Paradies Eva und Adam, die sich mit Feigenblättern Schurze gemacht hatten, aus ihrem Versteck unter den Bäumen im Garten herausrief und sagte: »Wo bist du, wo seid ihr?«, so stellte er den Menschen in der Nähe Jesu die Frage: »Was sucht ihr euer Glück in Träumen und Illusionen? Ihr versucht euer Leben aufzubauen mit falschen Prämissen und merkt gar nicht, wie ihr euch damit immer mehr entfernt von dem, was euch trägt, von dem, der euch Richtung und Ziel gibt?!«

Viel zu oft heute verstecken wir uns erneut vor Gott und sind taub für seine Stimme und blind für das, was er uns vor Augen stellt – im Kreuz Jesu, im Leiden und Sterben der Menschen – in der Nähe und in der Ferne. Oder ist das eine falsche Behauptung, eine Unterstellung, der widersprochen werden muß?

Der Feigenbaum steht in der Bibel für Glück und Zufriedenheit – neben dem Weinstock. So sagt es unter anderen der Prophet Micha in seiner Heilsvision vom kommenden Friedensreich Gottes: »In den letzten Tagen wird der Berg, darauf Gottes Haus ist, fest stehen, und viele Völker werden hingehen und sagen: Kommt, laßt uns hinauf zum Berg Gottes gehen, daß er uns lehre seine Wege. Er wird unter großen Völkern richten. Sie werden ihre Schwerter zu Pflugscharen und ihre Spieße zu Sicheln machen. Ein jeder wird unter seinem Weinstock und Feigenbaum wohnen, und niemand wird sie schrekken.«

Eine paradiesische Vision – so paradiesisch, wie das Buch ohne das Wort Tot, ohne Assoziation vom Sterben.

Und fürwahr: Wir brauchen solche Heilsvorstellungen, solche noch lebensfernen, weltfremden Utopien. Das zeigen uns die biblischen Schriften ohne Ausnahme. Aber wir haben sie nicht zum Versteckspielen, nicht als Verdrängungsangebote; das ist eine falsche Schlußfolgerung, so sehr wir uns daran gewöhnt haben mögen. Wir haben sie als Aufruf Gottes, als Erinnerung an seine Schöpfungsvorstellungen. Sie sollen uns nicht einschläfern, nicht ruhig machen, sondern aufwecken, die Augen zu öffnen für das, was geschieht.

Karfreitag ist nicht der Vorabend vom Osterfest. Karfreitag mit dem Sterben Jesu ist ein selbständiger Tag, ein nicht mit Ostern verbundenes Geschehen. So hat es seinen Sinn, daß wir heute auch liturgisch völlig unösterlich diesen Gottesdienst begehen – ohne Orgel, ohne Halleluja, ohne das zweifache ›Ehre sei Gott in der Höhe‹ und auch ohne festlich geschmückten Altar und ohne die Abendmahlsfeier.

Es ist auch alter Brauch, den wir im Laufe der Zeit meist aufgegeben haben, daß zu Karfreitag und in der Karwoche die Altäre verhängt werden, daß die kunstvollen und prächtigen Bilder mit einem schwarzen Tuch abgedeckt werden. Das Schöne und Strahlende, das, was mit Glanz und Glück verbunden sein mag, das wird zugedeckt, damit wir Gott ganz anders wahrnehmen, daß wir auch seine dunkle Seite erkennen, sein Leiden und die Ernsthaftigkeit seines Richtens. Ohne die schönen Bilder, ohne strahlende Kunstschätze wird es uns leichter, zu sehen, wie nahe Gott uns ist, wie wichtig wir ihm sind, auch in unserem Leid und in unserer Verunsicherung. Gott reißt den Vorhang der Verblendung ab.

Er lenkt unseren Blick näher auf sein Innerstes.

Er ist nicht nur der ach so liebe Gott, der harmlose Welt- und Sinnbereicherer, der spielerisch sich hierhin und dorthin plazieren läßt, wie ein Lückenbüßer, wie ein Joker.

Nein, Gott meint es ernst mit uns – und Gott meinte es ernst, bitterernst mit Jesus.

So war der Tod Jesu kein Scheintod, wie es immer wieder in der Geschichte behauptet wurde – von neutestamentlicher Zeit bis in unsere Gegenwart hinein.

Der Tod geschah draußen auf Golgatha, am Kreuz, zwischen den beiden anderen Übeltätern, wie Lukas schreibt. Gott war es leid, dieses Versteckspielen der Menschen vor ihm. Er wollte nicht länger uns Menschen von sich getrennt sehen. So hat er das getan, was für uns bis heute so unbegreiflich und unvorstellbar bleibt: Er hat seinen Sohn Jesus Christus am Kreuz sterben lassen und damit angezeigt, daß wir so, wie wir sind, angenommen sind, auch ohne die Schurze von Feigenblättern, ohne die Masken und Maskeraden vielfältigster Art, ohne Verstecke und Ausreden. Gott hat am Kreuz von Golgatha angezeigt, daß es ihm ernst ist mit seinem Wort des Gerichts und der Gerechtigkeit, Jesus mußte für uns sterben, auf daß wir leben, auf daß wir die volle Wirklichkeit des Lebens aushalten und dem Leben gerecht werden.

Hatten sich die ersten Menschen, Eva und Adam, nur noch mit Feigenblättern bekleidet vor Gott zeigen mögen, weil sie sich ihrer Nacktheit schämten, so starb Jesus nur mit einem Lendentuch bekleidet, und das war (durch Chagall werden wir daran erinnert), das war ein Tallit, der Gebetsschal des frommen Juden.

Feigenblätter als Symbolträger für Glück und Zufriedenheit, sie verleiteten zum Sichverstecken vor Gott, zum Widerstand gegen sein Wort, zum lustorientierten, egozentrierten Handeln. So verloren die Menschen ihren Ort, das Paradies.

Der Gebetsschal Jesu dagegen weist auf den Weg hin, der uns ganz in die Nähe Gottes bringt und dort hält, der uns das Paradies neu öffnet. Und dieser Weg ist nicht im Glück und in Selbstbezogenheit, nicht durchs Glück zu erlangen, sondern durch das Gebet des Einsamen und der Klagenden, durch das Gebet angesichts des Leidens und des Todes, wo keine Verdrängung und Ausblendung mehr notwendig ist. Und dieses Gebet schließt dann auch unser Tun, unseren Einsatz ein für andere in Not und angesichts des Todes; das Gebet, das Menschen vor Gott bringt – durch Worte und Taten, im Namen der Nachfolge Jesu.

Liebe Gemeinde, im Gleichnis vom Feigenbaum hören wir die Bitte um Gottes Geduld. Eine dritte Leidensankündigung Jesu folgte. Trotzdem ließen sich die Menschen damals nicht aufrütteln von Jesu Predigt, von seinen Worten und Taten. Jesus wurde gekreuzigt.

Für sein Leben gab es keine Schonzeit mehr; seinen Tod so wahrzunehmen, in seiner Schrecklichkeit und Endgültigkeit, das ist es, was Gott uns zumutet. Und er mutet uns auch zu, das Sterben, den Tod heute wahrzunehmen und auszuhalten. Nur wenn wir uns dem stellen, nur wenn wir die eigene Ohnmacht und Begrenztheit zugeben, können wir der Macht und Barmherzigkeit Gottes in uns Raum lassen und getrost und zuversichtlich im Namen unseres Gottes wandeln, immer und ewiglich, wie Micha seine Vision abschließt.

Lust-Gewinn und Glücksversprechen verschiedenster Art werden uns heute angeboten, eingeredet von vielen Seiten.

»Aber welchen Nutzen hätte der Mensch, wenn er die ganze Welt gewönne und nähme doch Schaden an seiner Seele?«

Und Luther sagt: »Mit dem Tode umzugehen ist die Schule des Glaubens«, und »ohne Kreuz kommen wir nicht zur Herrlichkeit«. Amen.

Schweigen und denken und träumen und singen

Ansprache vor Kirchenmusikerinnen und Kirchenmusikern
in St. Petri in Hamburg-Altona, 16. April 1994

Liebe Schwestern und Brüder,
liebe Kirchenmusik-Engagierte,

die Geschichte von Josef und seinen Brüdern ist uns allen wohl vertraut, den einen vom Kindergottesdienst an, anderen zusätzlich durch Thomas Manns Roman. Das heutige Losungswort stammt aus dieser Geschichte, 1 Mose 39,23 und heißt: Der Herr war mit Josef, und was er tat, dazu gab der Herr Glück.

Ein Satz, der beneidenswert klingt, den wir uns alle wohl auch wünschen für uns selber, daß Gott mit uns ist und alles glücklich sein, glücklich werden läßt. Aber so positiv war die Situation des Josefs da gar nicht. Er war ins Gefängnis geworfen, weil er sich nicht zur Frau des Potifar gelegt hatte, die ihn begehrte. So war er fern von seiner Familie in Ägypten und mit falschen Beschuldigungen im Gefängnis.

Und doch steht der Satz über seiner Situation:

Gott war mit ihm und gab Glück zu allem, was er tat. Eine seltsame Beschreibung, die nur im großen Zusammenhang zu verstehen ist. Eine Beschreibung, die der Erzähler häufiger so eingeflochten hat in seine Geschichte. In einer jüdischen Kinderbibel wird die Situation so beschrieben:

»Obgleich Josef wußte, daß er unschuldig im Gefängnis saß, sprach er zu sich: Die Strafe trifft mich mit Recht. Einst habe ich meine Brüder bei meinem Vater verklagt, dafür bin ich jetzt verleumdet worden.

Er saß und schwieg, dachte nach und träumte, und auch im Gefängnis verließ Gott Josef nicht. Und die Gefängniswärter sagten von ihm: Dieser Hebräer ist ganz anders als die übrigen Gefangenen. Er ist still und freundlich, er schimpft nicht, flucht nicht und tobt auch nicht wie die anderen.«

Eine Schilderung, die idealisiert erscheint und wohl auch ist. Und doch sollten wir sie nicht zu schnell beiseite schieben. Eine von außen betrachtet aussichtslose Situation, Grund genug zur Verzweiflung, zur Resignation, zur Klage, zum Protest.

Aber Josef schwieg, dachte nach und träumte. Ihm fielen sicher auch seine Träume ein von den Gaben und von den Sternen, die sich vor ihm neigten. Träume, die den Neid der Brüder verstärkt hatten und ihn nach Ägypten gebracht hatten. Aber es waren wohl auch neue Träume dabei, die ihn aus dem Gefängnis herausführten, ihn Sonne und Gestirne wieder sehen ließen und manch anderes dazu.

Doch das gehört nun schon in den Bereich der Spekulationen.

Denken wir an uns.

Manche fühlen sich auch in Situationen gebracht, die nicht gut sind, eingeengt durch persönliche Schwierigkeiten, getrennt von Menschen, denen wir nahe, näher sein wollen, bedrängt im Arbeitsbereich, mißverstanden, falsch eingeschätzt und nicht den Begabungen und Fähigkeiten entsprechend genutzt und gewürdigt.

Die einen beklagen das laut und stellen Forderungen, mit mehr oder weniger Erfolg. Andere schweigen und haben resigniert. Und wiederum andere suchen Lösungsmöglichkeiten mit anderen zusammen, für das eine oder andere Problem. Die Ruhe des Josef haben wir kaum. Seine Geduld und sein Gottvertrauen sind uns meist fremd.

Erwarten wir zu schnell, daß sich bei uns eine Wende ergibt?

Wollen wir zuviel, durch unsere Leistungsgesellschaft getrieben, durch die Hektik unserer Zeit verdorben?

Schweigen, nachdenken, träumen, das wird von Josef gesagt, das tat er. Und zwar selbstkritisch.

Seine eigene Vergangenheit einbeziehend, aber auch im festen Glauben daran, daß Gott bei ihm, mit ihm war und es gut mit ihm meinte. Ein Kinderglauben, den wir so einfach nicht in uns spüren. Das mag stimmen.

Aber es wäre notwendig, daß wir ihn wieder einüben, für unser eigenes Glück und für die, mit denen wir zusammenarbeiten und zusammenleben.

Und Kirchenmusiker und Kirchenmusikerinnen haben es da vielleicht oft leichter, denn sie haben die Musik als eine Möglichkeit, dem Träumen auch im Alltag einen Raum zu geben, den Tönen und den Worten, die von Harmonie und Gottvertrauen erfüllt sind, aber doch an den Lebensproblemen nicht vorbeigehen. Schweigen, nachdenken und träumen, musizieren und Musik wahrnehmen. Das sind Möglichkeiten, die Dunkelheit und Enge der eigenen Gefängniszelle aufzubrechen, zu öffnen, daß Helligkeit und Wärme hineindringen und der Himmel sich einläßt in die irdische Mühsal.

Von Jesus wird nicht berichtet, daß er gesungen hätte. Erst nach dem Auszug aus Ägypten wurden Lieder, Glaubenslieder gesungen von Mirjam und Mose und den anderen, aber dann oftmals in Situationen der Not und der Klage, immer mit dem Ausblick und der Hoffnung auf Rettung, auf Heil.

Das ist es, was die geistliche Musik, die Kirchenmusik bis heute auszeichnet, daß sie von dieser Erfahrung des Exodus, der Befreiung herkommt und weitere neue gute Wege andeutet und anbahnt. Also eine Entwicklung, die uns hilfreich sein kann und von Ostern her noch soviel stärker ist, zum Nachdenken, die Töne, die Weisen, die uns mitnehmen als gute Wanderlieder durch unser Leben, heraus aus der Isolation, aus dem, was uns gefangennehmen will, hinein in die Gemeinschaft, in die Gruppe derer, die fröhlich sind, die Fröhlichkeit und Frieden suchen. Eine Erfahrung, die in unserer Kirche nicht abnehmen darf, im Gegenteil.

Und so wünsche ich Ihnen, daß Sie mit Ihrer Arbeit Glück erfahren und vermitteln – in der Kirche und darüber hinaus.

So sei Gott mit uns und was wir tun, dazu gebe Gott uns Glück. Amen.

Frauenrechte sind Menschenrechte

Vortrag anläßlich der Überreichung des Menschenrechtspreises der Friedrich-Ebert-Stiftung an die Marie-Schlei-Stiftung in Bonn, 21. April 1994

Als Marie Schlei im Dezember 1967 ihr Amt als Bundesministerin für Wirtschaftliche Zusammenarbeit antrat – ein Jahr nach der ersten Weltfrauenkonferenz und dem von den Vereinten Nationen ausgerufenen Internationalen Jahrzehnt der Frau war es –, da wollte sie einen neuen Akzent in der Entwicklungspolitik setzen, wohl wissend, daß der besonderen Förderung von Frauen im Rahmen der Entwicklungszusammenarbeit kein allzu großer Spielraum gegeben war.

Wurde es schon im eigenen Haus als Zumutung empfunden, sich »zusätzlich« um die Belange von Frauen zu kümmern, so war es bei den Regierungen in Übersee noch schwieriger, für die Bedürfnisse und Anliegen von Frauen überhaupt Gehör zu finden.

Doch wo immer es um die Verbesserung der Stellung der Frau in den Entwicklungs- und Industrieländern ging, da engagierte Marie Schlei sich ganz persönlich. »Ich weiß selbst«, so sagte sie einmal, »was es heißt, sich einen Platz als Frau in dieser Gesellschaft zu erkämpfen und ihn zu behalten«.

Und in der Tat: Im Laufe von zwei Jahrzehnten ist die Frage der Beteiligung von Frauen am Entwicklungsprozeß zu einem wichtigen, aber auch umstrittenen Thema in der entwicklungspolitischen Diskussion geworden.

Umstritten, weil Frauen nach wie vor eher die Verliererinnen entwicklungspolitischer Maßnahmen und Strategien sind.

Wichtig, weil eine »frauengerechte« Entwicklung uneingelöst und deshalb weiterhin mit Nachdruck zu fordern ist.

Frauen und Entwicklung ist ein Thema, das (uns) sowohl im Blick auf die Selbstbestimmung der Frau, ihre gleichberechtigte Teilhabe an der Gesellschaft herausfordert als auch unser Verständnis und unsere Perspektiven in Fragen von Entwicklung auf den Prüfstand stellt.

Die »Wert«schätzung der Frauen in der Entwicklungsdiskussion. Die Tatsache, daß Frauen in der ersten Entwicklungsdekade fast keine Bedeutung beigemessen wurde, besagt nicht, daß sie in der Entwicklung keine Rolle gespielt hätten. Im Gegenteil, Frauen in Asien, Afrika und Lateinamerika hatten immer teil an der Entwicklung ihrer Länder:

Als Hausfrauen und Mütter und je nach kulturellem Kontext auch als Produzentinnen und selbständige Händlerinnen, darüber hinaus als Sinnträgerinnen, auch im religiösen Bereich.

Ich denke an die weisen schwarzen Frauen in den afrobrasilianischen Kulten, die Baianas, die ich in Salvador de Bahia erlebte, an die Händlerinnen in der Küstenregion des Jemen, an die Haremskultur und die »Frauen in Schwarz« in verschiedenen Ländern – Frauen, die mit ihrer Weisheit und ihrem Engagement keineswegs sich hinter den Männern verstecken müssen.

Doch als »entwicklungspolitisch relevante« Zielgruppe wurden Frauen erst zu Beginn der 70er Jahre von den (männlichen) Entwicklungsexperten »entdeckt«, als man das Scheitern der einseitig auf Wirtschaftswachstum und Produktivitätssteigerung ausgerichteten Modernisierungsstrategie eingestehen mußte. Die Armut hatte zugenommen, nicht abgenommen.

Aufgrund der Schlüsselrolle, die Frauen in der Familie, in der Gesundheitsfürsorge, bei der Nahrungsmittelproduktion, der Wasser- und Brennholzbeschaffung einnahmen, galten sie von nun an als geeignete »Trägerinnen der Entwicklung«. Mit ihnen hoffte man (die Weltbank), die neue entwicklungspolitische Konzeption, die »Befriedigung der Grundbedürfnisse« (basic needs) zu erreichen. Hatte man ihre wirtschaftliche Rolle, ihren ökonomischen und sozialen Beitrag in der Entwicklung bislang vernachlässigt – ähnlich wie bei uns –, wurden die »invisible women« (so die Weltbank) jetzt ›sichtbar‹ gemacht. Doch was mittels Studien und Statistiken zum Vorschein kam, war die Beschreibung von »defizitären Wesen«, denen es an Zugang zu Bildung und Gesundheit, Technik, Krediten und Erwerbstätigkeit mangelte und die darum vom sogenannten Fortschritt ausgeschlossen waren.

»Integration von Frauen in den Entwicklungsprozeß« wurde zum entwicklungspolitischen Leitmotiv. Angesagt waren nun Frauenförderprogramme, bei denen jedoch immer noch nicht die Frauen selbst, sondern Männer entschieden, was gut, richtig und wichtig für sie sei, um die oben beschriebenen Defizite abzubauen.

Über Frauen wurde verfügt, bestimmt. Sie blieben weiterhin ins männliche System eingebunden, eingeflochten wie starke Seile oder bunte Fäden, je nach Notwendigkeit oder Gutdünken.

Am Ende der UN-Frauendekade wurde auf der Weltfrauenkonferenz in Nairobi 1985 eine ernüchternde Bilanz gezogen:

Das Konzept der Integration hatte den Frauen in den Entwicklungsländern weder eine grundlegende Verbesserung ihrer ökonomischen Situation noch eine Gleichstellung in bezug auf Eigentum, Erbrecht und Teilhabe an Entscheidungen gebracht.

Die Mehrzahl der Programme orientierte sich weiterhin an der Hausfrauen- und Mutterrolle und bürdete den ohnehin schon überlasteten Frauen zusätzliche Arbeitsbelastungen ohne eine angemessene Entlohnung auf. Sie verdienten nur das »Zubrot«, während die Männer nach wie vor als »Hauptternährer« galten.

Die geschlechtsspezifischen Arbeitseinteilungen blieben erhalten und mit ihr die ungleichen Bedingungen:

Frauen leisten weltweit zwei Drittel aller Arbeitsstunden, erhalten jedoch nur ein Zehntel aller Einkommen und besitzen lediglich ein Prozent des Eigentums (Untersuchung der UN).

Schuldenkrise und Strukturanpassung. Die Verschärfung der Schuldenkrise in den 80er Jahren und die negativen sozialen Auswirkungen der Strukturanpassungsmaßnahmen von Weltbank und Internationalem Währungsfonds gehen wiederum in erster Linie zu Lasten von Frauen (und Kindern).

Daß Frauen gezwungen sind, die finanziellen Nöte mit zusätzlicher unterbezahlter Arbeit, zunehmend in der Prostitution aufzufangen, ist uns allen bekannt.

Die »Feminisierung der Armut« schreitet voran und damit ebenfalls eine weitere Verdrängung der Frauen aus Rest-Verantwortungsbereichen. Ich denke an Frauen in El Salvador: Als ich vor drei Jahren dort war, trafen wir viele Frauen in verantwortlichen Positionen. Und nun, wo sich die politische Situation zu verändern beginnt, hin zu mehr Demokratie und zum wirtschaftlichen Aufbau, da sind sie zurückgedrängt, werden sie in die herkömmlichen Positionen geschoben.

Ihre Projekte in Gesundheits-, Bildungs- und sozialpolitischen Bereichen werden beschnitten und gestoppt.

Alte und neue Macho-Kultur, Un-Kultur setzt sich wieder durch – von innen und außen gefördert.

Frauen ohne Berücksichtigung ihrer Erfahrungen und Bedürfnisse, allein um ihres Potentials als »human investment« willen zu fördern, wird der zentralen Bedeutung der Frauen im Widerstand gegen die Zerstörung der Lebensgrundlagen in keiner Weise gerecht.

Es kann nicht weiter hingenommen werden, daß Entwicklungsexperten den Einsatz und Mut, die Kreativität und Ausdauer von Frauen in der Sicherung des alltäglichen Lebens (die weiblichen Tugenden!) loben, sie aber zugleich für die Anpassung an eine kapitalistische Marktwirtschaft instrumentalisieren und damit die gegenwärtige Weltwirtschaft-Un-Ordnung zementieren. Das heißt: ernten ohne zu pflanzen.

Ein Jahr vor der nächsten Weltfrauenkonferenz (Peking 1995) muß die Forderung nach einer »Frauen-gerechten – Entwicklung« unter Beteiligung der Frauen selbst verstärkt in die öffentliche Diskussion gebracht werden.

Das Wahljahr hier bei uns sollten wir als Forum für dieses Anliegen nutzen.

Die Vision von einer anderen Entwicklung. Wie sich Entwicklung aus Frauensicht darstellt, das haben Frauen vielerorts beschrieben. Ein kleines Zitat:

»Wir wollen eine Welt, in der jeder Mensch die Möglichkeiten hat, all ihre oder seine Leistungs- und schöpferischen Fähigkeiten voll und ganz zu entfalten und zu entwickeln, und weibliche Werte wie Fürsorge und Solidarität sollen zu einem Kennzeichen menschlicher Beziehungen werden... Wir wollen die Machtbildung der Frauen.«

Um es anders zu sagen: In der Bibel (Im Lukas-Evangelium Kapitel 18) findet sich das Gleichnis Jesu von der Witwe und dem Richter, das mir in diesem Zusammenhang für alles bisher Gesagte signifikant zu sein scheint – für die Rolle des Mannes der ersten Welt und der Macho-Welt sonst und für die nötige Beharrlichkeit der Frauen.

Den Richter stellt Jesus als einen dar, der weder auf Gott noch auf die Meinung der anderen etwas gibt – einen Etablierten, dem es nur um sich selbst noch geht, das Eigene zu fördern oder zu behalten – für den die anderen nur Mittel zu seinem Zweck sind. Der schließlich, sagt Jesus, läßt sich zur Gerechtigkeit bewegen nur davon, daß er das Klagen nicht aushält. Als er merkt, daß er die Witwe nicht, nie abschütteln kann, erst da gibt er sich den Ruck und ist bereit, sein selbstisches System zu öffnen.

Die Frauenrechte müssen nicht geschaffen werden. Sie müssen nur wieder aus-gewickelt werden, weltweit. Vor allem bei uns im Abendland sind jahrhundertelang Abertausende damit beschäftigt gewesen, sie einzuwickeln, zu verpacken, zu verschnüren, alles festzuzurren, so wie man einen Überseekoffer präparierte, eine Fahrt über stürmische See. Mit den Frauenrechten scheint es so, als sollten sie über alle sieben Ozeane hintereinander geschickt werden, andauernd – nur ausgepackt, entdeckt werden oder gar gebraucht werden – das sollten sie nie – so der Eindruck.

Deshalb die Frage: Wie entwickelt man sie wieder, jetzt, da die Zeit drängt, da die Welt mit den Männern allein vor die Hunde geht? Wäre ein Schwerthieb gut wie zu Issos, ein Alexanderstreich?
Nur: Wir Frauen wollen nicht den Schwertweg und auch nicht den langsamen der Großmütterratschläge: »Jeden Knoten mit den Fingern einzeln! Nimm ja nicht die Schere!« Und darum: Gemeinsam von allen Seiten müssen wir an die Verknotung ran: Eine Vernetzung der Knotenlöserinnen über den gesamten Erdball, das soll organisiert werden. Einige, wie die Marie-Schlei-Stiftung, sind an ihren Stellen schon sehr weit mit Lösungsversuchen, Lösungserfolgen. Viele hinken noch nach.

Natürlich sind Frauenrechte Menschenrechte. Schade und grausam eigentlich, daß man das betonen muß; daß das vorherrschende Bewußtsein sich so an den Gedanken gewöhnt hat: daß höchstens die zweite Reihe für die Frauen da ist, am besten und meistens aber eine noch weiter hinten oder ein ganz eigener Raum, weitab von dem nur für Männer.

Frauen werden verwiesen auf die Plätze, wo der Schatten hinfällt oder wo die Hitze bei der Arbeit zu brennend für Männergesichter und Männernacken ist. Männer wollen sich sonnen.

Frauen, sie sind jetzt dabei, sich das milde Sonnenlicht zurückzuholen und das Licht gerecht zu verteilen. Sie wollen mit die Macht über die Lichtverteilung und nicht nur die zugemessenen Reste.

Einige gab es immer unter ihnen in allen Jahrhunderten, die Anteil nahmen an solcher natürlichen Macht. Jetzt gilt es, für viele, für alle Gerechtigkeit zu schaffen.

Die Witwe bettelt und drängt nicht länger; sie fordert. Der richtende Mann wird so gedreht, daß er nicht mehr nur sich selbst sieht, sondern auf Gott und seine Gerechtigkeit baut, die allen gilt.

Die in unserer Zeit viel beschworenen oder stark kritisierten Projekte sind meist nur eine Antwort auf ein Einzelproblem.

Sie können die Ursache nicht beseitigen. Aber immerhin: Sie sind wichtige Schritte auf dem Weg hin zu einer menschlicheren und schöpfungsverträglicheren Entwicklung. Das läßt sich an den vom Marie-Schlei-Verein geforderten Selbsthilfeprojekten erkennen – ebenso wie an unserem Hamburger Selbsthilfe-Projekt »Hinz und

Kunzt«, der Obdachlosenzeitung, die gute Veränderungen herbeigeführt hat und die die Bevölkerung auf die Problematik ganz neu hingewiesen hat.

Gute Projekte können also – positiv gesagt – Signale der Veränderung sein, Zeichen, daß es eben auch anders geht, und nicht nur, wie gehabt.

Die biblische Ur-Weisheit sagt, daß Mann und Frau nach dem Bilde Gottes geschaffen sind, daß sie als seine Geschöpfe gleichen Wert und gleiche Würde haben.

Trotz dieser biblischen Botschaft blickt auch die Kirche zurück auf eine lange Geschichte der Diskriminierung der Frauen. In der Herabsetzung des einen Geschlechts unter das andere haben Kirchen (und Missionen) weltweit zur Stabilisierung patriarchaler Strukturen beigetragen. Erst allmählich und oft noch sehr mühsam wird der Beitrag, den Frauen in ihren Kirchen und in der Gesellschaft leisten, von den Männern als Bereicherung empfunden.

Eine kleine Randbemerkung: Als ich zu meiner Einführung als Bischöfin den Wunsch äußerte, aus den Partnerkirchen sollten Frauen zu der Feier kommen, nicht nur Würdenträger, wurde mir aus Papua Neu-Guinea gesagt: Sie hätten keine Frauen, und dann hinzugefügt: keine bedeutenden Frauen, nämlich keine ordinierten Pastorinnen. Ich verwies dann auf eine Mitarbeiterin aus der Frauenarbeit, die ich kurz vorher kennengelernt hatte. Aber die zählte nicht und durfte nicht kommen, weil sie in der Hierarchie nicht vorkam. Bei anderen Partnerkirchen fruchtete meine Bitte, wenn auch hohe männliche Begleitung, Leitung vorrangig auftrat. Ähnliches erlebe ich häufig.

Unsere abendländischen Männertraditionen haben sich in fast allen Kirchen in Übersee durchgesetzt. Aber sie werden – Gott sei Dank – langsam von den Frauen dort durchbrochen.

Die 1988 vom Ökumenischen Rat der Kirchen ausgerufene Dekade »Kirchen in Solidarität mit den Frauen« ist ein Versuch, Kirchen dazu zu bewegen, Frauen in ihrer Arbeit und im Kampf für Gerechtigkeit, Frieden und die Bewahrung der Schöpfung zu unterstützen. Und dieser Dekade wird in Afrika und Asien – teilweise – große Beachtung geschenkt, in theologischer, kirchengestalterischer und allgemein gesellschaftspolitischer Veränderung.

Frauenrechte sind Menschenrechte. Wenn heute dem Marie-Schlei-Verein der Menschenrechtspreis der Friedrich-Ebert-Stiftung verliehen wird, dann äußert sich darin die Anerkennung für eine Arbeit, die den engen Zusammenhang von Entwicklung und Menschenrechten in den Blick nimmt. Die Forderung nach einer frauengerechten Entwicklung ist nicht zu trennen von der Anerkennung der Frauenrechte als Menschenrechte.

Noch einmal: Die Frauenrechte müssen nicht geschaffen werden. Sie müssen nur wieder wahrgenommen werden. Frauenrechte werden verletzt, wenn Kinder sterben müssen, nur weil sie als Mädchen geboren wurden. Die gezielte Abtreibung weiblicher Föten, Zwangssterilisationen und Zwangsabtreibungen haben dazu geführt, daß Hundertmillionen Frauen auf der Welt »fehlen«.

Frauenhandel, Massenvergewaltigungen als Kriegsstrategie, sexuelle Folter, häusliche Gewalt und die Verweigerung sozialer Rechte, wie das Recht auf Bildung, gesundheitliche Fürsorge, Ernährung, Obdach und Arbeit sind frauenspezifische Menschenrechtsverletzungen.

Entwicklung zum Mensch-Sein. Eine menschlichere Welt, von der Frauen nicht nur träumen, sondern für die sie jeden Tag von neuem arbeiten, kämpfen und leben, wird nur dann eine Gegenwart werden, wenn der Norden von seinem Entwicklungsbegriff Abschied nimmt, der so stark geprägt ist vom Glauben an den Fortschritt und die westliche Lebensweise. Für den Weg, den wir vor uns haben, ist dieser herkömmliche Begriff wohl eher untauglich, beschreibt er doch lediglich den Zustand von »entwickelt« und »unterentwickelt« und den Abstand zwischen beidem.

Das Verständnis von Entwicklung, so heißt es in einer Studie der EKD, »müsse eingebunden sein in ein »Ethos zum Überleben der Menschheit«. Entwicklung sei dann »Entwicklung zum Mensch-Sein im Sinne des vernünftigen, schonenden Umgangs mit natürlichen Ressourcen, mit Mitgeschöpfen, mit Mitmenschen und mit sich selbst. Entwicklung schließt dann Mitleiden, Nachdenken und Umdenken ein.«

In diesem Sinn muß sich der Norden entwickeln. Das wird ihm nur gelingen, wenn wir Frauen hier »zusammen mit den Männern, das will ich nicht ausschließen – aktiver und kreativer werden.« Ganz allgemein gesagt: Wir können uns die Kulturverachtung der südlichen Welt und ihres Wertesystems einfach nicht mehr leisten.

Was wir Frauen versuchen müssen, ist, in der Männerwelt ein brennendes Interesse für die Vorstellung zu entwickeln, daß das Leben schöner wird, im Sinne von gerechter, reicher und humaner, wenn wir es verantwortlich mitgestalten. Daß wir nicht nur Dekoration sind, Blumen, die man knickt und sich ins Knopfloch steckt, sondern genau so Gärtnerinnen, Pflügerinnen, Säerinnen des Ackers der Wirklichkeit, auch der Wirtschaftlichkeit. Wir Frauen aus der Dritten und aus der Ersten Welt sind keine Putzfrauen, mit denen man sich herausputzt. Aber wir sollten nicht länger Zeit darauf verschwenden, zu überlegen, wie wir das anfangen, sondern anfangen, weitermachen, uns und andere ermutigen und bestärken, bei Konferenzen und im normalen Alltag. So wenig, wie die Männer sich umgedreht haben nach uns, wenn sie die Welt gestalteten, werden wir uns dauernd umdrehen nach ihnen, bzw. nach ihren Werten und Pseudowerten.

Schrittmacherinnen auf eigenen Wegen und auf gemeinsamen Wegen können wir sein. Hüten wir uns vor falschen Alternativen. Männerwelt und Frauenwelt sind nicht alternativ. Vor uns liegt zwar nicht das Paradies, aber ohne uns wird der Garten der Welt verdorren und veröden, Überschwemmungen und Katastrophen anheimfallen.

Deshalb: Nutzen wir unsere Chancen – als Frauen, für Frauen – für eine menschliche Welt, auch wenn wir dabei manchen wie Paradiesvögel erscheinen oder Paradiesvogel-Blumen. Das ist jedenfalls besser als Raubvögel und Geier. Besser als Mauerblümchen oder rankender Efeu an den Mauern, die allerorten brüchig werden.

So gesehen haben Marie Schlei, der Marie-Schlei-Verein und Christa Randzio-Plath viel unternommen, daß wir uns nicht hinter unsere vier Wände zurückziehen, daß wir mit der Gemütlichkeit oder Ödnis des eigenen Lebensbezuges uns nicht abfinden. Sie haben gezeigt, daß der Garten der Welt uns allen, Männern und Frauen anvertraut ist, nicht in dem lange falsch verstandenen Sinn, daß wir uns die Erde, die Welt untertan machen, sondern in dem biblisch gemeinten Sinn, daß Gott seine Welt gut und reich, vielfältig und gerecht will. Für diese Erinnerung sei ihnen Dank gesagt und Mut zugesprochen.

»Uns kriegen sie nicht klein« – der Kampf gegen die Minderwertigkeit der Frauen, den der Marie-Schlei-Verein unternimmt, ist in der Tat einen Preis wert. Und, auch das Mittun von vielen von uns – das wäre noch wertvoller als die Medaille heute.

Frauen graben Schätze aus

Predigt über Josua 1,1–9
in der Kathedrale von Coventry, 24. April 1994

Liebe Gemeinde,
40 Jahre war Israel durch die Wüste gezogen, 40 Jahre hatten sie gute und böse Erfahrungen gemacht, die zehn Gebote bekommen und Brot und Manna und Wasser – aber auch Kämpfe und Krankheit und Versuchungen durchstehen müssen.

Mal fühlten sie sich von Gott getragen und geführt und dann wieder waren sie voller Zweifel gewesen, hatten um das Goldene Kalb getanzt und andere Götter verehrt.

40 Jahre – eine lange Zeit – bis sie endlich an das Gelobte Land kamen, es vor sich sahen. Ein wenig unsicher waren sie schon – würde nun alles gut, sehr gut werden? War Gott bei ihnen? Stand er ihnen voll zur Seite? Fragen, Zweifel, Ängste quälten Josua und manch andere, und sie wußten: Die große befestigte Stadt Jericho lag da vor ihnen, mit vielen Kriegern und mächtigen Befestigungen. Sie selber, die Israeliten waren jedoch nur schwach. Sie besaßen keine Kriegswagen und keine starke Rüstung. Sie waren wie David – und nicht wie Goliath. Aber David war ja gar nicht so schwach, wie wir wissen – denn er selbst sagte doch: »Ich komme im Namen des Herrn Zebaoth«. Er kam in der Vollmacht Gottes und wurde von ihm beschützt, von ihm geführt. Aber das war erst später. Davon konnte Josua noch nichts wissen, als er mit den Israeliten am Jordan stand. Josua kannte noch nicht die Geschichten der Bibel. Er kannte noch nicht die Psalmen und die vielen tröstlichen, Mut machenden Worte der Bibel, auf die wir uns so oft verlassen. Dafür hatte er aber etwas anderes: Er machte die Erfahrung, daß Gott direkt zu ihm sprach – und so hörte er die Worte: »Laß Dir nicht grauen, / sei nur getrost und ganz unverzagt, / daß Du hältst und tust in allen Dingen /nach dem Gesetz, das Dir Mose, / mein Knecht, geboten hat. / Denn Gott ist mit Dir in allem, / was Du tun wirst«.

Worte, die Josua tief ins Herz trafen. Sogleich ging er hin zu seinen Amtsleuten und erzählte ihnen, was er von Gott gehört hatte. Und diese sagten seine Worte weiter den anderen Männern, Frauen und Kindern. Und es geschah das Erstaunliche:

Alle aus dem Volk Israel, die von dieser Gottesrede an Josua hörten, verloren ihre Ängste und Bedenken, und sie gewannen Vertrauen und sprachen zu Josua: »Wie wir Mose gehorsam gewesen sind, so wollen wir auch Dir gehorsam sein. Sei nur getrost und unverzagt!«

Eine Anfangsgeschichte, die uns jedes Jahr am Neujahrstag vorgelesen wird, mit der uns Mut gemacht wird für das Neue, das Unbekannte, von dem wir so viel Gutes erwarten, Milch und Honig, wie die Bibel es umschreibt, aber vor diesem Neuen haben wir auch mehr oder weniger Angst oft, denn wer weiß schon, welche Gefährdungen da auf uns lauern, welche Nöte, Engpässe oder auch unübersehbare Weiten, in denen wir uns verlaufen und verirren können.

Diese kleine Passage aus dem Josua-Buch ist aber auch eine Anfangsgeschichte, die auf die neue Zeit der anglikanischen Kirche in England bezogen werden kann.

Mit der Ordination von Frauen ins Priesteramt liegt etwas Neues vor ihnen, was manche vielleicht unruhig macht, ängstlich, unsicher – denn diese Erfahrung gab es bisher nicht. Da sind die Priesterinnen, die nicht genau wissen, wie die neue Situation für sie ganz persönlich sein wird und für ihre Gemeinden. Denn es gibt Gegner der Frauenordinationen, Zweifler, die ihre alte Kirche in Gefahr sehen. So wie es bisher war, so soll es bleiben, meinen sie.

Die Fleischtöpfe Ägyptens schweben ihnen vor Augen, von ihnen wollen sie nicht lassen.

Die Zeit, in der nur Männer die Verantwortung trugen, in der Frauen sich mit dem abfanden, was ihnen die Männer ließen, diese Zeit geht nun auch in der Kirche zu Ende. Manche lehnen das ab und sprechen von drohender Kirchenspaltung und von der großen Gefahr durch die Frauen und durch feministische Theologie. Da wird das Neue nicht als Verheißung gesehen, als Erfüllung biblischer Verheißungen und Beauftragungen.

Und gerade in der Osterzeit sollten wir alle uns doch an die biblische Ostergeschichte erinnern lassen, in der die Frauen vom Auferstandenen direkt beauftragt werden zur Verkündigung. So steht es im Matthäus-Evangelium: »Der Engel sprach zu den Frauen: Fürchtet Euch nicht! Er ist auferstanden – geht eilends hin und sagt seinen Jüngern, daß er auferstanden ist von den Toten!«

Und im Johannes-Evangelium sprach der Auferstandene zuerst mit Maria von Magdala und er sagte ihr: »Geh hin zu meinen Brüdern und sage ihnen: Ich fahre zu meinem Vater und zu Eurem Vater, zu meinem Gott und zu Eurem Gott.«

Frauen sind seitdem in den Verkündigungsauftrag des Auferstandenen gestellt. Nun wird in ihrer Kirche das eingelöst, was biblisch-neutestamentlich geboten wurde: Die Zeit der gemeinsamen Predigt und der gemeinsamen Kirchen-Leitung und Kirchen-Gestaltung beginnt. Und da ist es gut, sich zu vergewissern, sich die Mutmachworte auch gegenseitig zuzusprechen.

Nach Jahren, Jahrhunderten der Trennung, der getrennten, einseitig männlich geprägten Kirche beginnt nun das Neue. Noch ist es vielen fremd, aber voller Verheißung und voller guter Möglichkeiten im Namen Gottes, im Namen Jesu Christi.

»So mach Dich nun auf, sei nur getrost und ganz unverzagt.« Dieses Wort können wir alle da gut gebrauchen, daß wir voller Mut und Freude nach vorn blicken und uns auf das Neue freuen.

So wichtig der Blick oft zurück ist, es darf dabei nicht bleiben. Das gilt für die, denen vorher alles richtig und gut erschien, und für die, denen vieles vorenthalten wurde. »Blick nicht zurück, sieh nicht hinter Dich! Bleib auch nicht stehen, damit Du nicht umkommst!«

So hatten die Engel einst zu Lot und seiner Familie gesagt. Doch Lots Weib sah hinter sich und ward zur Salzsäule.

Es gibt Situationen, wo wir weder sehnsüchtig noch verbittert zurücksehen sollen. Es gibt Situationen, wo unser Blick ganz in die Zukunft, in eine neue, gute Zeit gelenkt werden muß, auf Gottes Gebot hin.

So hörte Josua die Aufforderung, nicht mehr zurückzublicken, sondern nach vorne sich zu wenden: »Sei nur getrost und ganz unverzagt. Gehe den Weg in die neue Zeit, gehe ins Gelobte Land, das ich Euch allen zum Erbe geben will.«

Doch: Als sei es nicht genug, daß Josua das nur einmal von Gott hörte: Gleich dreimal hatte Gott es ihm in seiner Rede gesagt, dreimal dieses: »Sei getrost und unverzagt.« Und eben dies erzählte Josua den Seinen – zuerst den Amtsleuten. Diese sagten es weiter den anderen, und diese dann traten vor Josua und wiederholten die Gottesworte und antworteten ihm: »Sei nur getrost und unverzagt.«

Was Gott uns sagt, das ist wichtig. Daran will der Erzähler der Josua-Geschichte keineswegs rütteln. Aber fast so wichtig ist es, daß wir die Worte Gottes dann wiederholen, sie anderen sagen, weitersagen und sie so dann auch noch selber hören, sie von eigenen Leuten, aus der Familie oder Gemeinde noch einmal zugesprochen bekommen. Durch die vielfache Wiederholung des Zuspruchs, sechsmal, wenn man hier genau nachzählt, dadurch wird Josua und werden die Seinen zugleich tief in ihrem Inneren ermutigt und so zum Tun, zum Handeln bewegt. Kundschafter werden nach Jericho gesandt. Zwar kommen noch schwierige Situationen auf das Volk zu, aber der erste Schritt in das Land der Verheißung ist getan.

Liebe Gemeinde,

Josua schickte zwei Kundschafter aus, die das Neue erkundeten und dem Volk dann weiterhin Mut zusprachen, denn Gutes hatten sie zu berichten, zu verkündigen. Mir kommt es fast so vor, als hätten wir in diesen Tagen auch zwei solche Kundschafter, genauer gesagt: Zwei Kundschafterinnen, die jetzt zu Ihnen nach Coventry gekommen sind – Bischöfin Penny und ich. Wir kommen als Bischöfinnen zu Ihnen und teilen Ihnen mit, daß es gut ist, daß wir in der Kirche die Frauenordination haben. Wir können Ihnen mitteilen, daß unsere Kirchen – in Neuseeland und in Deutschland – viele gute Erfahrungen durch Pastorinnen, durch Priesterinnen und Bischöfinnen gemacht haben. Es ist da so viel zum Blühen und Wachsen gekommen, was es vorher nicht gab, was nur kümmerlich in Ansätzen da war. Unsere Gemeinden haben das Evangelium in seinem Reichtum stärker als vorher entdecken und erfahren können.

Waren vorher manche Schätze in der Erde vergraben, so wurden sie durch Frauen ausgegraben und bekamen ihren Glanz wieder. Und wir spüren, daß viele Worte und Geschichten Jesu und der ganzen Bibel neu entfaltet und lebendig werden.

Liebe Gemeinde,

den ersten Schritt in eine gemeinsam geleitete und gestaltete Kirche haben wir, haben Sie nun auch hinter sich – durch die Frauenordination. Aber mit der Ordination von Frauen ist es noch nicht getan. Dieser rechtliche Schritt, diese kirchenrechtliche Anordnung oder Erlaubnis und der Gottesdienst, das ist noch nicht alles. Es kommt nun darauf an, daß wir uns, daß Sie sich dabei von Gott selber leiten und von Ihm her ansprechen lassen, immer neu. Es kommt auch darauf an, daß wir uns gegenseitig das Wort mitteilen, mit deutlichen Worten und Zeichen, daß wir uns von Gott beauftragt wissen, füreinander, für unsere Kirchen, für Gottes Welt.

Josua erfuhr es direkt von Gott, daß Gott bei ihm war. In der Bibel wird oft davon berichtet, daß Gott direkt oder daß seine Engel direkt zu Menschen sprechen. Vielleicht machen von uns nicht alle diese Erfahrung. Aber wir haben die Worte Gottes, die wir uns dann gegenseitig zusprechen können, daß wir Boten Gottes werden, seinen Engeln vergleichbar werden.

Ja, es ist sicher so, daß wir Gottes Engel nicht ersetzen können, aber wir können uns von Gott hineinnehmen lassen in seinen Plan und so auch mitten in unserem Alltagsleben, im Alltagsleben unserer Kirchen neue Räume und Felder entdecken, wo wir zusammen mit anderen uns den Verheißungen Gottes stellen.

Denken wir noch einmal an die Ostergeschichte zurück, an die Frauen der biblischen Osterberichte. Sie hörten die Worte der Engel, gingen eilends hin und erzählten den Brüdern, den anderen, was der Auferstandene ihnen gesagt hatte. So, wie die Hirten einst zu Weihnachten die Geburt Jesu erzählt hatten, so erzählten die Frauen nun die Auferweckung Jesu. Sie erzählten ganz einfach weiter, was sie gehört und gesehen hatten. Und heute sind wir es, die wir gehört haben und gesehen haben und weitererzählen können und sollen, was wir in diesen Tagen in Coventry erlebt haben, was Gott uns neu gesagt und gezeigt hat.

Eine neue Zeit der anglikanischen Kirche in England hat begonnen, eine neue Zeit der Kirchen weltweit. Wir wissen nicht, was auf uns zukommt, was die einzelnen Frauen und ihre Gemeinden erfahren werden, welche gute Veränderungen und welche Schwierigkeiten es noch geben wird. Daß aber alle, daß wir getrost und unverzagt in die Zukunft gehen, das ist Gottes Wille, das bleibt sein Wille nach allem, was uns durch Jesus Christus mitgeteilt ist.

So können wir uns von der Josua-Geschichte und auch von der Ostergeschichte neu ermutigen und bestärken lassen, sorgsam auf das zu hören, was Gott uns sagt, und getrost den Weg gehen, den Er uns verheißen hat, uns Frauen und Männern, denen, die ordiniert sind und den anderen. Lassen Sie uns in der kommenden Zeit immer wieder davon erzählen und auf Gottes Gebot hinweisen, das uns alle auffordert, unsere Welt mit Frieden und Gerechtigkeit zu gestalten. Ich bin gewiß, da werden unsere Wege gesegnet bleiben, und alle Anfänge stehen unter Gottes Heil.

»Fürchte Dich nicht; sei getrost und unverzagt!« – In der Josua-Geschichte wurde dieses Wort sechsmal gesprochen.

Sagen wir doch auch dieses Wort sechsmal weiter, Frauen und Männern und Kindern, die Ermutigung brauchen, die Angst haben, die unsicher sind. Sagen wir ihnen, daß Gott bei ihnen ist – und hören auch wir es von anderen und nehmen es auf in unseren Alltag.

»Gott ist mit uns in allem, was wir tun.« Das bleibe unser Glaube. Amen.

Im kleinen Blickfeld Gottes

Vortrag beim Mitarbeitertag der Ev.-luth. Landeskirche Mecklenburg in Parchim, 25. Mai 1994

Ich habe vor dir eine Tür aufgetan, die niemand zuschließen kann – wegen deiner kleinen Kraft – Gemeinde von Philadelphia, und wegen der Geduld, die du bewahrt hast. (Offb 3,7 ff.)

So schreibt der Seher Johannes in der Offenbarung an die Christengemeinde von Philadelphia, diesem kleinen Ort in Kleinasien, der Türkei heute. Er hat es getan mit dem Schlüssel Davids, von dem in der Hebräischen Bibel, unserem Alten Testament, erzählt wird. Er tut auf, und niemand schließt zu, er schließt zu, und niemand tut auf.

Wenn dieser Seher Johannes oder der Engel, dem das geschrieben wurde, zu uns Christen nach Deutschland käme, heute, – wozu würde er diesen Schlüssel schließlich gebrauchen? Wird er unsere Tür zusperren, zuschließen oder sie uns auftun, offenhalten?

Wer den Offenbarungstext genau liest, macht eine Beobachtung: Es geht nicht um die ganze Christenheit. Es geht dort um einzelne Gemeinden, namentlich genannte Gemeinden, kleinere Einheiten: Ephesus, Smyrna, Pergamon, Thyatira, Sardes, Philadelphia, Laodizea – die kommen durchaus nicht alle gut weg. Sardes etwa hat zwar den Namen zum Leben, ist aber tot, sterbend und soll endlich aufwachen – oder Laodizea – weder kalt noch warm, Fisch noch Fleisch usw. Wenn wir das also auf uns übertragen und Sie die Namen Ihrer mecklenburgischen Kirchengemeinden einsetzen, von Holstein bis Vorpommern hin, oder ich die unserer Hamburger Gemeinden – dann wird sehr schnell dies klar, wenn Johannes denn recht hat – dann wird klar: daß Gott erst einmal gar nicht den alles übergreifenden, weiten ökumenischen Blick hat, sondern: ein viel kleineres Blickfeld. Es geht nicht um die Christenheit insgesamt. Es geht ihm um die einzelnen Gemeinden, auch um die ganz kleinen, deren Auflösung bei uns vielleicht schon beschlossene Sache ist.

Gott jedenfalls will in erster Linie gar nicht wissen, ob die EKD oder der ÖRK gut dastehen, vor den Augen der Welt und unterm

Himmel, sondern er will wissen, wie es im Nahbereich zugeht, um den Kirchturm herum, in der Diakoniestation oder bei der Frauenarbeit. Da lebt oder schläft oder stirbt der Glaube. Da wird das Reich Gottes erlebt, strahlend, warm, einladend – oder auch ganz anders.

Wir Protestantinnen und Protestanten atmen auf – der gute alte Luther scheint wieder einmal recht zu haben: Die Kirchengemeinde ist wichtiger als die Landeskirche, das kleine Werk verdient mehr Aufmerksamkeit und Achtung als die große Institution. Es geht nicht um Bischöfe und Päpste, Kirchenleitungen und Synoden. Seinen Engel schickt Gott in die Gemeinden. Die Einzelgemeinde vor Ort ist das Feld der Bewährung. Wichtiger, als was in den Regionalzeitungen steht oder in den Weltblättern oder vom Fernsehen per Satellit ausgestrahlt wird, wichtiger ist das, was im Gemeindebrief steht, was im eigenen kleinen Bereich gesagt und getan wird.

Der Schwerpunkt der Kirche ist da, wo wir leben, wo wir arbeiten, und nicht da, wo wir hinfahren, um Entscheidungen zu treffen, weitreichender Art, manchesmal auch weitschweifender Art und weltfremder Vorstellungen. Auf uns heute bezogen: Auch diese Versammlung von Parchim schwebt nur dann nicht in einem Zwischenraum, wenn wir den Mut haben, offen zu erzählen, was bei uns zu Hause los ist – Kümmerliches, Erfreuliches, Erschreckendes, Ermutigendes – und wenn wir mit dem, was wir hier hören und erfahren, da weitermachen, von wo wir herkamen.

Gemeinde also – als Parochie, als Dienst und Werk auch – das ist es, was wir nicht aus dem Blick verlieren dürfen.

Gemeinde als Heimat und als Ausgangspunkt für Unternehmungen in die Nähe und Ferne. Und ein Zweites dazu: Wenn Gott es wirklich so sieht, dann ist das auch entlastend für uns als einzelne.

Gott sieht uns immer im Verbund mit anderen. Die Fehler, die wir selber machen, sind dann gar nicht so schlimm.

Wo wir versagen, stürzt nicht gleich der Himmel ein. Da sind ja andere neben uns, auf die es genauso ankommt, andere, die das, was wir nicht so gut können, oft besser können, die ausbessern, die voranlaufen, wo wir hinterherhinken, die Augen haben, wo wir blind sind. Denken wir nur an die kleine Geschichte, wie ein Lahmer und ein Blinder sich gegenseitig helfen, um ihr Ziel zu erreichen, indem der Blinde den Lahmen trägt und den Weg gezeigt bekommt. So ähnlich geht es doch oft auch bei uns in den Gemeinden zu – nur beklagen wir das, statt daß wir glücklich sind und uns freuen über die gegenseitige Hilfe.

Konkreter gesagt: Die Organistin an der Orgel »rettet« den Gottesdienst mit der ausufernden und doch farblosen Predigt, der Kollektengroschen der armen Witwe ist genauso ein Baustein im Reich Gottes wie der Gesang des Kinderchores. Und die richtigen Lieder zusammengestellt und angeschlagen zu haben an der Tafel, die Besuche beim kranken Nachbarn, das Protokolltippen nach den Kirchenvorstandssitzungen, das Mundabwischen im Kindergarten, das Tischgebet zu Hause, die Andacht, die Pflege im Heim und das Säubern der Kirche – das kommt alles zusammen – und keine und keiner von uns weiß, was wichtiger ist, was das Wichtigste ist.

Was nützt eine interessante, intellektuell hervorragende Theologie, wenn sie nicht Hände und Füße hat, auf unseren Straßen?

Da mag sie noch so richtig sein, ohne Täterinnen und Täter richtet sie nichts aus. Doch, was auch wären wir ohne die Universitätstheologinnen und -theologen, die den Kopf in Ecken stecken, wo sonst keiner rumsucht, die sich an einzelnen Worten und Häkchen über Jahre aufhalten und dann auch plötzlich entdecken, daß aus einer Frau im Neuen Testament ein Mann gemacht wurde, weil man nicht glauben konnte, daß Junia Apostelin zur Zeit des Paulus war. Früher wurde sie zum Junias erklärt und nun wissen wir wieder, sie war eine Frau, und das ist ermutigend für nicht wenige heute, bestärkend für unser Frauenengagement unter anderem.

Ein Leib und viele Glieder, dies alte, vertraute biblische Bild, hier finden wir es wieder.

Jede Gemeinde hat ihr eigenes Gesicht und sollte Mut haben, es zu zeigen, es auch zu pflegen.

Ich meine: Wir dürfen und müssen als Gemeinden Schwerpunkte setzen. Wir müssen nicht überall alles machen, wie es früher oft erwartet wurde. Nein, Schwerpunkte müssen gesetzt werden, und da spreche ich in besonderer Weise für Städte, für große Städte, aber nicht nur für Hamburg. Wir können nicht mehr flächendeckend Kirche im alten Sinne sein. Wir haben neue Formen zu entwickeln, zusammen mit den Nachbargemeinden einer Region, zusammen auch mit den Diensten und Werken, die bei uns arbeiten, in der Diakonie, in der Frauen- und Jugendarbeit, manchmal wohl auch mit der Militärseelsorge, wenigstens da, wo sie einen festen Platz gefunden hat.

Zu erkennen, was Gott uns direkt vor die Füße gelegt hat, das ist die Aufgabe, vor der wir stehen. Und da brauchen wir Mut, uns dann zu diesem einen oder anderen Schwerpunkt zu entscheiden – und anderes nicht zu machen. Nur kein Neid untereinander, wenn die eine

Gemeinde dann mehr in der Zeitung steht als die andere, wenn in dem einen Bereich mehr von dieser Arbeit gesprochen wird als von der anderen.

Neid und Angeberei, falsch Zeugnis gegen andere, auch gegen Gemeinden, eine kirchliche Krankheit, die immer wieder gegen unseren christlichen Glauben aufkommt, keimt, wie ein Spaltpilz. Was wir machen und versuchen, das sei nicht lau. Da sollten wir ruhig all unsere Liebe und Kraft reinstecken, unermüdlich, und wir sollten andere dazu gewinnen, aus unserer kirchlichen Region oder auch aus dem nichtkirchlichen Umfeld. Nur nicht so viele Berührungsängste, die haben wir in manchen Gemeinden zu sehr gepflegt. Ich denke, es ist an der Zeit, daß wir viel mehr mit anderen zusammenarbeiten, mit Angehörigen anderer Konfessionen, mit Engagierten, auch die nicht oder noch nicht zur Kirche gehören.

Aber da ist sicher unsere Situation in Hamburg anders als hier bei Ihnen. In jedem Landstrich, und das gilt nun auch für Mecklenburg, gibt es ein Bethlehem, ein Nazareth, ein Jerusalem, ein Kapernaum, ein Jericho usw., und Jesus wandert drin herum. Gut, wenn er bei uns, in meiner Gemeinde, keinen Grund hat, sich den Staub von den Füßen zu schütteln und weiterzuziehen, sondern: Wenn er einen Tisch findet, wo noch Platz ist für ihn und wo auch andere dazukommen können, wer sie auch sind. Denn dies ist wohl die Richtung, die wir im Blick haben müssen: Daß die, die er einlud, auch bei uns eingeladen werden: Die Mühseligen und Beladenen, die Ratlosen und Ausgestoßenen. Auch Kirchengemeinden sind ja kein Selbstzweck.

Der Kirchturm soll ja kein Goldenes Kalb sein, um das wir selbstversunken miteinander herumtanzen oder tanzen lassen, sondern er soll durchaus über die Hügel der Landschaft hinweg ein deutliches Zeichen sein für alle: Hier bist du willkommen, hier sind dir Türen geöffnet, hier wirst du erwartet.

Das ist ein diakonischer und ein seelsorgerlicher Auftrag: Brot für den Bauch und Brot für die Seele. Ein Reicher und ein Armer können an ihr Existenzminimum geraten, leerer Beutel und leeres Herz.

Und – auch das ist mir wichtig – beide Aufträge, der diakonische und der eher wortverkündigende, für diese beiden Aufträge haben wir Fachleute, Gott sei Dank, und Ämter, Ausbildungsstätten und Universitäten und Hochschulen. Die Fachleute, Männer und Frauen (diese sind meist noch unterrepräsentiert) mögen ihr Bestes tun, aber sie entlasten uns nicht davon: Selbst zu dem »kranken Nachbarn« zu gehen, von dem Matthias Claudius in seinem Lied singt.

Wir haben ja die Tendenz, alles den Spezialisten zu überlassen.

Aber: Christenleben ist keine Spezialistensache. Die Jüngerinnen und Jünger waren Menschen wie du und ich, so unterschiedlich, und mit ihnen fing Jesus seine Sache an. Er lief nicht erst zu den Schriftgelehrten nach Jerusalem und warb dort ein paar Leute ab. Er fand sie unterwegs. Am See, am Berg, an der Zollstation, vor den Häusern, in denen sie wohnten.

Nächstenliebe – dies Kennwort der Diakonie – wenn ich es für uns buchstabiere, müßte es heute in erster Linie Nachbarschaftlichkeit heißen. Da, wo wir wohnen, müssen wir uns als Christinnen und Christen einmischen, müssen wir diakonische Augen, Hände und Füße haben, ein diakonisches Herz, das uns zum Tun drängt.

Als Samaritanerinnen und Samaritaner haben wir in Stille oft für andere dazusein, aber auch als laute Anwältinnen und Anwälte gegen viele unsoziale Trends. Wir haben aufzutreten im eigenen kommunalen Umfeld und auch uns in die politischen Entscheidungen einzumischen, nicht in Bescheidenheit, nur, wie wir es gewohnt sind, gewohnt sein sollen, sondern in Eindeutigkeit und kämpferischer Haltung, immer dann, wenn es um das Leben anderer geht, um das gute Leben derer, die so schnell an den Rand gedrängt und für unwichtig gehalten werden.

Ohne Berührungsangst haben wir uns einzumischen, erkennbar, hörbar. Das ist und bleibt eine unverzichtbare politische Aufgabe. Zu diesem Auftreten haben wir uns gegenseitig zu ermutigen, nicht nur in Fragen des Kirchenasyls, wo wir als Christinnen und Christen Aufgaben haben, nicht gegen den Staat, aber für die Menschen, für die, deren Anträge überprüft werden müssen, gründlicher als vorher, für die, deren Leib und Leben durch Abschiebung gefährdet wäre. Und es gibt manch andere Fälle, wo wir eindeutig und erkennbar aufzutreten haben, im kommunalen Bereich nicht weniger als im bundespolitischen.

Es darf ruhig deutlich werden: daß Autoverkehr und Straßenbau, babylonisch betrieben, schöpfungsfeindlich sind und tödlich, daß der Eigentumsbegriff keine christliche Kategorie ist, so sehr wir Kirchen im Westen das uns zu eigen gemacht haben, daß die derzeitige Sozialpolitik deprimierende, menschenverachtende Konsequenzen hat, denen es zu wehren gilt.

Wir kommen von der Bibel her, nicht vom Grundgesetz. So bequem es sein kann, das zu vergessen, zu verdrängen.

Nicht lau sein: Kirchengemeinden dürfen auch zornig sein (selbst wenn der Zorn unter die Sünden gerechnet wurde). Nicht Ja und Amen sind erfordert, sondern: Ja, Ja und Nein, Nein – das müssen wir schon selber sagen, da wo wir leben, das übernimmt kein anderer für uns. Wie gesagt – dies alles vor allem und zuerst im Rahmen unserer Nachbarschaft, da, wo wir leben, unsere Kinder, unsere Nachbarn seit eh und je, unsere ausländischen Mitbürgerinnen und Mitbürger, daß wir sie überhaupt so benennen, als ausländische, obwohl sie doch bei uns wohnen im Land, zeigt diesen Vorbehalt: Ist es denn wirklich unser Land, auf dem unsere Füße stehen, wo wir unsere Häuser und Wohnungen haben? Selbst im alten Bauernspruch klingt ja eine Zäsur mit: Was du ererbt von deinen Vätern, erwirb es, um es zu besitzen. Erwirb es – es ist – natürlich – auch nicht das Land deiner Väter gewesen. Eigentlich ist und bleibt es Gottes Land. Und was Gott uns gibt, gibt er uns nicht exklusiv.

Wir sind immer Beisassen minderen Rechts. Man lese sich mal die Prophetenbücher durch, was sie sagen über Immobiliengeschäfte und Grund- und Hauseigentümer. Oder man frage mal nach – die Theologen müßten es wissen – was es mit dem Sabbatjahr und dem Erlaßjahr auf sich hat (3 Mose 25). Da geschieht die große finanzielle Schuldenvergebung, Neuanfangsermöglichung – eine Angelegenheit, die nicht einfach als Sozialromantik abgetan werden kann, wie es die jüngste Geschichte auch gezeigt hat, denn die Diskussion wird ernsthaft betrieben, wenigstens von einigen.

Es ist zumindest ein notwendiges Korrektiv, vielleicht noch nicht in der Praxis, so aber doch schon in unseren Köpfen und Herzen. Der Eigentumsbegriff ist eben keine biblische Kategorie.

Selbst das Grundgesetz sagt: »Eigentum verpflichtet.« (Art. 14.2)

Doch was merkt die Familie aus Togo davon, bei uns? Wie erleben uns die Bosnier, die Kurden, die Afghanen?

Es geht nicht um Bakschisch, Brosamen, die vom Tisch fallen. Es geht um die Menschen, die nicht unter dem Tisch sitzen sollen, sondern am Tisch mitsitzen sollen und wollen. Es geht darum, daß wir diese Fremden auch als Tischgenossen akzeptieren und ihnen die Menschenwürde nicht aberkennen, sie nicht wie Hunde irgendwo hausen lassen. Es gilt, denke ich, auch gemeindepolitisch umzusetzen, was Jesus sagte: Kommt her zu mir alle, die ihr mühselig und beladen seid.

Gewiß, das sagt sich leicht, aber es ist noch besser, es zu sagen, als ganz zu schweigen und es zu vergessen. Doch dazu gehört es, daß wir uns auch hier immer neu darum bemühen, einladender zu sein, zu wirken. Und wenn wir es dann auch wagen, so offen aufzutreten, so sind es meist viele, die mitzumachen bereit sind.

Man wundert sich manchmal, wie viele auf den Anstoß warten, gerade auch auf Anstöße aus einer Gemeinde, aus der Kirche.

Wie diese Frau, »Alimaus« Gabriele Scheel, eine Katholikin, in Hamburg, die mit einem Zirkuswagen eine immer mehr um sich greifende Obdachlosenspeisung in Gang setzte – und Einzelpersonen und Firmen helfen mit. Und ich weiß, daß inzwischen an manchen Punkten in Hamburg einzelne so engagiert sind und überall Unterstützung erhalten. Oder dieser erstaunliche Erfolg unserer Obdachlosenzeitung »Hinz und Kunzt« in Hamburg.

Ich sehe noch die skeptischen Gesichter, als es um die Startfinanzierung ging – 50000 DM brauchten wir – und alle, fast alle sprachen dagegen. Und dann hat es sich doch gelohnt, Geld zu riskieren. Die Auflage beträgt nicht 30000, wie ursprünglich als Höchstzahl gedacht war, nein, das Fünf- bis Sechsfache, Monat für Monat. Diese Anschubfinanzierung hat sich gelohnt und Geld – das sollten wir ja nicht vergraben, sagt Jesus.

Ja, und wenn wir gescheitert wären mit dem Projekt? Der Himmel wäre nicht eingestürzt. Wer nichts tut, nur um keine Fehler zu machen, ist kleingläubig; berichten Sie sich doch, erzählen Sie sich aus Ihren Gemeinden Ihre Erfolge und Ihre Mißerfolge. Wir haben so viele Kommunikationsgeräte inzwischen, aber richtig sprechen miteinander, Auge in Auge und mit Zeit – das tun wir immer weniger.

Ich erinnere mich an die EKD-Synode in Suhl, November 1992, als es darum ging, ein neues Miteinander innerhalb der EKD zu schaffen, einander näher zu kommen aus Ost und West: Da wurde erzählt, in kleinen Gruppen und im Plenum. Erwartungen und Enttäuschungen wurden benannt aus der Zeit der DDR, aus der Zeit danach. Wir versuchten im gemeinsamen Sprechen und Hören, auch im Gottesdienst, verschlossene oder zumindest angelehnte Türen zu öffnen und zu erspüren, was die andere, der andere dahinter erlebt hatte und noch erwartete.

Viele aus der DDR hatten die damalige Bundesrepublik viel idealer gesehen, fast wie einen goldenen Westen. Und sie waren bitter enttäuscht – und ich denke, diese Enttäuschung hat noch keineswegs aufgehört bzw. sie ist kaum widerlegt worden.

So war es damals, so ist es häufig: Beim tatsächlichen Öffnen mancher Türen werden Erwartungen in Enttäuschungen verwandelt – das gehört zu den Ungewißheiten, mit denen wir immer wieder vor Türen konfrontiert werden.

Ja, solche »Türerfahrungen« machen wir bei vielen Begegnungen. Wir wissen nicht, was aus einem Seelsorgegespräch entsteht. Wir können nicht sagen, was aus einer Begegnung mit einer anderen Mitarbeiterin wird. Wir haben es nicht in der Hand, wie sich unsere Predigt auswirkt oder das gemeinsame Gebet. Wenn wir auf andere zugehen, wenn wir Glaubenstüren zu öffnen versuchen, kann es auch so enden, daß die Schwelle sich doch als zu hoch erweist.

Ein vielleicht anfangs glücklich verlaufendes Gespräch kann in nichtssagender Gleichgültigkeit auseinandergehen. Aber es kann auch ein Funke überspringen, der dann eine entscheidende Tür zum Glauben, zu Gott hin öffnet.

Wenn Lukas im Kapitel 13 des Evangeliums von der engen Pforte und der verschlossenen Tür spricht, die zum Reich Gottes führen, so will er damit nicht abschrecken, sondern Menschen darauf hinweisen, daß sie sich nicht in der Weite ihrer Heilssehnsüchte verlieren.

Lukas zeigt: Das Reich Gottes ist kein Schlaraffenland, zu dem man die Tür öffnen kann, wie man will. Der Zugang zum Reich Gottes, so sagt Lukas hier, hat mit dem eigenen Gottesverhältnis und der Lebensgestaltung zu tun.

Unser Weg, unser Hineingehen hängt davon ab, wie wir uns anderen öffnen, wie wir uns vom Wort Gottes bewegen lassen, ständig, allein und gemeinsam.

Das Gleichnis von der engen Pforte und der verschlossenen Tür mag manchmal sehr gesetzlich und bedrängend dargestellt werden, und ich empfinde das gerade deshalb, weil ich manche Darstellungen aus pietistischer Tradition kenne. Dennoch glaube ich: Dies Gleichnis will vor allem einladend sein und uns ermutigen, andere einzuladen. Ich zitiere die letzten beiden Verse: Und es werden kommen von Osten und von Westen, von Norden und von Süden, die zu Tisch sitzen werden im Reich Gottes. Und siehe, es sind Letzte, die werden die Ersten sein, und sind Erste, die werden die Letzten sein (Luk. 13,29 u. 30).

Diese Einladung an die Letzten, an mich, die ich mich manchmal weit draußen sehe, diese Einladung an die, die keine Kirchenmitglieder sind, die noch nichts vom christlichen Glauben für sich angenommen haben, diese freundliche Einladung ist Mitte des Evangeliums.

Lassen Sie mich an dieser Stelle auf den Kirchentag im Juni 1995 in Hamburg hinweisen.

Ich lade Sie alle ganz herzlich ein, nicht nur für die Tage 14. bis 18. Juni 1995, nein, auch schon für die Vorbereitung hier in Mecklenburg und in Zusammenarbeit mit unserem Kuratorium in Hamburg und der Geschäftsstelle aus Fulda. Ein Projekt, so weiß ich, wartet auf besondere Unterstützung von Ihnen: Das Tauf-Forum.

Die Mitarbeiterinnen und Mitarbeiter vom Kirchentag erwarten da Anregungen von Ihnen, wie die Frage der Taufe beim Kirchentag dargestellt, wie Taufe angeboten, zur Taufe eingeladen werden kann. Wiedereintrittstellen, die haben wir inzwischen in vielen Städten, neben den Eintrittsmöglichkeiten in jeder Kirchengemeinde. Tauf-Stellen neu zu entwickeln, einladend, unterweisend, neue Lebensräume öffnend, solche Stellen haben wir noch nicht. Und wir brauchen sie, im Westen wie im Osten.

Zum Schluß: Lassen Sie mich einen Vergleich sagen, für den Sie mich vielleicht auslachen oder bespötteln werden. Ich nehme damit den Anfang wieder auf – das Bild von der Tür und den Schlüsseln.

Zu den neueren Erfindungen im Automobilbau gehört derzeit die Zentralverriegelung. Da steckt man den Schlüssel ins Schloß und mit einem sanften Flopp versinken auf einmal die Türstifte aller vier Türen der Limousine und des Kofferraums.

Noch moderner jetzt – man braucht nicht mal mehr ans Schloß ran – sondern zieht nur aus der Tasche seinen kodierten Infrarotsensor, drei, vier Meter vom Auto entfernt, und die Türen sind verriegelt – oder entriegelt.

Ist das ein Symbol für unsere Gesellschaft, für die Entwicklung, in der wir uns befinden? Alles auf Abstand. Nur keine Berührungen mehr. Alles gesichert, geschützt und versiegelt. In Hamburg gibt es zum Glück noch immer mehr Kirchen als Schließ- und Sicherheitseinrichtungsinstitutionen.

Lassen Sie uns in der Kirche bloß nicht so werden, bloß nicht zu einer Luxuslimousine, auf Knopfdruck zu schließen. Dann möge sie lieber als meinem Dienstwagen meinem privaten Golf gleichen oder Ihrem alten Trabant. Da saß man auch noch auf Tuchfühlung zusammen und spürte die Schlaglöcher der Straße mehr, als das auf den Federn des Mercedes geschieht. Da war man nicht nur nebeneinander, sondern miteinander unterwegs.

Ja, Jesus war Fußgänger. Das wäre natürlich am angemessensten, langsam und auf Blickhöhe zum Sehen, zum Hören, zum Dasein, zum Einladen und Eingeladenwerden.

Jedoch Hamburg-Parchim zu Fuß, hin und zurück, das wäre nun wirklich Sozial- und Ökoromantik. Aber um den eigenen Kirchturm herum, da können wir ruhig Fußgängerinnen und Fußgänger sein, und da brauchen wir sie: die Augen und Ohren, das Herz und den Mund, gar nicht zentralverriegelt, sondern aufmachbar, verschließbar, je nach unseren Kräften, je nach unserer inneren und äußeren Befindlichkeit.

Offen zu sein, in den Gemeinden und Dienst und Werken, in den Gruppen und Kreisen, wo die Kirche beginnt, da können wir es wagen, und wir praktizieren es ja auch, diese Offenheit, die uns allen gut tut.

Und Luther, das ganz zum Schluß, geht noch einen Schritt weiter. Er geht in unsere Wohnungen, zum Hausvater – oder, so würden wir sagen, zu den Erziehenden in der Familie, in der Gemeinschaft. Denn am eigenen Tisch, da fängt der Glaube an.

Es ist nicht einmal die Kanzel und der Pastor, der allein für die Glaubenserziehung verantwortlich ist, es sind nicht nur die Katecheten und die Gemeindehelferinnen, es sind nicht nur die Hauptamtlichen in der Kirchenmusik oder auch in der Diakonie, die für den Glauben da sind. Nein, unser Tisch, auch der ganz einfache Küchentisch, der ist für die Glaubenserziehung von großer Bedeutung.

Im normalen Alltag werden die meisten Türen geöffnet – oder verschlossen.

Vom Priestertum aller Gläubigen spricht Luther, und wir sprechen auch oft davon, ohne es zu praktizieren, oftmals ohne es überhaupt praktizieren zu wollen. Und doch ist das unverzichtbar, so unverzichtbar wie ein Küchentisch.

Komm, Herr Jesu, sei du unser Gast. Dieses Gebet, das die Emmaus-Jünger zu Ostern gesprochen haben, so oder ein wenig anders, dieses Gebet mag manchen zu vertraut, zu einfach auch sein. Aber es mag auch manchen die Tür eröffnen oder die Tür offenhalten.

Deshalb, lassen Sie uns dieses Gebet ernst nehmen, nachsprechen, ob beim Mittagessen, mit anderen zusammen oder für uns alleine. Freuen wir uns auf neue Räume. Freuen wir uns auf den Raum, den wir vielleicht gemeinsam öffnen können für uns und für andere.

Nachdenken über Babylon

Vortrag beim Kongreß für Sozialpsychiatrie
in Hamburg, 5. Juni 1994

Das Eigenartige ist, daß der Turm zu Babel uns inzwischen mehr zu denken gibt als Gott.

Wir denken mehr über uns und was wir machen und gemacht haben und womöglich machen werden nach als über Gott.

Als Gott über den Turm nachgedacht hatte, verwirrte er die Sprache mit dem bekannten Ergebnis: Die Stadt wurde nicht weitergebaut, die Menschen, sie wurden verstreut in alle Länder.

Gott griff ein, aber er nahm den Menschen nicht die Möglichkeit, – anders als bei der Paradies-Geschichte, wo er die Zugänge mit den Cherubim bewachen ließ, daß endgültig keine, keiner den Weg zum Baum des Lebens mehr gehen konnte – in unserer Weltzeit.

Bei Babel schuf Gott nur ein Moratorium. Mehr nicht, denn den Gedanken, »sich einen Namen zu machen« mit einer Stadt samt Turm, dessen Spitze bis in den Himmel reiche – diesen Gedanken hat er ja nicht ausgerottet. Im Gegenteil: Über die Welt zerstreut hat Gott eher für seine Vervielfältigung gesorgt.

Die Theologen haben, wie ich meine zu Recht, immer angemerkt, daß Gott nicht aus Angst handelte, sondern aus Sorge, in Sorge. Das Bauvorhaben war lächerlich gering für ihn und wäre es auch geblieben.

Er mußte geradezu herniederfahren, um zu besehen, was sie machten in Babel.

So tief unter ihm war das alles.

Er hatte nie die *Angst*, der Turm könnte seinen Himmel anbohren, zu hoch werden.

Seine *Sorge* galt der Überheblichkeit der Menschen.

Er wollte nicht, daß wir uns übernehmen.

Es ging ihm nicht um den Schutz seiner (All)-Macht.

Es ging ihm darum, daß *wir unsere* Macht richtig einschätzen, nicht überschätzen, in der Schöpfung, allgemein und im persönlichen.

Das Eigenartige ist, daß der Turm zu Babel und Babylon uns inzwischen *mehr* zu denken geben, daß wir nun so denken wie Gott damals, in Sorge sind *selber* über uns und das, was wir machen und gemacht haben und womöglich nicht weitermachen sollen.

In unserem Eifer hören wir doch schon auf, uns als homines politici zu verstehen, als Schwestern und Brüder wahrzunehmen, das Solidarische, Grund-Legende zu pflegen.

Babylon, das Babylonische, das inzwischen tatsächlich überall ist, wo Menschen sind, stellt uns die Frage nach dem Weitermachen. Die inzwischen viel beschriebene große Erkenntnis des 20. Jahrhunderts ist ja der Gedanke, mehr noch: Wir haben sogar das Gefühl, daß wir als Menschheit uns selber schaffen, klonen und eben auch auslöschen können (das reicht bis zu einem echten Angstempfinden, überschreitet also Verstand und Gefühl, dann jedenfalls, wenn wir uns dem stellen).

Wenn wir uns derart weiter einen Namen machen wollen, *würden* wir tatsächlich wie der Schöpfer sein, aber nicht mit der Beurteilung: »Es ist gut.«

Wenn wir weitermachen wie bisher, in manchen Bereichen, dann führen wir das Chaos herbei, rufen die Schöpfung ins Nichts zurück, wo es Namen nicht zu geben braucht, weil nichts mehr unterscheidbar zu kennen wäre und keiner irgend etwas benennen könnte.

Wir würden *alles* versinken lassen in den sprachlosen *Vorzustand* der Welt, uns selber mit.

Als Formulierung hieße es: Gottes creatio ex nihilo wird durch uns zur recreatio ad nihilum.

Ein Kongreß wie dieser beweist, wie sehr wir in Sorge um uns selbst geraten sind, wie sehr die Grundlagen unseres Lebens gefährdet sind, wie *klein* die menschlich-mitmenschliche Basis geworden ist.

Nachdenken über Babylon – das ist nicht nur Seelsorge innerhalb des Zivilisatorischen individuell oder auch gesellschaftlich, nein, das ist *Welt*sorge geworden.

Das Moratorium, das Gott uns durch die Zerstreuung und Sprachverwirrung beließ, *ist vorbei,* so scheint es.

Die Angst vor dem Chaos zwingt uns, zu einer Sprache zurückzufinden für die Beantwortung der Frage: »Sollen wir weitermachen?«

Damals nahm Gott uns die Antwort ab.

Jetzt müssen wir uns selbst die Antwort geben, und zwar die Antwort von damals – und da der Chaoscrash von überall herkommen kann, da das Potential der Menschheitszerstörung und physischen und psychischen Lebensgefährdung nicht mehr nur auf *einen* geographischen Punkt oder Bereich fixierbar ist, brauchen wir dringend Verständigung untereinander, müssen wir uns bemühen, eindeutig zu reden, auch als Kirche eindeutig einzutreten und zu reden für sogenannte Minderheiten, so ohne Kalkül, wie das Wort Gottes redet.

Und wir müssen Gott bitten, daß er uns dabei hilft und uns korrigiert, wenn wir dem nicht oder zu wenig entsprechen.

Wir müssen anders weitermachen. Und dieses Anders-Weitermachen muß solche Schönheit und Wahrhaftigkeit haben, daß es alle überzeugt.

Außerdem muß es so verschieden in sich sein, daß es alle ergreifen kann.

Es gilt, die Vielfalt der Schöpfungsmöglichkeiten auszuspielen, anzuspielen, gegen das Babylonische, gegen das Vereinheitlichte, Vereinheitlichende.

Die Turmbaugeschichte Genesis 11 steht neben anderen Urgeschichten in der Bibel – neben der Paradiesgeschichte etwa, die ja auch ein Scheitern beschreibt und auch wieder einen sorgenden Gott.

Gab *Gott* uns bei Babel ein Moratorium, müssen wir heute nun *selber* für ein neues sorgen, gemeinsam es anmelden.

Vielleicht gelingt das, wenn wir *einen Satz* der *Paradiesgeschichte* für eine Zeitlang abändern – und zwar sehr wohl im biblischen Sinn –: als Gott die Menschen schuf, gab er ihnen den Auftrag: »Seid fruchtbar und mehret euch und füllet die Erde und machet sie euch untertan und herrschet über die Erde.«

Dieser Satz ruft heute Widerspruch hervor, wortwörtlich genommen, wenn wir unsere Situation heute bedenken. Er kann sicher auch nicht als Rechtfertigung dafür stehen, was Menschen alles angerichtet haben und heute noch tun und vorhaben.

Dieser Satz, damals noch vor der Vertreibung im Garten Eden gesprochen, muß heute deshalb eher lauten: »Machet euch der Erde untertan.« Statt Herrscher zu sein, müssen wir zurückfinden zu dem Bewußtsein unserer Geschöpflichkeit, unsere Geselligkeit auch – »Denn es ist nicht gut, daß der Mensch allein sei«, sich allein fühle.

Anders: Wir haben genug Steine gebrannt, Türme und Paläste gebaut, genug Acker verdrängt und Wälder geholzt, genug in privatistischen und ideologischen Gefilden und Laboratorien und Kliniken geweilt und geforscht, genug Himmel berührt.

Wir müssen neu daran erinnert werden, uns gegenseitig daran erinnern, daß wir von Erde genommen sind und zur Erde werden.

Dies so gern verdrängte Bewußtsein, ganz irdisch zu sein und für den Himmel eine *Anwartschaft* zu haben, mehr aber nicht, das müssen wir zurückholen in unser Denken und Tun. Wir haben ein neues Bewußtsein anzustreben: Von Herrschern nämlich müssen wir zu Beherrschten werden, zu solchen, die sich selbst beherrschen, selbstbeherrschte Geschöpfe sein, in *Ge*lassenheit, nicht *Ver*lassenheit.

Angesichts von Rüstungswahnsinn, Atomtechnologie, Kommunikationsüberflutung usw. gilt immer mehr, was der Philosoph Hans Jonas vor zehn Jahren in bezug auf die Gentechnologie sagte: »Wir müssen wieder Furcht und Zittern lernen und, selbst ohne Gott, die Scheu vor dem Heiligen.«

Im Bild gesagt, in biblischer Redeweise: Wenn wir Türme bauen, dann sollen sie nicht den Berg Sinai überragen, auf dem Gott die Zehn Gebote übergab uns zur Orientierung und zum Schutz.

Nicht mehr den babylonischen, himmelhoch mächtigen Turm brauchen wir, sondern kleinere Türme, eher zugängliche Flucht- und Schutztürme, mit Raum und Wärme füreinander, auch und gerade für die, die nicht zu den Machtleuten und Erfolgsmenschen zählen.

Dafür sollen wir die Steine verwenden und vieles mehr.

Der Philosoph Jonas sagt: »Wir müssen wieder Furcht und Zittern lernen«, und er sagt einen Satz mehr: »Unsere völlig enttabuisierte Welt muß angesichts ihrer neuen Machtarten freiwillig neue Tabus aufrichten.«

Kleinere Türme also und große, größere Tabus, die den einzelnen, die einzelne schützen in ihrem Recht der Individualität, der Intimität, der Persönlichkeitsentfaltung – und zwar in den vielfältigen Bezügen. Wir brauchen Tabus, die uns vor anderen schützen, die Respekt beinhalten vor dem einzelnen, der einzelnen, daß wir ihnen nicht zu nahe treten, wenn sie es nicht wollen, daß wir ernst nehmen die andere Persönlichkeit, Person, auch wenn sie uns fremd ist.

In der jüdischen Tradition gibt es den Satz; daß wir zwei Zettel in unseren Taschen mit uns herumtragen sollen und lesen natürlich auch immer wieder:

Auf dem einen steht: »Staub und Asche bist du.«

Auf dem anderen: »Wie herrlich hat dich Gott gemacht, zu seinem Ebenbild.«

Es scheint fast: Die meisten, vor allem die Verantwortlichen in Wissenschaft und Wirtschaft und sicher auch in manch anderen Bereichen, sie haben den ersten Zettel verloren, den mit Staub und Asche.

Und den zweiten Zettel, mit der Ebenbildlichkeit Gottes, den haben diese auch verloren und fast alle anderen auch – und nicht wenige werden daran krank.

Wir brauchen heute wohl einen dritten Zettel, und auf dem muß etwa stehen: »Findet Zettel eins und zwei wieder!« Damit wir uns an die anderen beiden Sätze erinnern, an dieses »Staub und Asche« und an die »Ebenbildlichkeit Gottes«.

Dies mag hier auf diesem Kongreß formuliert werden, unübersehbar, unüberhörbar, unversteckbar.

Der Schriftsteller Herbert Rosendorfer erzählt, daß der Babelturm dann endlich doch zu Ende gebaut wurde und der König zu Gott in den Himmel kam. Da war natürlich alles ganz anders als erwartet und Gott ein fast jovialer Gastgeber, den es gar nicht störte, dort Besuch zu bekommen. Er hilft ihm sogar bei den letzten Schritten. Und Gott gibt dem König dann zum Schluß einen Zettel mit: »Den sollten Sie unten lesen«, sagt er. Das tut der König dann auch, als er wieder zu seinem Thron zurückgekehrt ist und Platz genommen hat in einem der oberen Stockwerke, da entfaltet er den Zettel und liest: »Man muß nicht alles machen, was man machen kann. Um Euch diesen Rat zu geben, habe ich zugelassen, daß der anmaßende Turm gebaut wird. Frdl. Grüße von Deinem Gott.«

Woraufhin der König nach einigem Nachdenken und nach drei Wochen Abstieg den Turm schleunigst abbrechen läßt. Den Zettel aber aus dem Himmel ließ er rahmen.

Irgendwann ging er dann verloren.

Das ist ein Kinderbuchschluß, so einfach.

Aber in dieser Einfachheit des Gedankens liegt die Wahrheit: »Man muß nicht alles machen, was man kann.«

Wir haben es inzwischen gelernt, fast alles machen zu können, fast alles auch zu machen. Und: Wir machen keineswegs alles falsch. Aber wir machen auch nicht alles richtig.

In diesen Jahren dieses Jahrhunderts also brauchen wir – mit der jüdischen Tradition gesprochen – schleunigst eben jenen dritten Zettel, auf dem steht: Erinnere dich an die anderen beiden Zettel, laß es dir sagen, das von »Staub und Asche« und das von der »Ebenbildlichkeit Gottes« – beides trifft auf alle Menschen zu, auf jeden einzelnen. Und: »Man muß nicht alles machen, was man machen kann!«

Wir brauchen das Nachdenken über uns und über Gott.

Wir brauchen die gegenseitige Zuwendung und Vergewisserung des Gegenüber, das uns entspricht, eine Sprache, die nicht nur ätherisch ist, sondern nah und greifbar, begreifbar, eine alltäglich angewandte und anwendbare Sprache.

Wir sind eben auch Erdlinge, Geschöpfe – trotz unser Kreativität, die wir so oft rühmen.

Wir sind jeder und jede, ob krank oder gesund, Gottes Menschen, Gottes Kreaturen.

Das erhebt uns, und das erniedrigt uns zugleich.

Zum Schluß: Als Einstein in den Himmel kam, hatte er bei Gott einen Wunsch offen.

Die Weltformel möchte er endlich kennen, sagte Einstein.

Gott begann eine lange Formel aufzuschreiben.

Einstein wurde immer nervöser.

»Aber das ist ja voller Fehler«, rief er schließlich.

»Ich weiß«, sagte Gott lächelnd.

Es ist nicht bekannt, ob Einstein da befreit aufgelacht hat.

Zu oft wollen Gottes Ebenbilder besser sein als Gott; da brauchen wir nicht nur an den Turm von Babel oder die Gentechnologie, an gewisse religiöse Ansätze oder an unsere deutsche Geschichte zu denken.

Zu oft wollen wir Ihn und seine Schöpfung korrigieren.

Dabei brauchen wir nur zu sein, wie Gott uns gewollt hat, jeder und jede in der Einmaligkeit und Besonderheit des Gotteskindes.

Das reicht, und es ist aller Mühen wert.

Und wir sind, wenn wir die zwei, drei Zettel ernst nehmen, vieler Mühen bar – frei zu Gemeinschaft, zu Mitverantwortung und Heil-Sein, befreit, zu uns selber Ja sagen zu können, und auch Ja sagen zu können zu denen, die anders sind als wir, die uns fremd erscheinen.

Und das ist wichtig, und ich weise oft darauf hin, auch mich selber: Da dürfen wir auch ruhig Fehler machen und zur eigenen Fehlbarkeit stehen, wie Luther es gern formulierte: »simul iustus et peccator«, zugleich gerecht und Sünder. Wir dürfen nicht das eine auf Kosten des anderen überbetonen oder leugnen.

Ich wünsche Ihnen auf diesem Kongreß, ich wünsche uns allen eine Sprache pfingstlicher Kraft, daß wir einander – trotz aller Unterschiede, trotz aller Fehler und aller Schuld im persönlichen Bereich, aber auch der Schuld, die wir als Institution und als Volk auf uns geladen haben, ich wünsche, daß wir trotzdem lernen, uns wirklich zu verstehen, aufeinander zu hören, miteinander zu reden, und daß wir von guten Heilsvisionen erfüllt werden, vor Ort und weltweit.

Ökumene und Frauenordination

Vortrag zum Forum »Frauenordination in der evangelischen Kirche – warum nicht auch bei uns?« auf dem 92. Deutschen Katholikentag in Dresden, 30. Juni 1994

Ich wuchs in einer kirchlich gebundenen Familie in Schleswig-Holstein auf. Mein Berufswunsch war Lehrerin, und so begann ich das Studium für die Lehrfächer Latein und Religion.

Als ich nach fünf Semestern von der Philosophischen Fakultät ganz zur Theologischen umsattelte, stand keineswegs das Berufsziel der hauptamtlichen Theologin oder Pastorin vor Augen. Das konnte und wollte ich mir nicht vorstellen. Zwar wußte ich, es gab Pastorinnen oder, wie sie damals noch hießen: Vikarinnen. Aber das war fern, fremd, keine Perspektive für mich. Daß mein Bruder fast zeitgleich seinen Berufswunsch vom Mediziner in den des Pastors verwandelte, daran fand ich nichts Besonderes, zumal wir in unserer Familie über viele Generationen Pastoren hatten.

Ich studierte also Voll-Theologie mit dem Ziel, danach meine Philologische Prüfung abzulegen und an die Schule zu gehen.

Und dann kamen die sogenannten 68er Jahre, in denen ich nicht zu den Aufmüpfigen gehörte, im Gegenteil: Erst auf Drängen verschiedener Theologieprofessoren setzten wir uns mit den Fragen der Hochschulreformen und dergleichen auseinander, zurückhaltend und angepaßt weiterhin. Und dann fanden wir Studierenden aus Schleswig-Holstein in Tübingen ein Betätigungsfeld, das uns wichtig war: wir arbeiteten an einem neuen Ausbildungsmodell für angehende Pastoren. Theorie und Praxis sollten einander ergänzen, mehr als vorher, wo ein Jahr geschlossene Ausbildung im Predigerseminar anstand, mit fast klösterlicher Weltabgeschiedenheit, nur für Männer. Unser Modell wurde modifiziert von der Synode übernommen, und noch heute ist es Grundlage unserer Vikarsausbildung – übrigens sind etwas mehr als ein Drittel Frauen, Vikarinnen.

Ohne es bewußt geplant zu haben, war ich eingebunden in eine kirchliche Berufsplanung, nicht nur theoretisch, sondern auch emotional und persönlich intentional. Ich lernte ältere Theologinnen kennen. Unsere Landeskirche beschloß 1968 das »Theologinnen-Gesetz«. Mit meinem Mann – damals Freund – legte ich das 1. Theologische Examen vor der Landeskirche ab. Es folgte das gemeinsame Vikariat in einer Gemeinde am Stadtrand Hamburgs und im Predigerseminar Preetz. Nach dem 2. Examen erhielten wir je eine Pfarrstelle an der Nordseeküste, zusammen noch mit zwei älteren Kollegen.

Die Ordination fand im November 1972 statt – es war in unserer Landeskirche das erste Mal, daß ein Ehepaar gemeinsam ordiniert wurde. 18 Jahre lang haben wir unsere zwei Pfarrstellen innegehabt. Dann wurde ich 1991 Pröpstin und 1992 Bischöfin. Mein Mann hat sich vorerst beurlauben lassen – ein Wunsch, den er schon längere Zeit vorher hatte.

Frauen-Ordination ist mir von 1970 bis 1990, also 20 Jahre lang, nicht als Problem begegnet, sondern vielmehr als große Chance und Bereicherung für unsere Gemeinden, Dienste und Werke. Der Prozentsatz der ordinierten Frauen ist ständig gewachsen, und ihre Akzeptanz ist groß. Da wir in den Evangelischen Landeskirchen im Westen z. Zt. mehr Bewerberinnen und Bewerber für Pfarrstellen haben, als wir einstellen können, müssen sich Pastorenehepaare nun – meist wenigstens – eine Pfarrstelle teilen. Und das birgt Probleme in sich, die meist auf Kosten der Frauen ausgetragen werden. Aber da sind u. a. die Theologinnen-Konvente gefordert, auf Benachteiligungen von Frauen im Pfarramt aufmerksam zu machen und einer erneuten Vermännlichung entgegenzuwirken – einem Amtsverständnis zugleich, das sich nicht evangelisch nennen kann.

Das betrifft auch – und insbesondere – die Strukturen von leitenden Pfarrämtern und Positionen in unserer Kirche.

Frauen-Ordination war 20 Jahre kein Problem für mich, bis ich dann zur ersten Pröpstin meiner Landeskirche und zur ersten Bischöfin der Lutherischen Kirche weltweit gewählt wurde. Plötzlich wurden Stimmen laut, vereinzelt in der eigenen Kirche und stärker bei den anderen Konfessionen – Zweifel an der Rechtmäßigkeit und Schriftgemäßheit wurden in sehr unterschiedlichem Stil vorgetragen und von den Medien gern aufgegriffen.

Die EKD gab daraufhin eine Stellungnahme der Theologischen Kammer heraus, die mit dem Satz beginnt: »Die Wahl einer Frau zur Bischöfin von Hamburg ist in voller Übereinstimmung mit den theologischen und rechtlichen Grundsätzen der Evangelischen Kirche erfolgt.« Und in der 1. These heißt es weiter: »In geistlicher Hinsicht kann es in der Evangelischen Kirche einen Unterschied zwischen Mann und Frau nicht geben. Alle Christen sind gleich und in gleicher Weise durch die Taufe zu Gliedern der Kirche und zur Priesterschaft berufen: ›Was aus der Taufe gekrochen, das darf sich rühmen, daß es schon zu Priester, Bischof und Papst geweiht sei.‹ (Luther).«

Und in These 2 heißt es, daß »der Ausschluß der Frau vom Kirchenamt nicht den Grundordnungen für dieses Amt zuzurechnen, sondern als sittliche und soziale Regel von geschichtlich begrenzter Bedeutung anzusehen ist.« Folgende Aspekte werden dann benannt:

a. »In der Bibel gibt es weder eine geschlossene Lehre vom Amt noch ein zeitübergreifendes Dogma zur Rolle der Frau. Vielmehr verweist uns die Geschichte des Urchristentums auf unterschiedliche Regelungen in verschiedenen Gemeindesituationen und stellt sich einer vorschnellen Systematisierung entgegen.«

b. »Die Bibel mit ihren unterschiedlichen Aussagen hat ihre eindeutige und einende Mitte in der Heilstatt Gottes in Jesus Christus... – Von dieser Mitte der Schrift her wird man die biblischen Aussagen über das Verhältnis von Männern und Frauen nur recht verstehen, wenn man den Grundaussagen über die uneingeschränkte Gleichstellung beider sowohl in den Schöpfungsberichten als auch im Rechtfertigungs- und Erlösungsgeschehen das ihnen zukommende Gewicht einräumt.« – Beispiele werden genannt, Bibelstellen zitiert, in denen Frauen mit Verkündigungs- und Leitungsaufgaben betraut wurden – von Jesus selber, von den ersten Gemeinden – und zwar nicht nur für Frauen und Kinder, sondern für alle.

Da sei erinnert an die Frauen am Grabe, die ersten Auferstehungszeuginnen, an die Pfingstverheißung, daß »Söhne und Töchter« weissagen werden, an das alte Taufbekenntnis, daß alle Rangunterschiede zwischen Juden und Heiden, Sklaven und Freien, Mann und Frau aufgehoben und allen Glaubenden Befreiung, Ebenbürtigkeit und gleiche Würde zugesichert werden.

Die Namen Euodia und Syntyche (Phil. 4,2), Phöbe und Priska, Maria und Junia (Röm. 16) seien hier zitiert – ebenso Maria Magdalena und Martha, deren Apostelamt große Bedeutung hatte.

Daß es in der Frühen Kirche bald schon zur Zurückdrängung der Frauen aus kirchlichen Ämtern, zuerst der Verkündigung und Leitung, dann auch der Diakonie, kam, ist meines Erachtens eine bedauerliche, aber auch verständliche Entwicklung.

Da die Kirche sich zur Groß-Institution entwickelte, die sich mehr und mehr an den Strukturen des Römischen Imperiums orientierte, mußten die Frauen wieder den unteren Platz in der Hierarchie einnehmen.

Theologisch ließ sich das durch die Haustafeln der Pastoralbriefe begründen, und hinzu kam, daß Frauen, Prophetinnen und Priesterinnen eine größere Nähe zu den orientalischen Mysterienreligionen aufwiesen, nicht nur im Vokabular, sondern auch in der Spiritualität.

Engagierte Frauen standen in der Kirchengeschichte oft der offiziellen Amts-Theologie skeptisch gegenüber, galten als anfällig für eigene, freie, prophetische und somit »ketzerische« Glaubensvorstellungen. Und es ist bis heute so geblieben, daß eigene theologische Entwürfe von Frauen eher nicht zur Kenntnis genommen oder abgelehnt werden, als daß sie als Ergänzung und Korrektur biblischer und ekklesiologischer Fragestellungen einbezogen und begrüßt werden.

»Ecclesia semper reformanda« – dieser Grundsatz lutherischer Theologie, evangeliumsgemäßter Theologie stößt jedoch an seine Grenzen, vor allem, wenn es an sogenannte Macht-Fragen geht.

Frauen wollen die Kirche verändern – das ist richtig. Und sie wollen und können das, als Nicht-Ordinierte und als Ordinierte.

Sie lassen sich von biblischen Texten bewegen und wissen sich in die Nachfolge Jesu Christi berufen, nicht weniger und nicht anders als die Männer.

Eine Amts-Theologie, die nur Männer ins Priesteramt beruft, ist uns lutherischen Christinnen und Christen inzwischen fremd, wenn ich auch eingestehen muß, daß es in einigen Lutherischen Kirchen der Welt noch keine Frauenordination gibt – und in Lettland ordiniert der letztes Jahr gewählte und eingesetzte Bischof keine Frauen mehr – ein Skandalon, das zu vielen Protesten geführt hat – aber noch nicht wieder zur bisher dort praktizierten Ordnung der Frauenordination.

Und ich weiß, daß es in manchen Ländern Frauen schwerer gemacht wird, als Pastorinnen zu arbeiten, vor allem bedingt durch die knapper werdenden Arbeitsplätze auch in Pfarrämtern.

In den meisten Kirchen des Lutherischen Weltbundes, in den meisten anglikanischen Kirchen werden Frauen heute ordiniert; ordinierte Rabbinerinnen gibt es übrigens seit dem letzten Jahrhundert schon. An meiner Einführung als Bischöfin nahmen lutherische Bischöfe aus Skandinavien und dem Baltikum, Weihbischöfe der Röm.-Kath. und der Anglikanischen Kirche, Leitende Geistliche der Orthodoxen Kirche, des Lutherischen Weltbundes und der ÖRK – und auch der Landesrabbiner im vollen Ornat – teil – ein hoffnungsvolles Zeichen, wird dadurch zumindest deutlich, daß trotz theologisch unterschiedlicher Amtsverständnisse die Entscheidung meiner Kirche respektiert und akzeptiert wird, nicht nur von den »einfachen, normalen Mitgliedern«, sondern auch offiziell, von den sogenannten höheren Stellen.

Ich habe seit meiner Amtseinführung 33 Pastorinnen und 31 Pastoren ins Amt der Kirche ordiniert – und habe mit großer Anteilnahme die Ordination von 35 anglikanischen Priesterinnen in Coventry mitgefeiert. – Ich freue mich, daß die Frauen in unserer Kirche neue Wege christlichen Glaubens und Lebens gehen, daß die Pastorinnen in den Konventen und Synoden ebenso wie in den Gemeinden Fragestellungen zur Sprache bringen und anregen, die bisher weithin unterdrückt, verschwiegen blieben – und doch missionarisch und vom Evangelium erforderlich und notwendig sind.

Noch einmal Worte jener Stellungnahme der Kammer für Theologie, die der Rat der EKD vor zwei Jahren herausgab: »Die Christenheit, nimmt sie ihre Botschaft ernst, steht weltweit vor der Aufgabe, dem Verhältnis von Männern und Frauen eine neue Gestalt zu geben und Fehlentwicklungen, die bis heute nachwirken, zu korrigieren.

Dabei sind auch Folgerungen für die Ämter und die Ordnungen der Kirchen zu ziehen. Falsche ökumenische Rücksichten hätten eine Lähmung des geistlichen Lebens in unserer Kirche zur Folge.

Daß es keine Gründe aus der Heiligen Schrift und dem Bekenntnis gibt, Frauen von der Ordination zum Pfarramt und also auch von der Berufung in kirchliche Leitungsämter auszuschließen, muß die Evangelische Kirche heute gerade auch aus ökumenischer Verpflichtung lehren und in ihrer Ordnung praktizieren.«

So wie ich mich, so wie wir uns in den Evangelischen Kirchen an die Frauen-Ordination gewöhnt haben – sie keineswegs als Problem, sondern als Bereicherung und als Konsequenz biblischer Botschaft sehen, ja als Korrektur kirchengeschichtlicher Fehlentwicklungen, wie gerade bei einer Konsultation vom LWB hervorgehoben wurde – so hatte ich mir einen ähnlichen Prozeß für die Katholische Kirche gewünscht und manchmal zumindest für möglich gehalten. Darin wurde ich bestärkt durch viele Gespräche und Briefe von katholischen Christen und Christinnen, geweihten und nicht-geweihten.

Das Drängen auf den verschiedenen Ebenen und die Bemühungen und Gebete, so mein evangelischer Erfahrungshorizont, müssen doch Folgen zeigen – wie bei den Anglikanern, so bei den Katholiken.

Nun ist die Frauen-Ordination vom Papst »endgültig« ausgeschlossen, aber meine Hoffnung bleibt bestehen, daß die gesamte weltweite Ökumene sich eines nicht allzu fernen Tages einig ist in ihrem Ja zur Frauen-Ordination.

Bis dahin gibt es sicher noch den einen und anderen Stolperstein, aber wir haben – mit den Psalmen gesprochen – einen Gott, der unseren Fuß nicht an einen Stein stoßen läßt – und einen Gott, der mit uns sogar über Mauern springt (Ps 90 u. 18).

Wo wir Gottes Willen noch im Wege stehen

Predigt über 4 Mose 14,17
auf dem 92. Deutschen Katholikentag
in Dresden, 30. Juni 1994

Unruhe gibt es, erhebliche sogar, Murren und Unzufriedenheit wegen sozialer und persönlicher Nöte, aber auch wegen besonderer geistlicher Entscheidungen. Mehr oder weniger scharf werden die Enttäuschungen artikuliert, und es wird gefragt: »Wie kommt er dazu, für sich besondere geistliche Führung zu beanspruchen? Darf er die Wünsche und Hoffnungen der vielen anderen unberücksichtigt lassen?« – »Redet Gott denn allein durch ihn? Redet er nicht auch durch uns?«

Liebe Gemeinde,

so wird die Situation beim Exodus geschildert, das Auftreten des Mose vom Volk Gottes erfahren – nach 4. Mose 12ff. So erfahren heute manche die Entscheidungen der politisch Verantwortlichen und eben auch des Papstes in der Frage der Frauen-Ordination oder ihrer »endgültigen« Ablehnung, wie auch immer dieses »endgültig« zu interpretieren ist.

Viele Frauen und Männer haben die Entscheidung gehört, aber ihr nicht zustimmen können, und so tragen sie weiterhin ihre Anliegen, ihre Anträge vor, mit der Erwartung, in dem Glauben, daß diese Frage auch durch sie, mit ihnen zusammen entschieden werden müsse.

»Redet Gott denn allein durch ihn? Redet er nicht auch durch uns?« – Diese Worte werden im 4. Mose-Buch als Aussagen der Prophetin Mirjam und des Priesters Aaron zitiert.

Diese hatten immer wieder ihre Not mit Mose, mit seinem Anspruch, geistliche Verantwortung für alle zu tragen.

Es wird nicht offen und ausführlich geschildert, um welche Glaubens- und Machtfragen es da ging und wie sie im Detail angegangen und gelöst wurden – ähnlich wie in neutestamentlicher Zeit, wo die Konflikte in den Gemeinden und unter den Verantwortlichen vielfach verdeckt und verschleiert wurden, als dürfe es harte Auseinandersetzungen und Differenzen gar nicht geben. Und diese Art des Umgangs mit Konflikten hat dann ja auch manche Erfolge gehabt: So konnte die »Frauen-Frage« damals gelöst werden: Man vergaß bald, daß Frauen einst Leitungsaufgaben innegehabt hatten, daß Sexismus in der Kirche keinen Platz haben darf ebensowenig wie soziale Rangunterschiede.

Doch zurück zur Mose-Zeit, zur Prophetin Mirjam. Sie wurde für ihr Mitsprache-Begehren, für ihre Aufmüpfigkeit für alle erkennbar bestraft – mit Aussatz – ein abschreckendes Beispiel, das seine Wirkung hatte – und dann wurde sie auch in der biblischen Geschichtsschreibung, Heilsgeschichtsschreibung an den Rand gedrängt und ihrer geistlichen Leitungsfunktionen beraubt, nur noch als Schwester des Mose tradiert, also mehr ein schwaches Anhängsel als eine selbständige Führungspersönlichkeit.

Eine Entwicklung, die sich dann ja später oft in ganz ähnlicher Weise wiederholen sollte – durch die Jahrhunderte, Jahrtausende hindurch.

Und wir wissen: noch heute werden die Frauen der Bibel und der Kirche nicht gern als Sprachrohr Gottes und der Kirche gesehen. Öffentlich sollen sie lieber schweigen, sich den männlichen Denk- und Lebensvorstellungen anpassen, unterordnen, zu Hause, eben in der Familie, da sollen sie ihren Part bewußt als Frauen wahrnehmen.

Seit Mirjam, der Prophetin, ist es erkennbar, daß der geistlichen Führungskraft von Frauen mit Zurückhaltung begegnet wird, einer passiven und aktiven Zurück-Haltung.

Dabei brauchen wir dringend die Visionen und Hoffnungen der Frauen, auch ihre Enttäuschungs- und Leidensgeschichten – wie soll es sonst zu einem heilvollen Exodus kommen, zu einer Befreiung aus den Verstrickungen und Verklemmungen?!

Aber um diese Thematik soll es in der Predigt jetzt nicht nur gehen. Doch erwähnen mußte ich sie, denn sie gehört in den Kontext des Predigtwortes, das ich – in gut evangelischer Tradition – dem Herrenhuter Losungsheft für den heutigen Tag entnommen habe. Es steht 4. Mose 14,17 und heißt: »So laß nun deine Kraft, o Herr, groß werden, wie du gesagt hast.« Ein Gebetsruf des Mose.

Nicht um unsere Macht, um unsere persönlichen Interessen soll es gehen, sondern um Gottes Kraft und Stärke, um seine Vergebung und seine Barmherzigkeit, wie es der nächste Vers sagt.

Ob Unruhe und Murren damals in der Wüste oder heute bei uns in den Kirchen und Gemeinden in Deutschland, jede und jeder sind an dieses Gebet gewiesen, an die Orientierung an Gottes Barmherzigkeit und Kraft, daß wir eben nicht eigene Interessen gegen andere durchsetzen, auf Kosten anderer, Männer oder Frauen, sondern wir sollen gemeinsam erspüren, wo und wie wir Gottes Willen noch im Weg stehen, wo und wie wir uns als seine Mitarbeiterinnen und Mitarbeiter einbringen, ohne Mißtrauen und Egoismus, ohne Ideologie und Unterdrückung.

»Gott, laß deine Kraft groß werden, wie du gesagt hast« – und Jesus sagte: »Nicht mein, sondern dein Wille geschehe« – Sätze, die uns von der Wüstenwanderung und vom Garten Gethsemane berichtet werden, Worte, die im Vaterunser aufgenommen sind und uns für jeden Tag aufgegeben, anvertraut sind, nicht nur formelhaft, sondern korrekturmäßig, daß wir all unsere Gedanken, Worte und Werke daraufhin prüfen und verändern.

Oft wundere ich mich, wie wenig wir diesen einfachen Worten und Bitten folgen, wie wenig wir Gottes Barmherzigkeit zutrauen und wie sehr wir um unsere eigenen Positionen besorgt sind, sie immer neu zu behaupten und auszubauen versuchen – als einzelne und als Kirchen auch.

Statt der Mannaspeisung und des täglichen Brotes wollen wir volle Lager und Absicherungen – Besitzstandswahrung, eine zwar nicht genannte, aber doch bedeutende Devise auch in unseren Kirchen – *statt* der Fremdenliebe und Gastfreundschaft haben wir Abkapselung und geschlossene Gesellschaften und dichte Grenzen; selbst Kirchenasyl wird von manchen in Frage gestellt – *statt* der gemeinsamen Glaubenserfahrung und Christusnachfolge behalten wir kirchenrechtliche Trennungen bei und immer noch Verwerfungen – »Kommt her, alle« – ruft Jesus uns zu, und doch dürfen wir uns noch nicht alle an einem Tisch zur gleichen Zeit und am gleichen Ort versammeln, so sagt man uns – *statt* der Freude und der Ermutigung durch Wort und Sakrament zeigen wir Resignation und Unzufriedenheit, Streit und Streß – Aber Gott sei Dank, gibt es auch andere Erfahrungen – oft allerdings mehr am Rand der Kirchen als in ihren sogenannten Zentren.

»So laß nun deine Kraft, o Gott, groß werden, wie du gesagt hast« –

Liebe Gemeinde,

wollen wir Gottes Kraft unter uns wirklich groß sein lassen? Oder wollen wir nicht viel häufiger selber Kraft und Macht haben und selber über andere und über Gott entscheiden – wie die Babel-Leute mit ihrem Macht- und Kraftwerk?

Die Gentechnologie, die Atomkraft, die Feiertagsdebatte auch – überall stellt sich die Frage: Soll es um Gottes Schöpferkraft und Liebe gehen – oder um unsere vermeintlichen Vorteile, Schwächen und Machtgelüste?

Die Gefahren vom Turm zu Babel sind bekannt, auch, wenn sie immer wieder runtergespielt werden.

Andere biblische Bilder sind heute vielleicht hilfreicher: Zum einen der Regenbogen, auch, wenn er esoterisch vereinnahmt werden soll, und zum anderen die Wolken- und Feuersäule – diese Erinnerungszeichen zeigen uns auch die Grenzen unserer eigenen Macht – aber sie drängen uns nicht in die Passivität. Sie entmutigen nicht, sie weisen uns nicht nur auf die eigene Kleinheit hin, kein Zeigefinger der negativen Art.

Diese Himmelszeichen weisen nach vorn, nach oben, daß wir aufgerichtet bleiben; sie sind uns allen gegeben, frei von irgendwelchen nationalen und kulturellen Begrenzungen, ohne Einschränkungen von Kirchenmauern und theologischen Systemen.

Sie laden ein zu gemeinsamen Wegen, zu kleinen und großen Schritten, aber auch zu Muße, zu Begegnung und Feier.

Lassen Sie uns als Christinnen und Christen aus der Taufzusage leben, die in gleicher Weise uns allen Gottes Barmherzigkeit schenkt und uns in die Nachfolge Christi stellt.

Wenn andere – Männer, Frauen und Kinder – murren und unzufrieden sind, wenn sie Hoffnungen und Visionen haben, anders als unsere eigenen, dann haben wir als Christinnen und Christen nicht einfach das Recht, unsere Macht gegen sie zu nutzen, sie stumm und klein zu machen oder an den Rand zu drängen, auch, wenn das oft bei uns so Brauch war und heute noch vorkommt – nein, wir haben jeden Tag neu zu fragen, wie Gottes Wille aussieht, für uns alle, und wie er anderen vermittelt werden kann; wir haben jeden Tag neu dafür zu beten, daß Gottes Kraft groß werde – und daß Friede und Gerechtigkeit wachsen. Amen.

Mit Leib und Seele

Rede zur Eröffnung der Sommerakademie »leib-haftig – von Körpern und Körperschaften« in der Evangelischen Akademie in Hamburg, 18. Juli 1994

Es gibt Leute, die warten fast sehnsüchtig darauf, daß dieses Thema »Leib und Körper» endlich einmal wie ein Sauerteig die Kirche durchdringt, daß wir es endlich wagen, auch in der Kirche, ganz Mensch zu sein, und nicht nur wie Reduzierte herumlaufen wie bisher – nicht immer nur weiter nur »Herz und Seele und Kopf und Gehirn« sind, sondern endlich auch »Bauch und Haar, Geschlecht und Arme«.

Sie wissen ja, wenn einer oder eine »aus dem Bauch« argumentiert, das wird moniert, das darf, oder richtiger: das braucht nicht ernstgenommen zu werden.

Eine fröhliche und klatschende Gemeinde, eine lustige oder gar lustvolle Kirche, wo Menschen sich umarmen und ihre Zuneigung deutlich körperlich zum Ausdruck bringen – nein, das gehört sich bis heute für viele nicht, als stünde da überall ein Schild: »Halt, Zutritt verboten. Ab hier beginnt der Sündenbereich, vermintes Gelände« – und zur gleichen Zeit beklagen wir die Kopflastigkeit der Kirche. Erinnern wir uns an den »heiligen Kuß« der ersten christlichen Gemeinden vor den Mahlfeiern – Im dritten Jahrhundert verschwand er aus dem Ritual, wurde von der Hierarchie untersagt, da er als anstößig galt, als obszön, als Sündentor.

Ich gebe zu, so wurde auch ich erzogen und wohl die meisten hier im Saal: auch in vielem prüde – was ursprünglich wacker und ehrenhaft hieß.

Dabei hat Jesus doch zu Simon Petrus gesagt, eher vorwurfsvoll als lobend: »Du hast mir keinen Kuß gegeben… Du hast mein Haupt nicht mit Öl gesalbt« (Luk 7,45.46) und hat die schönsten Gleichnisse vom Verlorenen Sohn oder auch vom Barmherzigen Samariter erzählt, wie der Vater bzw. der Samariter dem Geschundenen leibfreundlich sich nahte. Und jede Auferstehungsgeschichte war doch nicht nur eine der Seele – Lazarus bekam einen erneuerten Leib.

Es ist also lohnend, die Bibel nun noch einmal neu zu lesen!

Allein ein Blick in die Konkordanz läßt uns ja staunen, wie häufig das Wort »Leib« auf den Seiten der Bibel erscheint, sogar ein wenig häufiger als das Wort »Seele«. Höchste Zeit, daß uns das zu denken und zu leben gibt. Oder ist es schon zu spät?

Sind wir als Kirche schon zu einer Körperschaft verkommen, zu einem juristischen Ungetüm ohne Hände und Füße, Körperwärme und Hautkontakt – gar zu einer Körperschaft öffentlichen Rechts, in der das Private, das Persönliche, der eigene Leib immer weniger Platz und Achtung hat?

Und sind wir gar nicht mehr eine Gemeinschaft von lebendigen, lebenserfüllten Menschen?

Oder, um es etwas provozierender zu sagen, wie im Thema vom 3. August dann: Brust raus (– und weg damit) Kopf hoch (– und Intellekt gezeigt –) und Bauch rein (und unsichtbar gemacht)?

Ist es schon zu spät?

Auf jeden Fall: Es ist hohe Zeit für die Wiederentdeckung unserer Ganzheit, von der insbesondere wir Theologinnen doch so gerne reden. Ja, um die Wiederentdeckung unserer Ganzheitlichkeit geht es, gegen die bisherige Kopflastigkeit und gegen die neue Körperlastigkeit, die uns beispielsweise mit Fitneßtraining und Diäten, Modediktaten und Lustversprechungen und medizinische Forschungen injiziert, oktroyiert wird – allerdings hat dieser Trend uns in der Kirche bisher noch nicht so erreicht.

Hören Sie einmal, was man über uns als Kirche sagt: Ich zitiere eine sogenannte Stimme des Volkes, genauer gesagt, einer bildenden Künstlerin: »Das Allerletzte, was einem bei KIRCHE einfällt, ist LEIB. Das Allererste, was einem bei Leib einfällt, ist WEIB – oder FRAU. Das Erste, was man bei WEIB denkt, ist SÜNDE. Das Erste, was man bei SÜNDE denkt, ist KIRCHE.«

Dabei hat Gott doch nach der schönen Paradiesgeschichte nicht Erdlinge ohne Sinne und auch nicht schemenhafte Seelenwesen geschaffen – a-sexuell und leiblos gar –, sondern er hat voll Liebe Körperwesen gestaltet, die ihm ähnlich sind.

Das kann doch kein Irrtum von ihm gewesen sein.

Da hat doch nicht der »Leibhaftige« uns den Körper – und Gott uns die Seele gegeben, so daß auf ewige Zeit der Leib des Teufels und die Seele nur Gottes sei! Als sei der Leib nur ein Sündeninstrument, Teufelswerkzeug, Teufelsspielzeug.

Ob wir solch jahrhundertealtes Denken noch abschütteln können? Wir Frauen sind darauf natürlich besonders gespannt und darin auch hoffnungsvoll, trotz allem.

Denn wir wurden ja zu den großen Störfaktoren der Heilsgeschichte gemacht – als Transporteurinnen der Unreinheit – nur einige Auserwählte galten als immaculatae – doch wir anderen als Einfallstore der Sünde.

Die ganze Frage der Frauenordination, des Zölibats, ist so gesehen doch nur die Spitze des patriarchalischen Angsteisbergs. Und die Männer konnten höchstens nur Sünder werden: Das war vergebbar, leicht entschuldbar. So wies man immer wieder auf Eva hin und wiederholt es bis heute gern, jenes schuldzuweisende »Cherchez la femme«. Sünder konnten sie werden, die Männer, damals wie heute, aber nicht Verkörperer der Sünde. Das blieb uns Frauen vorbehalten.

Was für eine seltsame Aufteilung der Welt, die zunehmend dem Machterhalt in der Männerwelt, mann-beherrschten Welt, dienen sollte.

Und jedes rote Haar auf einem Frauenkopf war ein Hexenhaar, ein Teufelshaar. Trug ein Mann aber rote Haare, so galt er höchstens als Lügner – oder er hatte irische Vorfahren. Nun gut.

Sicherlich auch dank der feministischen Theologie ist das Unternehmen der Akademie hier in diesen Wochen längst nicht mehr der erste kleine mutige Schritt in die andere Richtung – hier wird mit vielen Veranstaltungen daran gearbeitet, darauf hingewirkt, das alteingefahrene Denken immer mehr auf neue Gleise hinzubewegen und, wie ich meine, dem biblischen, zumal dem alttestamentlichen Denken wieder mehr anzunähern, mit seiner Leibfreundlichkeit und Unbekümmertheit auch, wo es um Liebe und Lust geht und Mann und Frau auch keine Gegner/Gegnerinnen mehr sind, sondern wo deutlich gezeigt wird: Sie sind wirklich füreinander geschaffen, für gemeinsame Aufgaben und Schönheiten.

Irgendwann, und hoffentlich bald – um es beispielhaft zu sagen –, wird die Schwiegermutter des Petrus nicht mehr verborgen werden, und vielleicht endlich auch einmal wird der Tatsache Rechnung getragen – nein, das ist schlecht gesagt – werden wir fröhlich erkennen und die anderen auch, daß der Petrus, auf den die Kirche mit ihren Ämtern sich zu gründen behauptet, verheiratet war (was immer das damals hieß), daß Petrus eine Frau hatte – und daß Askese erst später zu einer christlichen Tugend, insbesondere Amtstugend, erklärt wurde.

Das wäre der Anfang des Endes des Leibhaftigen, des Teufels, dieser Kunstgestalt, wenn wir in der Kirche das leibliche Sein und Begehren nicht mehr verteufeln, sondern annehmen und preisen – wie Liebende es immer tun … und wie es für Kinder und Unmündige selbstverständlich ist.

Und Sünde – wäre dann etwas ganz anderes: Sünde wäre dann nicht vorschnell mit Sexualität in Verbindung gebracht, sondern wäre wirklich all das, das zerstört, was Gott gut geschaffen hat – dem anderen, einer anderen die gute Lust des Körpers zu verbieten oder nur ein Haar zu krümmen, und sei es ein rotes – das wäre dann gegen Gott sein, das wäre dann Sünde – und leibhaftig wäre ein Wort so schön wie wahrhaftig.

Ich empfehle, das Hohe Lied Salomos mal wieder zur Hand zu nehmen und es nicht nur allegorisch deuten zu wollen, als Liebe zwischen Gott und Israel bzw. der Kirche, sondern zitiert sei hier Karl Barth: »Man soll es (das Hohe Lied der Liebe) auch nicht spiritualisieren, als ob, was im Kanon steht, nur spiritualistische Bedeutung haben dürfte, ... gerade die tiefste, nächste Auslegung wird hier nur die natürlichste sein können« (Kirchliche Dogmatik III/II 354f).

Als Nachsatz – die Juristen mögen es mir verzeihen – gerade das Wort »Körperschaft« auf die Kirche zu beziehen, ist wahrscheinlich ein verschmitzter Scherz des Leibhaftigen. Dem soll das Lachen vergehen, indem wir diesen Begriff anders füllen, vom biblischen Gottesglauben her und Körper und Geist nicht mehr trennen wie schwarz und weiß und böse und gut.

So eröffne ich die Sommerakademie 1994 zum Thema »leib-haftig« – von Körpern und Körperschaften« und wünsche allen Beteiligten, daß sie Leib und Seele zusammenhalten oder zusammenbringen endlich oder einmal wieder, daß wir die philosophischen und typisch männlichen Dichotomien überwinden. Leib und Seele sind doch keine Fremdkörper einander, die sich gegenseitig abstoßen.

Ich wünsche uns allen, daß wir mit Herz und Kopf bei der Sache und bei uns sind und daß Gott seinen Segen dazu gibt, wenn wir unseren Körper mit seinem Schmerz und seiner Lust neu anzunehmen versuchen als seine gute Gabe und sie nicht weiter vernachlässigen oder verteufeln gar – aber auch nicht vergöttlichen, vergötzen.

Ich schließe mit zwei Versen aus den Segenswünschen Jakobs für seine Söhne (1. Mose 49,25.26): »Von deines Vaters Gott werde dir geholfen, und von dem Allmächtigen seist du gesegnet mit Segen oben vom Himmel herab, mit Segen von der Flut, die drunten liegt, mit Segen der Brüste und des Mutterleibes.

Die Segnungen deines Vaters waren stärker als die Segnungen der ewigen Berge, die köstlichen Güter der ewigen Hügel.«

Mögen sie kommen auf unser Haupt und auf unseren Körper und in unser Herz hinein.

Zum Himmel schreien

Predigt über Jesaja 58,7–10
in St. Petri, Hamburg-Altona, 2. September 1994

Liebe Gemeinde,
Diakonie und Ökumene, Seelsorge und Medienarbeit, Verwaltung und Kirchenmusik, Hamburgisches und Nordelbisches – das alles findet nun eine neue Bleibe in den benachbarten Häusern in der Schillerstraße und Königstraße.

Ein gemeinsames Dach, von dem wir neue Möglichkeiten der Zusammenarbeit erwarten – und die Erfahrungen der letzten Wochen bestärken uns in dieser Hoffnung. Die kurzen Wege sind nicht nur eine äußerliche Erscheinung, sie sind Teil der Konzeption unserer kirchlichen Arbeit – Begegnungen und Gespräche auf den Fluren, im Treppenhaus; eine gute Voraussetzung für das gemeinsame Planen und Handeln, für Rückfragen und Vorwärtsschauen. Eine Chance, die wir so in unserer Kirche, speziell in Hamburg, noch nicht hatten.

Im prophetischen Text aus dem Alten Testament ist von solch institutionellen Vorstellungen noch nichts zu spüren.

Darum ist es gut, daß wir uns auch an einem Tag wie heute, auf unsere gemeinsame Glaubensgrundlage beziehen und uns unter die Mahnung und Segenszusage stellen.

Ein diakonischer Text: »Brich dem Hungrigen dein Brot, und die im Elend ohne Obdach sind, führe ins Haus! Wenn du einen nackt siehst, so kleide ihn, und entzieh dich nicht deinem Fleisch und Blut.

Unterjoche niemanden in deiner Mitte, zeige nicht mit Fingern auf andere und rede nicht übel über jemanden!«

Worte, die uns auch aus der Bergpredigt Jesu und aus dem Gleichnis vom Weltgericht und aus vielen anderen Worten, Gleichnissen und Geschichten vertraut sind. Vieles von dem ist in unsere Sozialgesetzgebung eingeflossen. Und doch erleben viele Menschen unter uns ganz anderes. Hunger und Obdachlosigkeit haben in den letzten Jahren auch bei uns nicht abgenommen, im Gegenteil: Die Armut ist gewachsen, längst nicht mehr nur im Verborgenen. Der Umgangston ist ruppig geworden, im privaten ebenso wie im öffentlichen Leben.

Verunglimpfungen und Diskriminierungen werden gesellschaftsfähig. »Schmarotzer, Wirtschaftsflüchtlinge, Arbeitsscheue, Auschwitzlüge« – das sind nur ein paar Stichworte, die zum Abstempeln von Menschen in Not gebraucht werden.

Von den biblischen Grundsätzen haben wir uns oft weit entfernt, bewußt, unbewußt – bis zu dem Ansinnen hin, kirchliche Feiertage ohne weiteres aufgeben zu können, zumal sich von einem Tag lösen zu wollen, der zur Buße, zur Überprüfung der eigenen persönlichen und gesellschaftlich-nationalen Lebensweise auffordert. Bußtag, Buß- und Bettag – auch ein ökumenischer Begegnungs- und Feiertag, für den wir alle uns einsetzen sollten. Mit Unterschriften ist es möglich, hier in der Kirche und in den neuen Häusern. Es darf uns nicht gleichgültig sein, wie Feiertage, die Glaubenstraditionen zur Disposition gestellt werden, als bedeuteten sie nichts für Leib und Seele. Wir haben uns manchmal schon viel zu sehr an die Kälte und Härte der Gesellschaft gewöhnt; und es reicht uns, wenn wir um uns selber ein wenig Licht und Wärme spüren und schaffen – nach Bertolt Brecht:

»Denn die Einen sind im Dunkeln
Und die anderen sind im Licht.
Und man siehet die im Lichte,
Die im Dunkeln sieht man nicht.«

Diese sozialkritische Schlußstrophe des Dreigroschenfilms trifft heute – 64 Jahre später – noch vielfach zu.

»Und man siehet die im Lichte«...

Was da kritisch beschrieben wird, steht für uns zugleich als Aufgabe, als Verheißung dar: Daß alle im Licht stehen, aus der Schattenseite herausgeraten und ins Licht kommen. Daß die Dunkelheit hell wie der Mittag wird, daß durch Gottes Glanz und Herrlichkeit – und durch unser Glaubenslicht Finsternis durchbrochen und aufgehoben wird.

Eine Aufgabe, der wir uns als Christen und Christinnen stellen wollen und können. Die verschiedenen Einrichtungen unserer Kirche, die sich hier zusammenfinden, haben ihre Arbeit immer neu daran auszurichten, sich befragen zu lassen: Wie weit sie diesem Anspruch gerecht werden.

Lassen Sie uns noch einen Blick auf einen Halbvers richten, der fast überlesen und überhört wird, den ich aber für entscheidend halte: »Wenn Du schreist, wird Gott sagen: Siehe, hier bin ich!«

Ein kurzes Wort, eine knappe Mitteilung – aber für biblisch geschulte Ohren eine Aussage, die theologisch von ungeheuerlicher Bedeutung ist.

»Hier bin ich – hineni –«. Einmalig ist: daß Gott diese Worte hier spricht, daß es eine Äußerung ist aus Gottes Mund an Menschen, an Frauen und Männer des Volkes. Denn sonst findet sich diese Aussage nur andersrum, in den prophetischen Berufungsgeschichten oder in Begegnungen Gottes mit den Erzvätern und Königen – jeweils nur vom Geringeren zum Höheren gesprochen, in menschlichem Mund.

Ja, in den entscheidenden Wendepunkten der Heilsgeschichte sprachen Abrahahm, Jakob und Esau, Josef, Mose, Samuel und Jesaja diese Worte vor Gott oder andere sprachen sie zu den Königen. Sie stellten sich damit unter die Autorität Gottes oder der Gott-vertretenden Männer.

»Hier bin ich« – eine Unterwerfung, eine Bereitschaftserklärung, sich in den Dienst zu stellen, ohne wenn und aber.

»Hier bin ich« – das heißt: Verfüge über mich, ich bin ganz für dich da, mit Leib und Seele – in Treueeid ohne Grenzen.

Und diese Erklärung gibt Gott nun den Menschen, eine Umkehrung also.

»Wenn du schreist, wird Gott sagen: Siehe hier bin ich«, so sagt es der Prophet, den Menschen damals und uns heute.

Nein, wir sind nicht allein.

Wir haben einen Gott, der uns mit seinem Glanz und seinem Licht den Weg erhellt – uns und denen, die im Dunkeln sind.

Wir können uns voll und ganz auf ihn verlassen. Nur eine Bedingung scheint es zu geben: Wir müssen schreien, das gesellschaftlich eher Verpönte tun, nicht nur vornehm die Stimme erheben, sondern schreien, laut und unüberhörbar schreien, für uns, für die Anderen, für die Stimmen und für die, die von Gott nichts wissen oder nichts mehr wissen wollen, für die der eigenen Kirche und des eigenen Volkes, aber auch für die Anderen, die Fremden, für alle, die wie wir menschliches Fleisch und Blut haben, wie Jesaja es im Predigttext sagt.

Schreien – im gesellschaftlich-politischen Rahmen, in den Gottesdiensten, im eigenen Kämmerlein, auf der Straße und am Arbeitsplatz.

Schreien, wo Unrecht geschieht und wo Menschen leiden – unter Hunger und Verfolgung, unter Heimatlosigkeit und Diskriminierung, in Bunkern und auf der Straße.

Schreien – mit der eigenen Stimme und gemeinsam, und dann mit

Gottes Hilfe sich an die Arbeit machen, Gerechtigkeit und Barmherzigkeit schaffen – für einzelne und für die Gesellschaft, in der wir leben, und weit darüber hinaus.

Das ist es, was wir als Kirche mit unseren vielfältigen Einrichtungen tun können und sollen und wollen.

»Dann wird dein Licht hervorbrechen wie die Morgenröte. Dann wird dein Licht in der Finsternis aufgehen, und dein Dunkel wird sein wie der Mittag.«

Oder, wie Jesus es in der Bergpredigt sagt: »Ihr seid das Licht der Welt. So laßt euer Licht leuchten allen, die im Hause sind und vor den Leuten, damit sie eure guten Werke sehen und euren Vater im Himmel preisen.«

»Hineni – hier bin ich.«

Wenn die Menschen es sagten, Abraham, Mose, Jesaja und die anderen, dann unterwarfen sie sich dem Mächtigen und gingen auf die Knie, um von ihm gesandt zu werden, in schwierigste Situationen hinein.

»Hineni – hier bin ich« – hier sagt Gott es selber, bereit auf die Knie zu gehen, sich in das Dunkel des Lebens hineinzubegeben, um nahe zu sein denen, die nicht im Licht sind, und um zu helfen gegen Ungerechtigkeit und Not.

Denn Gott sieht sie – die im Licht und die im Dunkeln. Er guckt nicht an Menschen vorbei, an keinem und keiner in Not, niemals. Amen.

Für einen neuen Familienbegriff

Predigt über Lukas 18,28–30
zur Synode des Kirchenkreises Alt-Hamburg
in Glücksburg, 17. September 1994

»Da sprach Petrus: Siehe, wir haben, was wir hatten, verlassen und sind dir nachgefolgt. Er aber sprach zu ihnen: Wahrlich, ich sage euch: Es ist niemand, der Haus oder Frau oder Brüder oder Eltern oder Kinder verläßt um des Reiches Gottes willen, der es nicht vielfach wieder empfange in dieser Zeit und in der zukünftigen Welt das ewige Leben.«

Liebe Gemeinde,
»Was nützt dir das? Was habe ich davon?« So wird nicht nur hinter vorgehaltener Hand geraunt. Das wird inzwischen frank und frei gesagt, und dabei geht es um rein finanzielles Abwägen, um Vorteilsberechnungen, um Beziehungen, um Lustgewinn in vielfältigen Bezügen. Ich gebe zu, manchmal regt mich solch Berechnungsdenken geradezu auf, das so schnell durchschaubare und noch mehr das kaschierte. Und dann stelle ich mir die Frage, wie weit ich selber davon in meinem Verhalten und Empfinden erfüllt bin und wie weit solches Denken sich auch in meinen Glauben, in unseren Glauben eingeschlichen und längst fest angesiedelt hat.

Also doch eine Werkgerechtigkeit, die wir seit Luther doch theologisch-theoretisch so scharf ablehnen?

Und dann stellt sich mir, uns dieser biblische Text mit der Überschrift »Der Lohn der Nachfolge«. Bei Markus, Lukas und Matthäus direkt nach der kleinen Erzählung über die Kindersegnung und den Versen, die die Gefahr des Reichtums benennen.

Leistungs- und Lohndenken, damals wie heute von großer Relevanz für viele Menschen, auch in der christlichen Gemeinde. Doch Jesus stellt einen anderen Orientierungsrahmen auf: seid wie die Kinder, wie die, die klein und machtlos sind, seid wie die Armen, wie die, die ohne Herrschaftsgebaren sind, die nicht auf Kosten anderer leben. Übt euch ein in einer Solidarität von unten.

Keine Einladung zu kindlicher Unschuld und Naivität, keine sozialromantischen Armutsträumereien oder Gleichheitsideale.

Nein, es geht Jesus darum, daß es in der Nachfolgegemeinschaft keine trennenden, abgrenzenden Statusunterschiede gibt, daß Reiche und Arme, Erwachsene und Kinder solidarisch miteinander werden und es eben nicht länger Erniedrigte und Erhöhte gibt.

Bedrängen tut Jesus sie nicht. Er zwingt ihnen nichts auf. Er stellt sich nicht hin und hält aufrüttelnde Reden, daß einzelne ihren bisherigen Lebensweg verlassen oder verändern sollen, aber er bleibt auch nicht schweigsam im Hintergrund.

In diesen Texten wird deutlich: Jesus antwortet, wo er gefragt wird, und greift ein, wenn Hochmut und Überheblichkeit im Spiel sind.

Das entlarvt er und lädt ein zu einem offenen Miteinander, zu Begegnungen ohne Vorbedingungen und Vorbehalte.

Und doch spüre ich bei diesen Abschnitten im 18. Kapitel des Lukasevangeliums eine neue Tendenz der Unterordnung, richtiger: der Ausgrenzung.

Dieser Eindruck verstärkt sich beim Blick auf die Parallelstellen in den anderen Evangelien.

Vielleicht ahnen Sie schon, was ich meine.

Ich lese nochmal den Text der heutigen Abendlesung: »Da sprach Petrus: Siehe wir haben, was wir hatten, verlassen und sind dir nachgefolgt. Er aber sprach zu ihnen: Wahrlich, ich sage euch: Es ist niemand, der Haus oder Frau oder Brüder oder Eltern oder Kinder verläßt um des Reiches Gottes willen, der es nicht vielfach wieder empfange in dieser Zeit und in der zukünftigen Welt das ewige Leben.«

Es geht hier offensichtlich nur um männliche Nachfolger, um die zwölf Jünger insbesondere.

Bei Lukas ja ein Begriff, den er für so wichtig hält, daß die Jüngerinnen bei ihm nur noch am Rand vorkommen, und da vor allem als typische Außenseiterinnen oder als höhere Damen der Gesellschaft, als Vertreterinnen der upper class.

»Normale« Frauen kommen nicht vor. Selbst die kleinen Kinder werden nicht von ihren Müttern zu Jesus gebracht, wie wir es aus den Kinderbibeln und von Bildern her kennen. Männer bringen sie, wenn wir im Griechischen genau nachlesen.

Und von den Männern wird dann bei Lukas gesagt, daß sie alles aufgeben, alles und alle verlassen, um ganz in der Nachfolge zu sein.

Von Haus und Hof, von Eltern und Kindern, von Brüdern und der eigenen Ehefrau lösen sie sich und dafür erhalten sie vielfachen Lohn – in dieser Zeit schon – und in der zukünftigen Welt das ewige Leben.

Ziehen wir jedoch andere Jesus-Worte und Geschichten hinzu, so gehören neben den Männern auch Frauen in diese Nachfolgegemeinschaft, auf diesen konsequenten Glaubensweg.

Denn – so wissen wir doch – auch Frauen, und zwar nicht wenige, verließen ihre vertrauten, sicheren Orte, ihre Familie, um mit Jesus zusammen ganz von Gottes Barmherzigkeit zu leben.

In der Gemeinschaft, in der Gemeinde Jesu Christi werden, so sagen die Evangeliumstexte, alle bisherigen Familienbindungen gelöst, und es gehören die zur Familie Jesu, die den Willen Gottes tun, die wirklich ernst machen mit der Nachfolge. Ob es uns paßt oder nicht: Das ist eine scharfe Absage an die patriarchalen Familienbindungen, ein kritisches Wort gegen das, was manche später als Schöpfungsordnung für alle verbindlich proklamierten.

Ja, in der Kirche wurden diese Sätze immer nur von ganz wenigen ernst genommen, von Eremiten und Ordensleuten, und im Zölibat hat sich diese Aufforderung Jesu in gewisser Weise durchgehalten. Jedoch setzten sich da zugleich neue hierarchische Strukturen wieder durch, Unter- und Überordnungen, die Jesus gerade aufs Deutlichste abgelehnt hatte.

Auch wenn etliche evangelische und katholische Theologen und Theologinnen in den letzten Jahren auf diese familienkritischen Ansätze oder – wie es gern gesagt wird – auf das a-familiale Ethos der Jesus-Bewegung hingewiesen haben, so sind diese Gedanken doch kaum in kirchliche Überlegungen oder gar Verlautbarungen eingedrungen.

Und gerade in diesem Jahr, das der Familie gewidmet ist, wird der Eindruck erweckt, Ehe und Familie seien eigentlich die einzigen legitimen Lebensformen für Christen und Christinnen. Und wer sich anders äußerst, anderes zu denken und zu leben wagt, muß mit lautstarken Protesten rechnen.

Manchmal scheint es so, als könnten wir Alternativen nicht aushalten, noch nicht einmal in Gedanken.

Doch wer allein lebt, wer nicht in Ehe und Familie lebenslang sein kann oder will, der greift damit doch noch lange nicht diese Strukturen an.

Warum nur sind wir so ängstlich geworden, das auch zu benennen, was in der Gesellschaft längst sich durchgesetzt hat – und was auch in der urchristlichen Jesusbewegung ohne Frage dem Evangelium gemäß gelebt wurde, von Jesus und den Seinen?

Sicher, unsere Situation und Tradition in Kirche und Gesellschaft sieht inzwischen ganz anders aus als damals. Und doch müssen wir uns fragen, wie weit wir mit unseren Familien-Traditionen, den noch bestehenden und den heraufbeschworenen, ja, wir müssen uns kritisch befragen, wie weit wir damit den Vorstellungen Jesu entsprechen, ob wir uns dadurch im Laufe der Zeit viel zu sehr aus dem Gemeindeleben herausgezogen, privatisiert haben, und andererseits, wie weit wir heute andere ausgrenzen, eben diejenigen, die nicht in einer Familie leben, die nicht verheiratet sind, aus welchen Gründen auch immer.

In den Diskussionen, die um die Fragen von Ehe, Familie und andere Lebensformen zur Zeit geführt werden, geht es leider viel zu wenig darum, warum wir uns für die eine oder andere Lebensform aussprechen, ganz persönlich und ebenso gesellschaftlich.

Welche Hintergründe, welche Erfahrungen, welche Enttäuschungen und Erwartungen waren und sind da ausschlaggebend?

Und dieses »Um des Reiches Gottes willen« auf die herkömmliche Familie verzichten, sie sogar verlassen – räumen wir dem gar kein Recht mehr ein? Schließen wir das wirklich ganz aus? Nicht um egozentrische Selbstverwirklichung, nicht um reinen Lustgewinn, sondern um des Reiches Gottes willen das eigene Leben zu ändern, auf liebgewonnene Beziehungen und Gewohnheiten zu verzichten – Jesus mutete es den Männern und den Frauen seinerzeit zu.

Und wir sehen darin nur Gefahren.

Viele Thesenpapiere, auch aus kirchlichem Raum, sehen es für dringend erforderlich an, alte Familienstrukturen zu stärken und zugleich alle anderen Lebensformen abzulehnen.

Die mehr oder weniger patriarchale Familie hat Priorität, auch dann, wenn in ihr gegen das Evangelium gerichtete Lebens- und Glaubenswerte vermittelt und eingeübt werden, mit Unterordnung und Anpassung.

Die Form scheint wichtiger als der Inhalt, meinen etliche auch heute noch.

Von der großen familia dei im Sinne Jesu können wir kaum reden. Selbst christliche Kommunitäten sind uns fremd geblieben, sie kommen ins Gespräch und sollten gefördert werden, auf ganz unterschiedliche Weise. Dort wird Gemeinschaft gelebt, ansatzweise diese Gemeinschaft versucht, die Jesus damals mit den Seinen hatte und die er uns bis heute ans Herz legt.

Denn machen wir uns doch nichts vor: Immer mehr haben wir uns vereinzelt, in kleine und kleinste Einheiten zurückgezogen. Immer mehr Menschen unter uns leiden unter Einsamkeit und Isolation, und das gilt keineswegs nur für Alleinlebende.

Wir als Gemeinde Jesu Christi brauchen endlich wieder einen neuen, weiteren Familienbegriff – mit mehr Offenheit und Verantwortung.

Warum nur, so frage ich mich oft, fühlen sich viele, die in traditionellen Klein- und Großfamilien leben, verunsichert, wenn allgemeine Lebensform-Fragen, wenn Probleme und Möglichkeiten von anderen Gemeinschaften und Partnerschaften angesprochen werden, wenn die heutige gesellschaftliche Situation von Erwachsenen, Jugendlichen und Kindern deutlich benannt wird?

Ja, es ist so: Viele fühlen sich ein wenig oder auch total verunsichert, wenn andere anders leben, als sie selber es tun und gewohnt sind.

Und doch haben wir uns dem zu stellen, wir als Christen und Christinnen, wir als Kirche in besonderer Weise. Und deshalb bin ich auch froh darüber, daß wir im nächsten Jahr eine nordelbische Synode zu den Fragen von Ehe, Familie und anderen Lebensformen haben werden. Allerdings ist nicht die Synode das so Wichtige und Entscheidende, sondern die Gespräche, die vorher geführt werden, in den Familien und Gemeinden, in den Freundes- und Bekanntenkreisen. Das ist entscheidend, daß wir ins Gespräch kommen, daß wir uns unsere Sorgen und Ängste, unsere Erwartungen und Hoffnungen mitteilen.

Denn: Um des Reich Gottes willen ist es geradezu notwendig, vieles von dem aufzugeben, was uns und andere belastet und lähmt.

Um des Reiches Gottes willen sind wir aufgerufen, Kindern, Frauen und Männern mit Offenheit zur Seite zu stehen und ihnen nicht von oben her Anweisungen aufzudrängen, weder für bestimmte Lebensformen, noch Glaubens- und Frömmigkeitsweisen. Das heißt allerdings nicht, daß wir teilnahmslos oder nur beobachtend alles so laufen lassen, der Willkür freie Bahn lassen, wie so schnell behauptet wird.

Nein, wir stehen sehr wohl in der Pflicht, einander zu mahnen und zu warnen, wenn wir in Sorge umeinander sind. Da dürfen wir nicht schweigen. Aber wir dürfen auch nicht reden, ohne zu hören, wir dürfen nicht verdammen und von hoher Warte aus Unfehlbares verkünden wollen.

Und zum Reden gehört für uns Christen und Christinnen immer auch das Gebet, die Bitte, daß wir alle uns als Kinder Gottes gut und glaubwürdig verhalten, mit Worten und Taten, da und so, wie wir leben. Sprechen wir einander nicht die Verantwortung ab – weder vor Gott, noch vor den Menschen, die wir lieben, die andere lieben.

Und üben wir uns ein in Fürbitte und Dank, daß Menschen miteinander und füreinander eintreten – in unterschiedlichen Lebensformen, um des Reiches Gottes willen und wie es den Worten Jesu entspricht.

Die Kosten-Nutzen-Rechnung hat sich in vielen Bereichen durchgesetzt.

Wenn es um wirkliche Liebe zwischen Menschen geht, da stellt sich diese Frage kaum, ebensowenig, wenn es um wirkliche Liebe zu Gott geht, um Nachfolge Jesu Christi. Daß es lohnend ist, das steht dann auf einem ganz anderen Stück Papier.

Ich wünsche uns allen, daß unser Leben reich sei, an Verständnis und Liebe, an Beziehungen zu anderen Menschen und an Gottvertrauen – und daß wir miteinander auf dem Weg bleiben, wir alle, und daß wir vielen dabei glaubwürdig bleiben und werden. Amen.

Apostel-Sein ist kinderleicht

Predigt über 2 Korinther 5,19–20
in der Apostelkirche Hamburg-Eimsbüttel, 30. Oktober 1994

Liebe Gemeinde,
am 24. Oktober 1894 wurde diese Kirche eingeweiht. Sie erhielt den Namen »Apostelkirche«, bedingt durch die Nähe zur Christuskirche in Eimsbüttel – Christus und Apostel als Ergänzung, als eine sinnvolle und gute Gemeinschaft, beides Kirchen an der Peripherie der Stadt Hamburg, wie damals gesagt wurde. Kirchen am Rand, auch für sogenannte Randständige.

24. Oktober 1894 – 30. Oktober 1994 – eine Woche, ein Tag vorm Gedenktag der Reformation – Symbolträchtige Daten, erinnern sie uns doch daran, daß unsere Kirche immer neu in Frage gestellt werden muß – nicht weil sie unwichtig und auf falschem Kurs wäre, sondern weil sie wichtig ist und sich immer neu an den Fragen der Gesellschaft, der Theologie und der biblischen Aussage zu orientieren hat.

Ecclesia semper reformanda – oder wie es unsere nordelbische Verfassung sagt: »Die Nordelbische Evangelisch-Lutherische Kirche ist zu ständiger Erneuerung ihres Lebens gerufen«, – ein Grundsatz, der Mut macht zu Glaubensauseinandersetzungen und kirchlichen Experimenten – etwas, was bei uns in der Kirchengeschichte von Verantwortlichen meist mehr mit Skepsis als mit Zustimmung gesehen wurde und wird.

»Ständige Erneuerung« – diese kann unterbleiben, aus ganz unterschiedlichen Gründen. Diese kann auch zu stark geübt werden, so sehr, daß manche gar keine Beziehung zum Alten, Bisherigen mehr erkennen und empfinden.

Beide Erfahrungen gab es wohl auch hier in der Apostelkirche. Daß vieles geradezu ideologisiert und politisiert wurde, empfanden die einen als besorgniserregend im höchsten Maße. Sie litten unter dem Etikett »Skandalgemeinde« und sahen das traditionelle Gemeindeleben dahinschrumpfen und erstarren.

Andere wiederum empfanden das als geradezu reformatorisch und dem Protestantismus angemessen.

Erneuerung, ständige Erneuerung ist vonnöten, aber eben eine Erneuerung, die sich auch am Alten orientiert, die eine Vielfalt der Glaubens- und Lebensfragen im Blick hält, in Bezug auf die Jungen und die Älteren, die Frauen und Männer, die fest im Glauben Verwurzelten und die Suchenden, die Armen und die Reichen, solche Erneuerung muß ständig eingeübt werden, mit Mut und Phantasie, aber eben auch mit Rücksichtnahme und Traditionsbewußtsein.

Eine Woche, ein Tag vorm Reformationstag – das Schöne daran ist: daß das nicht die Situation ist »fünf Minuten vor Zwölf«, und dann kommt der große Knall, und alles ist vorbei. Wir leben nicht dicht vor dem Untergang, sondern viel mehr nahe an Gott.

Wir leben in der Nähe dessen, der heute wie vor hundert Jahren im selben Predigttext uns das Wort von dem Neuanfang, von der Versöhnung anbietet: Wir haben einen Gott, der uns alle, so wie wir sind, ernst nimmt und annimmt, einen Gott, der wünscht, daß wir es schön haben auf Erden, hier schon – und nicht erst in ferner Ewigkeit, der uns begeistern will mit seinem Heiligen Geist und der uns alles wegnehmen will, was uns weh tut, der uns entlasten und erlösen will von allem Übel, von dem was uns betrübt – bis in Leib und Seele hinein.

Martin Luther sagt: »Wie in einen großen Sack hinein wird er es sammeln, das, was ängstet und betrübt.« Er will aufräumen bei uns, daß uns das Herz leicht werde, und er zerreißt unsere Schuld, so leicht, so einfach, wie man einen Schuldschein zerreißen kann. Wer tut das sonst schon auf Erden? Das tun nur Liebende. Die sind zur Vergebung der Schuld bereit, nicht nur einmal, sondern siebenmal siebzigmal und mehr, ohne überhaupt ans Zählen zu denken. Tatsächlich: das Wort »Versöhnung«, das Paulus hier in seinem Brief an die Korinther in diesen Versen fünfmal hintereinander gebraucht, es kommt im griechischen Urtext aus der Sprache der Geldwechsler und meint, daß einer bereit ist, auf seinen ihm zustehenden Gewinn zu verzichten: So gesehen ist Gott ein schlechter Bankier. Er ist nicht auf Gewinn aus. Er verzichtet einzuklagen, was ihm zusteht. Er rechnet uns unsere Sünden nicht an, nicht mit Zins und Zinseszins nicht. Wir sollen nicht arm dransein vor ihm, sondern er schenkt uns den Reichtum des Himmels. Er versöhnt sich mit uns, verzichtet um seines Sohnes willen auf die Sühne. Gott ist ein schlechter Bankier, aber ein guter Gott. Man könnte auch sagen: Er ist ein schlechter Rechner. Oder anders ausgedrückt: Er ist kein Pfennigfuchser, kein Pfeffersack auf Gewinn aus, sondern ein Sack für die Sorgen und Ängste und alles, was als Sünde bei uns ist.

Tatsächlich leben wir ja inzwischen in einer Welt, in der sehr viel und sehr gut gerechnet wird, von früh bis spät, im kleinen und weltweiten. Ohne Berechnung scheint gar nichts mehr üblich zu sein. Daß Paulus ein Wort aus der Geldwechslersprache für die Beschreibung des Evangeliums nahm, das mag Zufall gewesen sein, kommt aber zur Zeit unserer gesellschaftlichen Situation sehr entgegen – und liegt quer zu dem, wie es bei uns gemeinhin zugeht. Wir sind in einer Weise zahlen- und geldorientiert, die manchmal schon schrecklich ist. Arm und reich sind Worte, die für uns fast nur noch mit dem Geldbeutel zu tun haben.

Ich will hier nicht idealistisch träumen: aber das Zusammenwachsen der Menschen östlich und westlich der Elbe, der Brüder und Schwestern, wie wir früher sagten – das wird doch so sehr behindert durch ein Denken, das immer danach schielt, ob auch unterm Strich was dabei rauskommt. Als sei unser Herz ein Rechenzentrum. Als sei nicht der Rhein oder die Elbe, sondern der Reibach der wichtigste Fluß in Deutschland. Und dieser Fluß wird größer und schwillt an, und auf der einen Seite sind die, die das Rechnen für den eigenen Vorteil beherrschen – und am anderen Ufer die, die arm sind, und diese werden immer mehr – auch hier in Eimsbüttel merken wir es – und in den Nachbarstadtteilen noch mehr.

Die nicht mehr geteilte Nation hat das Teilen verlernt und wir werden eine gespaltene Nation auf ganz andere Weise? Vielleicht auch eine gespaltene Stadt? Doch glücklicherweise gibt es mehr und mehr Ansätze, kleine zwar nur, aber immerhin, daß Armut gelindert und zur Sprache gebracht wird, öffentlich gemacht wird. Ein nicht unwichtiger Schritt, mag es ein Anfang sein für dringend notwendige Veränderungen, daß die Tanzschritte um das Goldene Kalb zu gemeinsamen Gängen werden, wo wir vom Mammon wegsehen und uns neu und gern in die Augen schauen.

Gott ist ein schlechter Rechner, ein schlechter Bankier – nach unseren üblichen Vorstellungen. Bei ihm haben die Worte arm und reich eine ganz andere Bedeutung, haben diese Worte mit Gold und Geld nichts zu tun. Warf Jesus nicht auch die Wechsler aus dem Tempel und stieß ihre Tische um?

Und Gott möchte, daß wir reich sind, reich nicht in erster Linie an Geld und Gold, sondern an dem, was er Schätze des Himmels und der Erde nennt. Damit stattet er uns aus. Dafür können und sollen wir Botschafter, Botschafterinnen sein, Frauen und Männer, die beauftragt sind, davon zu verteilen, denn das Glück und die Freude am Leben, die kommen weniger aus der Geld- und Goldquelle, kommen vielmehr daraus, daß Gott noch immer seine Liebe strömen läßt wie einen nie versiegenden Bach.

Apostel, Apostelin sein: das heißt, diesen Bach überallhin sich verzweigen lassen, vornehmlich auf das dürre, hart gewordene Land, auf das, was brach aussieht oder ist. Wir sind getauft, wir sind mit dem Wasser dieses Baches, der Liebe Gottes, benetzt, reingewaschen, erfrischt, ein für allemal. Und wir alle können von dem Wasser weitergeben. Es muß ja nicht gleich ein ganzes Meer sein. Es reicht, was wir tragen können, ein Löffel voll oder aus der Mulde unserer Hand.

Die Verantwortlichen der Kirche in Hamburg vor hundert Jahren, sie ahnten nicht, was aus der Kirchengemeinde an der Peripherie Hamburgs damals werden sollte. Sie wären vielleicht verwundert, aber vor allem wohl doch erfreut über die reiche Geschichte Ihrer Gemeinde. Denn es war ja doch trotz allem in allem spürbar, wie wichtig Ihnen hier Kirche und Evangelium war für Jung und Alt, im Kirchengebäude und außerhalb. Erfreut, daß Kirche ihren Ort hier hatte und behielt. Äußere Zerstörungen durch Feuer und innere hitzige Auseinandersetzungen, Streit, Kampf und Tod, sie hätten traurig gemacht; manche hätten wohl auch den Kopf geschüttelt über manches vor gut zwanzig Jahren und etliches davor und danach. Und sie hätten wohl ebenfalls den Kopf geschüttelt über politisch Verantwortliche, die vor hundert Jahren noch sagten: »Die Religion muß unserem Volk erhalten bleiben«, ein Wort des Kaisers, das bei der Einweihung hier zitiert wurde, damals, und nun hundert Jahre später greifen politisch Verantwortliche in die religiösen Angelegenheiten unseres Volkes ein, weil sie sich haben vorrechnen lassen, daß der Buß- und Bettag aus Kostengründen abgeschafft werden müsse.

Die Kirche und christliche Religion haben ihre gesellschaftliche Verantwortung verloren, so meint man wohl. Ich hoffe, man wird sich bald eines besseren belehren lassen und einsehen, daß die Religion, Buße und Besinnung unserem Volk erhalten bleiben müsse, – was zu fordern ist durch den gesetzlich geschützten Feiertag.

Ja, liebe Gemeinde, vieles hat sich geändert, zweifellos, auch in der Akzeptanz von Kirche und christlichem Glauben. Wie ermutigend, daß trotz allem bis heute hin auch in der Apostelkirchengemeinde Leute da sind, die im Verborgenen und auch in der Öffentlichkeit ihre christliche Verantwortung wahrnehmen, mit Worten und Taten, als Hauptamtliche und Ehrenamtliche, ohne auf Zahlen und Gelder fixiert zu sein, ohne sich einschüchtern zu lassen von Berechnungen dieser und jener Art. Menschen, die sich nicht einfach anpassen, die der Zahlen- und Geldfaszination widerstehen und sich für Einzelne einsetzen, für jugendliche Obdachlose und Alleinerziehende, für Ältere und Arbeitslose, für die Frau am Rand, und den Mann unter der Brücke und das Kind mit dem Schlüssel um den Hals.

Nein, Kirche in Hamburg, unser Leben in Hamburg, in Eimsbüttel, das ist bestimmt nicht das Paradies. Wenn wir Hamburg als »Tor zur Welt« gerne bezeichnen, dann sieht man da sehr Unterschiedliches, Schönes und Leidvolles, Geschäfte und Gewinne, auch ganz Fremdes, viele Fremde. Und jede Kirchengemeinde hat Teil an der Tor-zur-Welt-Weite unserer Stadt, auch durch die Menschen aus der Ferne. Aber jede Kirchengemeinde ist auch eine Tür zum Himmel – oder besser gesagt: eine Tür vom Himmel her. So danken wir heute Gott und freuen uns, daß diese Tür nicht verschlossen ist, und bitten darum, daß er uns so nahe bleibt, daß er sie mit einer leichten Bewegung seiner Hand offen hält, falls sie nun doch einmal zufallen wollte.

Zum Schluß: Petrus und Paulus, Maria-Magdalena und Martha, Sophie Scholl und Anna Paulsen, Dietrich Bonhoeffer und Oskar Romero, sie alle Apostel, Apostelinnen, die haben reden und schreiben und predigen können, daß man sich manchmal nur wundert und klein fühlt, und sie standen zu dem, was ihnen wichtig war. Menschen, die große Achtung verdienen und uns nicht entmutigen sollen, sondern ermutigen können. Denn Apostel, Apostelin zu sein, dazu bedarf es eigentlich keiner großen Kunst. Dafür muß man nicht lernen und lange studieren, dafür muß man nicht weit in der Welt herumgekommen sein – fürs Apostel-Sein, Apostelin-Sein muß man eigentlich nur drei Wörter wissen, sagen können, drei Wörter ernst nehmen, das ist fast kinderleicht, diese drei Wörter, auf denen unser ganzer Glaube beruht und die unser Leben hell machen, uns Mut machen fürs eigene persönliche Leben und fürs gesellschaftliche und kirchliche Engagement. Diese drei Wörter heißen: Gott schenkt Vergebung – oder: Gott ist Liebe.

Oder Sie wählen drei andere Wörter, die Ihnen persönlich wichtig geworden sind und sprechen mit anderen darüber, drei Wörter, die kurz und deutlich zeigen, was für Sie Glaube heute ist. Und wer diese nicht zu sagen weiß, von sich aus, der kann diese anderen einfach nachsprechen, Gott schenkt Vergebung oder Gott ist Liebe, und wem das auch zu schwer ist, auch den, auch die liebt Gott, um Jesu willen. Amen.

Kirche als Goliath?

Votum in der Arbeitsgruppe »Kirche« zum Thema »Ravensbrück und die deutsche Gedenkkultur« in Ravensbrück, 4. November 1994

Von 1990 bis 1994 habe ich in Hamburg Harburg gelebt. Ich komme damit von einem Ort her, der für Denkmalkundige ein hervorragende Bedeutung hat: Harburg ist der Ort des sich selbst versenkenden Denkmals des Ehepaares Esther und Jochen Gertz – genauer der 12 Meter hohen Säule des »Harburger Mahnmals gegen Faschismus, Krieg und Gewalt«.

1986 errichtet im Zentrum und Jahre später nun im Erdboden verschwunden, im Bereich der unterirdischen S-Bahn-Station, direkt neben dem Marktplatz, in der Nähe des Hauses der Kirche.

Geblieben ist ein Sichtfenster, durch das man, wenn es nicht von Schwitzwasser beschlagen ist, die Säule noch sehen kann, mit ihren Inschriften der Passanten und den Kritzeleien und den Beschmierungen und Zerstörungsversuchen.

Und eine Tafel dazu, auf der steht: »Denn nichts kann auf Dauer an unserer Stelle sich gegen das Unrecht erheben.«

Mich hat dieses bewegliche, verschwindende Mahnmal fasziniert, von seinem Konzept her – aber ich habe auch erlebt in meinen Harburger Jahren, daß es nie Gesprächsthema war des täglichen Diskurses am Markt und in der S-Bahn-Station, im kirchlichen Verwaltungshaus oder den Gemeinden.

Nur am Tag der Versenkung, unter Medien- und Prominentenbeteiligung, gab es zu Gesprächen Anlaß – ansonsten wurde es nicht beachtet oder totgeschwiegen. Seitdem fühle ich stärker als zuvor: Wir brauchen Stellen, Aktionen, Mahnpunkte, die uns zum Reden, zum Erzählen bringen, zum Innehalten.

Wir brauchen dringend neben allen Erklärungen und Reden, Orte des kollektiven Gedenkens, des historischen Aufklärens und der politischen Bildung. Welche Rolle kann die Kirche dabei spielen? Hier geht in mir etwas Zwiespältiges vor. Ich möchte, daß die Kirche sich einmischt und ihre Stimme erhebt und ihr Tun auch.

Aber – und ich ich möchte es festmachen an dem Einladungsschreiben: Die Kirche hat etwas von Goliath an sich – und die Opfer und ihre Nachkommen etwas von David.

Ich fürchte das selbstherrliche Auftreten und Prahlen sowie die Umarmungstaktik des Goliath und warte darauf, daß David dem Goliath ohne Angst begegnen kann und die Geschichte endlich anders fortgesetzt werden kann – als wirklich gemeinsam verantwortete Aufgabe.

Mag sein, daß das mal möglich ist, mag sein, daß es Juden in Deutschland mit dieser inneren Gleichberechtigung gar nicht mehr geben wird. Skeptisch sind da ja viele, bei uns und in Israel, auch in anderen Ländern.

Konkret auf uns bezogen: Selbst im Einladungsschreiben zu diesem Thema stehen die Juden unter dem Oberbegriff »Kirche«, statt daß da »religiöse Gemeinschaften« stände. Ich weiß, es ist nicht so gemeint. Aber es stellt unser normales Bewußtsein dar, das weitgehend selbstbezogen und veränderungslos geblieben ist und das das Versagen der Kirchen im Dritten Reich weitgehend mitbestimmt hat.

Und weiter: Ich fürchte, ich persönlich, für einen ökumenischen Gottesdienst in Ravensbrück ist es immer noch viel zu früh.

Ökumenische Gottesdienste an diesen Orten können nur auf Einladung der Nachkommen und der Opfer erbeten werden: Der Juden, der Sinti und Roma, der Verfolgten, der Malträtierten, der Getöteten, der Ausgegrenzten, die Christen waren oder auch nicht, und besonders der überlebenden RavensbrückerInnen.

Wenn eine solche Einladung ergeht oder ergangen ist, dann sage ich gerne ja dazu, so schwer eine solche Feier sicherlich sein wird.

Wenn aber nicht, würde ich eher dafür plädieren und dazu aufrufen, am Tag des Gedenkens fernab in den Gemeinden Gottesdienste zu halten, schlichte und eindrückliche Bußgottesdienste, die von den Gemeinden sorgsam vorbereitet werden müssen.

Hab ich zuviel Skrupel? Lassen Sie uns das im Gespräch klären.

Die Kirche ist noch immer goliathgroß, ob wir wollen oder nicht.

Kirche wirkt so – mit ihrer Pracht und ihren Worten, die ja auch verheerende, kränkende und tödliche Wirkung haben sollten.

Als Kirche müssen wir lernen, uns von außen neu wahrzunehmen und uns zu ändern, bis in unsere Theologie und kirchliche Tradition hin, bis in unser öffentliches Auftreten und Schreiben für die aus politischen, religiösen und rassischen Gründen Verfolgten, die mißhandelten Frauen und von medizinischen Versuchen Gequälten auch heute. Wir haben Buße zu tun, heute noch, heute immer wieder neu und uns bereitzuhalten.

Vielleicht, irgenwann, kommt David dann auf uns, die Kirche, die Christen und Christinnen der Großkirchen zu.

Im Vergleich gesagt: Ich ahne, wie lange eine geschändete Frau braucht, bis sie wieder bereit ist, sich von einem Mann berühren zu lassen, einen Mann zu berühren.

Wenn überhaupt.

Ich hätte Verständnis dafür, wenn man sagt: Die Kirche soll sich raushalten aus Ravensbrück.

Aber Sie sehen: Ich bin der Einladung gefolgt und will mithören, mitdenken, mitplanen, denn es darf nicht der Eindruck entstehen, erneut, uns als Kirche ginge das alles nichts an.

Es betrifft, berührt uns – sehr sogar.

Wir haben in der Kirche zwei Denkmalstraditionen: Das eine ist starr: Das Kreuz, der Kruzifixus, als Zentralgestalt in fast jedem unserer Versammlungsräume. Das andere ist eher wie eine Aktion:

Das Abendmahl mit dem ausgesprochenen Erinnerungs- und Vergegenwärtigungsauftrag und der Verheißung der Vergebung dazu.

Eine Tischsituation, gemeinsames Reden und Essen, um gemeinsam gestärkt zu leben, miteinander und füreinander, für andere auch.

Eine verbindende Aktion für Ravensbrück zu suchen, scheint mir sinnvoll, daß die damals Verantwortlichen und ihre Nachkommen und die damaligen Opfer und ihre Nachkommen sich gegenseitig wahrnehmen, stärken im Engagement für Gerechtigkeit und Frieden und Barmherzigkeit auch.

Und ich bin hier als Frau. Das ist mein stärkstes Motiv. Als Christin voller Skrupel. Als Frau des Jahrgangs 1945, in Deutschland geboren, habe ich weniger Skrupel. Dies ist ein Ort, an dem Frauenwelt und Männerwelt kollidieren.

Als Frau spüre ich, wie wichtig es ist, sich hier einzubringen, stumm oder redend, hörend mit Sensibilität und Schrecken und mit dem drängenden Auftrag biblischen Glaubens, für die Würde der Frauen und der Kinder auch heute die Stimme zu erheben.

Ravensbrück als nationale, internationale Begegnungsstätte, das ist ein Schritt, der nun getan werden muß.

Todeswesen und Lebewesen

Gedenkansprache am Volkstrauertag
in der Musikhalle in Hamburg, 13. November 1994

»Ein guter Mensch sein! Ja, wer wäre es nicht gern?

Doch leider sind auf diesem Sterne eben die Mittel kärglich und die Menschen roh.

Wer möchte nicht in Fried und Eintracht leben? Doch die Verhältnisse, sie sind nicht so!«

In Brechts Drei-Groschen-Oper, die wir in diesem Jahr im Thalia-Theater wieder miterleben konnten, singt Jonathan Jeremiah Peachum diese Worte am Ende des 1. Aktes.

Und Brecht gibt den Theatermachern dazu die Regieanweisung: Peachum habe bei diesem Song »über die Unsicherheit menschlicher Verhältnisse« die Bibel in der Hand zu halten.

Ich glaube, auch darum haben Sie mich heute eingeladen, an diesem Tag mit Ihnen zu sprechen, weil wir alle merken, immer wieder merken, daß unsere Gesetze, Verordnungen und Richtlinien nicht ausreichen, nicht stark genug sind gegen die Verhältnisse.

Und mag Brecht das auch manchmal ein wenig spöttisch mit der Bibel gemeint haben, so war sie ihm doch ein Sehnsuchtsanker, daß sich vielleicht doch einmal etwas ändern könnte, daß die Sehnsucht nach Frieden nicht nur Sehnsucht bleiben müsse, sondern der Frieden zum vorherrschenden Verhältnis werden könnte, daß das Eisige wegschmilzt und wir die Wärme untereinander spüren und mehren, und daß der Mensch sein kann, was er will, so gerne will: Frei, herzlich und froh – und nicht immer wieder nur roh. Und wenn die Gesetze es nicht schaffen, so können wir es vielleicht doch auf anderen Wegen, aus anderen Motivationen und Hoffnungen heraus sein, ermutigt auch von jenem Buch, in dem die Rede von Fried und Eintracht nicht verstummt, schon gar nicht dann, wenn die Verhältnisse ganz anders sind.

So sehr manch einer in diesen Jahren nach dem Kalten Krieg und dem Aufweichen der großen Machtblöcke auch zu jubeln anfing und hoffte, wir wären dem Frieden nun einen Schritt näher gekommen –

und tatsächlich ist das ja auch so – so spüren wir doch auch, daß wir in unserem Land das Bewußtsein noch nicht abschütteln können: Überlebende zu sein. Daß die Millionen Toten und Ermordeten für immer neben uns stehen bleiben und daß dieser Schatten zu uns dazugehört mit all seiner Schwärze. Sollten wir versuchen, ihm auszuweichen, gehen wir schon in eine falsche Richtung.

Der Krieg ist zu Ende, die Friedensverträge sind geschlossen, aber der Krieg ist nicht für immer vorbei, kein abgeschlossenes Kapitel. Das werden wir nicht erleben in uns, dafür war, was von unserem Volk ausging, zu schrecklich – mit den vielfältigen Todesmaschinerien, die über ganz Europa und darüber hinaus systematisch in Betrieb gehalten wurden.

Um so größer ist die Verpflichtung für uns, nicht in die alten Gewohnheiten zurückzufallen und resignierend zu sagen: »Die Verhältnisse sind eben so. Der Mensch ist schlecht, der Mensch ist roh.« Dann müssen wir eben alle Anstrengungen aufwenden, die Verhältnisse zu ändern, und an dem Punkt ansetzen, wenn uns das Politisch-Gesellschaftliche zu schwer scheint, wo es am aussichtsreichsten ist: Bei uns selber, in uns selbst.

Tatsächlich: auch die Bibel schillert in ihrer Beschreibung des Menschen zwischen Kain und Abel, Maria und Salome –, Sünder und Heilige – aber in einem schillert sie nicht: Sie beharrt darauf, daß wir uns ändern können. Daß Gewohnheiten nur Gewohnheiten sind – und wir immer neu die Möglichkeit zum guten haben, zum täglichen Neuanfang.

Der Mensch muß nicht roh sein, es nicht bleiben, es nicht immer wieder werden. Auch Brecht hätte keine Zeile geschrieben, wenn er das gemeint hätte.

Wir Menschen, der Mensch ist zuallererst ein Lebewesen. Er ist nicht eo ipso ein Todeswesen. Es gab diese Zeit in Deutschland, da waren wir die Todeswesen, ob nun verführt, mitgerissen, begeistert oder von Anfang an aus voller Überzeugung, für die Getöteten machte das keinen Unterschied. Ihr Leben wurde ausgelöscht.

So gerne es manche bei uns wollen: Ihren Tod, den kann keiner auslöschen, der bleibt als Erinnerung, als Mahnung – nicht nur am Volkstrauertag.

So haben wir heute auch eine Tafel an der Kirche St. Johannis in Harvestehude enthüllt, die an die fast 20000 verjagten und ermordeten Juden und Jüdinnen Hamburgs erinnert und uns unsere Schuld vor Augen hält, unsere Scham wachhält und zum Frieden, Schalom aufruft.

Als in den letzten Jahren das alte entsetzliche Gedankengut des Nationalsozialismus wieder aufbrach und zu grassieren begann und weiter grassiert, da entstand eine Denk- und Redeformel in Deutschland, die mich erschreckt hat.

Das wurde gesagt, selbst öffentlich von Verantwortlichen in unserem Staat: »Dem muß Einhalt geboten werden, wie stehen wir denn sonst vor dem Ausland da?!«

Mich hat das erschreckt, denn zu deutlich klang aus diesem Argument der Nachsatz heraus: »Da könnten wir ja wirtschaftlich Schaden nehmen, da könnte sich die internationale Wirtschaft von uns zurückziehen«.

Nein, das Aufwachen des Nazitums unter uns sollte ganz andere Fragen in uns laut werden lassen, zuerst jedenfalls nicht die Frage nach unserer Vertrauenswürdigkeit im Ausland, nach unseren Wirschaftschancen, sondern eher die Frage: Wie stehen wir vor den Ermordeten und Getöteten da und den Trauernden, Verwaisten, Beraubten? Wie stehen wir vor uns selber da? Und – wie stehen wir in den Augen Gottes da? Und da geht es nicht um Geld und Prosperität.

Was ist das für ein Friedenswille, der nur, fast nur, auf wirtschaftliche Erfolge zielt? So werden im nachhinein die Lichterketten instrumentalisiert und verhöhnt, mißbraucht.

Wie stehe ich mit meinem Leben, meinen Gewohnheiten vor den Getöteten da? Können sie an dem, was ich bin und tue und lasse, erkennen, daß ich ein Lebewesen bin, dem Leben dienend?

Wer bin ich? Sind wir auf dem Weg dazu, wieder Bedrohliche zu werden, tödliche Wesen, den Tod anderer inkaufnehmend, weil wir für unser eigenes Leben Vorteile suchen?

Es ist ja verwunderlich, wie klein in allen Medien ein Thema gehalten wird, als gäbe es eine gemeinsame Absprache, ein Verschweigekartell:

Das Thema des Waffenhandels, der Herstellung und Verbreitung von Kriegswaffen und Deutschlands Rolle dabei. Und das in Zeiten, wo grausamste Kriege in Europa, Asien und Afrika wüten.

Ist es denn zu banal, war es denn zu banal, nach den Weltkriegen dem Satz »Vom deutschen Land soll nie wieder Krieg ausgehen« den zweiten hinzuzufügen »In diesem Land sollen nie wieder Waffen produziert werden«?

War es nicht das, was die Mütter auch meinten mit ihren verzweifelten Schildern: »Nie wieder Krieg!«? Wenn das naiv, idealistisch und banal ist, dann schauen wir uns doch um, wohin uns der Realismus gebracht hat, weltweit. Dann denken wir doch an die, die wir heute beklagen und betrauern.

In seinem Essay-Band »Die ungesicherte Freiheit« schreibt der jüdische Religionsphilosoph Abraham Heschel:

»Unsere Generation, die Zeuge unaussprechlicher Schreckenstaten geworden ist, die von Menschen begangen und von einer hochzivilisierten Nation getragen wurden, fängt an zu erkennen, wie abenteuerlich die Vorstellung war, man könne den Glauben an den Menschen an die Stelle des Glaubens an Gott setzen.«

Und er fährt dann fort, und das sagt er 1957 in unserer neuen Partnerstadt Chicago über die amerikanischen Verhältnisse:

»Jetzt aber haben wir entdeckt, daß unser Paradies auf dem Gipfel eines Vulkans erbaut ist. Das Paradies, das wir gebaut haben, könnte sich als riesiges Lager zur Vernichtung der Menschheit herausstellen. Es wird Zeit aufzuschreien.«

Das äußerte Heschel 1957 über Amerika. Und wenn wir heute unsere Verhältnisse ganz nüchtern betrachten, dann gilt der Satz Heschels auch für uns. Ja, den Vulkan mit seinen entsetzlichen Eruptionen spüren wir längst, und nicht nur kleine Gruppen, nicht nur Minderheiten sind es, die aufmerken und aufschreien.

In der Tat halte ich das für eine der positivsten Entwicklungen der letzten Jahre, daß wir in Deutschland wieder nachdenklicher geworden sind. Daß Kritiker, Fragesteller und Infragesteller der vorherrschenden Verhältnise nicht mehr im vornherein als Störenfriede, Miesmacher und idealistische Weltverbesserer abgetan, lächerlich gemacht und diffamiert werden.

Man ist nicht mehr gleich ein Nestbeschmutzer, wenn man einzelnes oder Strukturen kritisiert, wenn man aufschreit.

Die Stimme der Kunstschaffenden findet eher Gehör. Wir wissen inzwischen auch: Es kommt nicht nur auf die Regierenden an, sondern genauso auf uns andere. Wir spüren ja auch: Es fehlt uns etwas.

Es fehlen Liebe und Solidarität. Es fehlt Menschenfreundlichkeit. Zu ihr müssen wir uns und können wir uns untereinander ermutigen. Das ist eine schöne Aufgabe, eine wertvolle für die nächsten Jahre, heute angefangen.

Wir sehen es an den Hilfesuchenden, Vertriebenen und Geflüchteten, die in unser Land kommen aus politischer oder wirtschaftlicher Not: Daß ein Gefälle von Nord nach Süd auf der Erde besteht, auch von West nach Ost. Und wenn das nicht ausgeglichen wird, dann wird der Vulkan heftiger beben. Dann gelingt es nicht mehr, die Augen zu schließen und sich abzulenken, aus alter Gewohnheit.

Verdrängen wir nicht, was um uns her geschieht!

Da ist der Punkt, wo heute auch nicht Gesetze, Verordnungen und Richtlinien reichen, sondern wo es auf den Willen in uns, aus uns heraus ankommt, wirklich etwas ändern zu wollen. Im Verhältnis zur »Dritten Welt« und auch zur ehemaligen »Zweiten Welt« ist es ja so: Es findet längst ein Krieg statt, der ohne Waffen geführt wird – und wir sind an ihm beteiligt nolens volens. Dieser Krieg wird geführt mit den Gewohnheiten des Weltwirschaftssystems, und wir sind dabei, ihn immer mehr zu gewinnen mit den fürchterlichsten Folgen für alle Beteiligten. Doch dieser Krieg darf nicht fortgesetzt werden. Er muß möglichst schnell zu einem Ausgleich kommen – ein Friedensschluß ohne Festlegung von Siegern und Besiegten für die Zukunft.

Wollen wir das? Wollen wir unser Reicherwerden abbremsen, beenden, anfangen zu teilen, zu verzichten? Können wir das noch?

Will ich das? Mich ändern, mein Leben? Wir würden dann vielleicht nicht mehr in sogenannten »guten Verhältnissen« leben, aber in besseren. Man sagt: »Wir sind wieder wer« – aber: wer sind wir?«

»Du Narr«, sagt Gott im Gleichnis zu dem reichen Kornbauern, der nicht weiß, daß ihm morgen das Leben genommen wird. Stehen wir so in den Augen Gottes da? Und die Toten der Weltkriege: Wie sehen sie uns – neben den Arbeitslosen, Asylsuchenden, Süchtiggewordenen – sagen sie uns: Weiter so! Der Erfolg gibt euch recht! Haben wir die Lehren aus der Vergangenheit gezogen nur so, wie man Dornen aus den Füßen zieht, um danach um so schneller in die gleiche Richtung weiterzulaufen?

Wie gesagt: Ich glaube, wir sind nachdenklicher geworden und wieder bereit auch für gesellschaftliche Experimente, für neue Erfahrungen, für Friede und Eintracht. Und wir wissen, daß der einzelne, die einzelne durchaus etwas bewirken können.

»Die Mittel sind kärglich und die Menschen sind roh.« Der Satz Brechts sollte uns aufregen und nicht resignieren lassen. Und wenn wir die Verhältnisse nicht gleich ändern können, dann fangen wir eben mit uns selber an, in uns und mit uns. Wie ein Sauerteig ein ganzes Brot durchsäuert, so beschreibt die Bibel den Menschen, der auf das Gute aus ist, ohnehin.

Weil das so ist, bin ich froh – und zuversichtlich, daß wir gemeinsam dem Leben, der Versöhnung, dem Frieden dienen können – nachdenklich und tatkräftig, mit Trauer aber auch mit Zuversicht.

Zum Schluß: Doch ich bestreite, daß Bert Brecht recht hat, wenn er sagt: »Die Mittel sind kärglich.«

Weitaus wichtiger als das Waffenpotential, von dem man so euphemistisch sagt, es solle den Frieden sichern, weitaus wichtiger ist das Potential, das Gott einem jeden Menschen mitgegeben hat, als er uns das Leben gab. Ich glaube, die größte Kraft, die uns in diesem ausgehenden Jahrtausend zur Verfügung steht, ist nicht eine der modern entwickelten neuen Möglichkeiten von den Gentechnologie bis hin zu den gewaltigen Kommunikationsnetzen, nicht eine technisch vermittelnde Kraft, sondern eine uralte Fähigkeit, daß wir von Mensch zu Mensch miteinander sprechen können.

Die Technik birgt die Gefahr, bei all ihrem Glanz, all der Hilfe, die sie bietet, daß wir uns aus den Augen verlieren. Wir brauchen wieder das direkte Gespräch miteinander, Auge in Auge, das Erkennen des anderen: die Kommunikation des Gesprächs. Nur so lassen sich Grenzen und Gräben überwinden. Eine Fernsehkamera und ein Zielfernrohr mögen schnell und genau sein, doch um in anderen Menschen den Bruder, die Schwester zu erkennen, dazu bedarf es des Schrittes zu ihm hin, der Annäherung, der persönlichen Begegnung.

Er muß mich sehen können, wenn ich ihn sehe. Sie muß mich hören können, wenn ich sie höre.

Seine Erregung, seine Trauer, seine Angst und was in den Augen geschieht, seine Liebe, das muß direkt, unmittelbar spürbar sein. Nur so werden Menschen zu Freunden, sogar aus Feinden manchmal werden so Freunde, und aus Fremden Vertraute, in der Nachbarschaft und weltweit.

Singt Gott?

Predigt über Lukas 1,67–79
in der Hauptkirche St. Michaelis in Hamburg, 27. November 1994

Liebe Gemeinde,
die Bibel erwähnt nicht, daß Gott singt, an keiner Stelle –, er redet, er tadelt, er ruft, er zürnt. Aber daß er singt, wird uns nicht mitgeteilt. Eigenartig, denn: Was wäre die Kirche ohne Lieder? Was wären Gottesdienste ohne Lobgesang? Die Adventszeit ohne die uns vertrauten Melodien und Texte?

Für mich gar nicht vorstellbar, und für die meisten unter uns auch nicht, denn warum sonst schallen die Lieder und Melodien uns überall entgegen – auch in den Kaufhäusern, auch dort, wo die kirchlich-christlichen Inhalte zugedeckt oder unbekannt sind.

Zumindest Ahnungen haben sich gehalten, daß das Kommen Gottes in unsere Welt sich am angemessensten in Liedern und Lobgesängen ansagen läßt – und in der Lichtsymbolik, die trotz aller technischen Errungenschaften bis heute hin mit Transzendenz eine Verbindung bewahrt hat.

Adventslieder, so unterschiedlich sie sind, sie richten uns auf, holen uns hinein in eine Sphäre des Himmlischen, teilen uns mit, daß unser Leben nicht aufgeht in Arbeit und Geschäftigkeit, daß Einsamkeit und Schwachsein keine schicksalhaften ewigen Bestimmungen sind, daß alle Verkehrtheiten im persönlichen und gesellschaftlichen Leben ein Ende haben sollen und daß Hoffnung auf gelingendes, gelungenes Leben keine weltfremde Illusion ist.

Advent – eine Zeit, die trotz aller Säkularisierung den Erinnerungscharakter weithin behalten hat. Da kommt zum Ausdruck: Gott hat seine Welt nicht vergessen. Gott hat weiterhin Interesse an uns, an denen, die sich im Glauben zu Hause wissen, und an denen, die keine Bindung an ihn spüren.

Advent hat für uns Christen und Christinnen etwas vom Buß- und Bettag, sichtbar an der liturgischen Farbe Violett, erkennbar an den Texten der Choräle und der biblischen Lesungen – als Zeit der Besinnung, nicht nur der Besinnlichkeit, als Zeit, unsere Beziehung zu Gott und unsere Beziehungen untereinander zu bedenken, zu vertiefen, neu zu gestalten. Da geht es nicht darum, uns mit allen möglichen Aktivitäten oder gar mit Kaufrausch oder anderen Mitteln zu betäuben, zu verdrängen, was uns beschwert oder verzagt macht.

In der *Adventszeit* wird uns vielfältig und vielerorts die Erinnerung an Gottes Freundlichkeit vermittelt.

Da werden wir konfrontiert mit Gottes Angesicht, das uns begegnet in Worten und Weisen, in Menschen und Erfahrungen, mit Leib und Seele. Und wir spüren, daß dieses alles auch mir persönlich gilt – und all den anderen, denen in der Nähe und denen in der Ferne.

Der Predigttext des heutigen 1. Adventssonntags sagt uns das mit den Worten, die der jüdische Priester Zacharias nach der Geburt seines Sohnes Johannes sang, jenes Johannes, der später der Täufer genannt wurde: »Und sein Vater Zacharias ward des heiligen Geistes voll, weissagte und sprach: Gelobt sei der Herr, der Gott Israels! Denn er hat besucht und erlöst sein Volk und hat uns aufgerichtet ein Horn des Heils in dem Hause seines Dieners David –, wie er vorzeiten geredet hat durch den Mund seiner heiligen Propheten: daß er gedächte an seinen heiligen Bund und an den Eid, den er geschworen hat unserem Vater Abraham. Und du, Kindlein, wirst ein Prophet des Höchsten heißen. Du wirst vor dem Herrn hergehen, daß du seinen Weg bereitest und Erkenntnis des Heils gebest seinem Volk in Vergebung ihrer Sünden, durch die herzliche Barmherzigkeit unsres Gottes, durch welche uns besucht hat der Aufgang aus der Höhe, auf daß er erscheine denen, die da sitzen in Finsternis und Schatten des Todes, und richte unsre Füße auf den Weg des Friedens.«

Ein Lobpreis Gottes, des Gottes Israel, der seinem Volk verbunden blieb – und der auch die anderen Menschen mit Sorge und Beistand begleitet und trägt durch alle Wirrnisse und Gefährdungen hindurch. Der Gott Israels, unser Gott, hat sich nicht zurückgezogen von uns.

Trotz aller unserer menschlichen Versuche, die Welt allein gestalten oder zerstören zu wollen, hat Gott seine Barmherzigkeit nicht aufgegeben, seine Gnade nicht geschmälert.

Zacharias hatte seine Stimme verloren. Er war stumm geworden. Er hatte Zweifel gehabt an dem, was der Engel ihm gesagt hatte. Er hatte nicht glauben können, daß ihm und seiner Frau Elisabeth im hohen Alter noch ein Sohn geschenkt würde.

Doch dann, als der Sohn geboren war, als er die Geburt als Zeichen der Barmherzigkeit verstand und annahm, da konnte er wieder reden. Was heißt reden? Seine ersten Worte waren ein Gesang, waren die Psalmverse von Gottes Vergebung und Hilfe in den Nöten seines Volkes und der Menschen, die gelitten hatten.

Mit eigenen Worten konnte oder wollte er nicht zum Ausdruck bringen, was er persönlich erfahren hatte. Das war ihm zu schwierig oder zu nüchtern. Er mußte singen, so sehr wußte er sich in die große Heilsgeschichte Gottes hineingenommen, so nah war ihm die Freundlichkeit Gottes.

»Wes das Herz voll ist, des gehet der Mund über« (Matthäus 12,34) – eine Erfahrung, die wir auch im Geistlichen, im Charismatischen haben, auch bei uns sonst so nüchternen Protestanten.

Gesprochene Worte können oft das nicht wiedergeben, was wir tief im Herzen empfinden, so wird es deutlich bei Schlagern oder Hits oder den alten Liebesliedern, oder wenn Kinder fröhlich sind oder Erwachsene, auch in bestimmten Situationen der Schmerz.

In ähnlicher Weise sind Psalmen und Lobgesänge, Adventslieder und Choräle bis heute hin Hilfestellungen, unseren persönlichen Erfahrungen und Erwartungen Ausdruck zu verleihen, daß wir hineinfinden in den Bereich Gottes, daß wir spüren, was Gott uns mitteilen will – daß er uns kennt, so wie wir sind, mit allen Schwächen und Fehlern, und daß er uns vergibt und uns treu bleibt, weil er seinen heiligen Bund ernst nimmt – von Noah über Abraham und Mose, von Jesus und unserer Taufe her.

Advent weist uns hin auf Gottes unzerstörbaren und unbeirrbaren Willen, uns als seine Mitarbeiterinnen und Mitarbeiter zu sehen und zu gebrauchen, auch dann, wenn wir uns für völlig untauglich und ungeeignet halten.

Gott will nicht im Himmel bei seinen Engeln bleiben, so verständlich das wäre.

Nein, er zeigt eine Beharrlichkeit, geradezu eine Sturheit, die uns zugute kommt –, und nichts, aber auch nichts hat ihn bisher zum Rückzug bewegt. Gott sich mit den Elenden und Verzagten, mit den Zweifelnden und Verzweifelten, mit den Verdammten und Herumirrenden verbunden – nicht nur in den Notzeiten seines Volkes am Schilfmeer, in Babylon und Auschwitz, nicht nur auf Golgatha und bei den Christenverfolgungen, auch heute in Ruanda und im ehemaligen Jugoslawien –, und in Hamburg.

Brot für die Welt und AIDS-Hilfe, »Hinz und Kunzt« und der Alsterdorfer Aufruf, Basare und Benefizveranstaltungen, Alimaus und Café Sperrgebiet, Nachbarschaftshilfe und Asylgruppen –, an diesen Beispielen wie auch an vielen anderen wird deutlich, daß Gerechtigkeit und Barmherzigkeit auch heute getan und versucht werden – als bewußte Glaubenserwiderung oder auch ohne direkt erkennbaren Gottesbezug.

Das Echo auf Gottes Ruf ist gar nicht so begrenzt, wie manche uns einzureden versuchen.

Wenn ich an die vielen Ehrenamtlichen denke, die ich bei uns in Hamburg treffe, oft im ganz stillen und unermüdlichen Einsatz für andere, dann bin ich erstaunt und beglückt, dann spüre ich, daß auf die Worte Gottes hin so vielfältig geantwortet wird, viel mehr und viel weiter, als ich manchmal zu hoffen wage.

Und ich glaube, wenn die gesprochenen und geschriebenen Worte Gottes eines Tages kaum noch verstanden werden können, dann wird er nicht mehr nur reden und handeln wie bisher.

Dann wird auch er zu singen beginnen, Lieder und Weisen, denen keiner und keine widerstehen wird – nicht wie die Sirenen damals, die griechischen Göttinnen, die zum Töten sangen, sondern als Gott des Lebens, der durch seinen eigenen Gesang auch die größten Gefahren bannt, um uns und seine ganze Welt zu retten, für immer zu retten.

Homo homini lupus – der Mensch ist dem Menschen ein Wolf, ein reißendes Raubtier –, diese sprichwörtliche Erfahrung bleibt nicht allein stehen. Es kommt jene hinzu, daß Wölfe friedlich bei den Lämmern wohnen, daß Menschen sich in ihrer Verschiedenheit respektieren, annehmen und gegenseitig helfen, daß für Obdachlose Wohnraum zur Verfügung gestellt wird und Lebensmittel im weitesten Sinne, auch in dem Korb hier in der St. Michaelis-Kirche vor dem Altarraum, daß Fremden Anteil gegeben wird am eigenen Leben, daß zerstrittene Nachbarn und Arbeitskollegen wieder aufeinanderzugehen und sich »Frohe Weihnachten« wünschen oder eben schon eine »Gesegnete Adventszeit«.

Daß Wölfe zusammen mit den Lämmern weiden, ohne Bedrohung und ohne Angst, diese Friedensverheißung aus dem Jesaiabuch ist nicht nur eine schöne Vision für Weihnachten, sie geschieht schon hier und da – Gott sei dank, und Jesus fordert uns ja gerade auf, uns wie Schafe unter die Wölfe zu begeben, friedensstiftend, beharrlich, in der Politik und in der Sozialarbeit, mit Phantasie und Risikobereitschaft, wenn die Menschenwürde anderer angetastet wird und wenn auf dem Rücken der Schwächeren Machtkämpfe ausgetragen werden, wie zur Zeit bei bestimmten Gruppen von Asylsuchenden, auch bei

Behinderten, Kranken, Alten und Kindern, Obdachlosen – was im gerade veröffentlichten Wort der Kirchen angesprochen ist.

Biblischer, christlicher Glaube hat nicht nur etwas mit harmloser Lammfrömmigkeit zu tun, er hat auch kämpferische Seiten –, denken wir nur an Marias Magnifikat, ebenfalls bei Lukas zu Beginn seines Evangeliums.

Wie Schafe unter die Wölfe werden wir gesandt – nicht als herumirrende, verlorene Schafe, sondern als solche, die weiterhin zu Gott gehören und auf ihn hören.

Und von dieser Verbundenheit sprechen die adventlichen Lieder und Texte, von dieser Nähe Gottes, auf die auch in Schuld und Not Verlaß ist. Wenn uns die eigenen Worte dann fehlen, wenn wir nicht formulieren können oder mögen, was uns bedrängt und was uns fehlt, da können wir uns von jenen adventlichen Erfahrungssätzen und Hoffnungsmelodien berühren und erfüllen lassen. Und wir spüren dann, daß Gott es ernst meint mit uns, mit unserem Glücklichsein und unserem Heil.

»Gelobt sei der Gott Israels! Denn er hat sein Volk besucht und erlöst und uns einen mächtigen Heiland erstehen lassen. Durch die herzliche Barmherzigkeit unseres Gottes wird uns das Licht aus der Höhe besuchen, damit es unsere Füße auf den Weg des Friedens lenkt.«

Diese ersten und letzten Verse aus dem Lobgesang des Zacharias, sie sind ein kleines Adventslied, eins neben den anderen, die wir im neuen Evangelischen Gesangbuch haben.

Aber auch die anderen Lieder, die Gebete und Psalmen im Anhang, erzählen von der Barmherzigkeit und Verbundenheit Gottes mit uns.

Wir alle sind eingeladen, die alten und neuen Choräle und Kanons zu singen, zu summen, laut oder leise. Ob wir die Töne immer alle richtig treffen, darauf kommt es gar nicht an, denn die Lieder sind niemals Sologesänge.

Wir singen sie in der Gemeinde, in der Familie – und das ist das Schöne – wir singen sie immer auch zusammen mit den vielen Engeln Gottes. Ihr Lobgesang geschieht Tag und Nacht, ohne Unterbrechung. Und sie freuen sich, wenn wir mitmachen, im Advent, zu Weihnachten und auch sonst. Und vielleicht, auch wenn die Bibel es verschweigt, singt Gott ja doch vielleicht mit uns mit, heute schon.

Auf jeden Fall: Unsere Lieder gehören zu den schönsten Antworten auf sein Wort. Amen.

Vier Erwachsene, drei Kinder – das paßt

Ansprache zur Einführung der Kinderbischöfinnen und des Kinderbischofs
in der Hauptkirche St. Nikolai in Hamburg, 5. Dezember 1994

Ein herzliches Willkommen Euch, den ernannten Bischöfinnen und Bischof. Ihr habt Ja gesagt zu der Aufgabe, die ihr für gut drei Wochen übernehmt – neben uns Alten in der Nordelbischen Evangelisch-Lutherischen und Römisch-Katholischen Kirche.

Nun sind wir vier Bischöfe und drei Bischöfinnen – vorbildlich und hoffnungsvoll.

Da brauchen wir gar keine Quote, kein Quorum oder Quarum zu fordern.

Vier Erwachsene – drei Kinder, das paßt.

Vier männliche – drei weibliche – das geht auch noch. Aber das Ganze ist ja nur für kurze Zeit, und in gut einem Monat sieht es so aus: Vier Männer – eine Frau – nicht so doll, und fünf Erwachsene – keine Kinder – noch schlechter.

Zahlenspiel beiseite, aber doch nicht ganz vergessen. Es ist schon wichtig, daß wir in unserer Kirche, in unseren Kirchen und in unserer Gesellschaft manches ändern, nicht nur Kleinigkeiten, sondern von Grund auf.

Die EKD-Synode, sozusagen das Kirchenparlament Deutschlands, setzte sich vor wenigen Wochen dafür ein, daß Kirchengemeinden und -kreise die Kinderfreundlichkeit des kirchlichen Handelns auf der jeweiligen Ebene überprüfen und daß dabei die Kinder ihre Anliegen wirklich einbringen können – in den kirchlichen, gesellschaftlichen und politischen Gremien.

Stellt euch vor: Das würde morgen schon Wirklichkeit. Welche Wünsche, welche Kritik käme von euch? Was würdet ihr als gut, was als überflüssig oder völlig falsch bezeichnen? Mit Zetteln und Briefen könnt ihr es jetzt ja schon machen, denn im Briefkasten wird gesammelt, was ihr uns, den Erwachsenen sagen wollt, nicht nur nebenbei, sondern mitten in unsere Planungen und Entscheidungen hinein.

Und nun habt ihr drei auch tatsächlich mehr Macht und Einfluß als manch andere.

Allerdings: Bei uns im protestantischen Bischofsamt geht es nicht so einfach, wie manche es sich vorstellen.

Auch wir sind an demokratische Strukturen gebunden, und wir brauchen schon gute Argumente und Hartnäckigkeit – und viele, die uns dann unterstützen.

Aber da steht ihr ja gut da. Nicht nur heute, nicht nur bei den Vorbereitungen haben viele Mädchen und Jungen euch unterstützt. Und wenn eure Amtszeit vorbei ist, hoffentlich gut genutzt von uns allen, dann gibt es ja vielleicht auch einen oder mehrere Kinderbeauftragte, die in regelmäßigen Abständen Bericht erstatten, die eure Aufgaben dann übernehmen – bis zum neuen Kinder-Episkopat, zur neuen Kinder-Bischofszeit im nächsten Advent.

Denn das ist auch eine Forderung der EKD-Synode: Kinderbeauftragte einzusetzen.

Aber eins, das ist mir außerordentlich wichtig: Verwechselt nicht das Rathaus mit der Kirche. Ihr seid nicht Bürgermeisterinnen oder Bürgerschaftspräsident. Ihr seid Bischof und Bischöfinnen.

Zwar wird im Rathaus schon mal theologisch debattiert und über christliche Feiertage gesprochen, aber doch selten. Ihr aber habt ein geistliches Amt, seid kirchliche Leitungspersönlichkeiten.

Deshalb zuallererst (und weiterhin): Entdeckt in den Kirchengemeinden Möglichkeiten für euch, im Chor oder in der Bastelgruppe, im Jugendkreis und in den Gottesdiensten. Da brauchen wir euch, eure Fröhlichkeit und Neugier, eure Fragen und eure Phantasie.

Familiengottesdienste, gerade auch hier in St. Nikolai, sie zeigen soviel von dem Ernst und von der Freude unseres Glaubens und von den Möglichkeiten, unsere Welt menschenfreundlicher, kinderfreundlicher zu gestalten.

Und pflegt gute ökumenische Gemeinschaft, mit den Gemeinden der Afrikaner, Koreaner und Russen etwa, mit den Katholiken und Orthodoxen, mit allen, die zur Einen Kirche Jesu Christi gehören. Das ist eine gute Hilfe gegen Ausländerhaß und Arroganz!

Und habt keine Angst, keine Scheu, über euren Glauben zu reden und zu erzählen, was euch in der Kirche gefällt.

Lieber Bruder Bischof, liebe Schwestern Bischöfinnen, wenn wir Alten euch Kinder und Jugendliche und Eure Anliegen nicht genügend in die eigene Arbeit und Planungen einbeziehen, ermahnt uns freundlich und beharrlich.

Und laßt ihr euch von uns dann und wann etwas sagen und vergeßt die ganz Alten auch nicht!

Fast zu viele Ermahnungen, mögt ihr denken, aber ihr seid ja auch zu Dritt im Bischofskollegium. Und ihr bleibt – trotz eures hohen Amtes – eingebunden in die Gemeinde, habt also viele, viele neben euch, um euch. Und so schließ ich mit einem Satz, den ich selber vor vielen Monaten einmal sagte, vor meiner Zeit als Bischöfin:

Kirche ist nicht stark oder schwach durch einen Bischof, welche Statur er auch immer haben mag; Kirche geschieht in den Gemeinden, Diensten und Werken.

Selbst da gilt, was Luther sagte: »Wir sind es doch nicht, die da die Kirche erhalten könnten. Unsere Vorfahren sind es auch nicht gewesen. Unsere Nachkommen werden's auch nicht sein, sondern der ist's gewesen, ist's noch und wird's sein, der da sagt: ›Ich bin bei euch alle Tage bis an der Welt Ende‹.«

Das ist Ermutigung für mich, ich denke, für uns alle in Hamburg und Nordelbien. Diesen Satz gebe ich euch in besonderer Weise mit auf den Weg, gedruckt auch auf einer kleinen Karte hier.

Alte Texte, aus Bibel und Kirchengeschichte, für euch manchmal schwer verständlich – wir Erwachsenen hängen oft an den altertümlichen Worten, aber auch neuen versperren wir uns nicht. Und noch eins: Langweilig wird es mir so gut wie nie in unserer Kirche, im Gegenteil. Sehr vieles macht richtig Freude und bringt viel Spaß, nicht nur heute. So segne Gott unsere Kirche und schenke Freude aneinander, miteinander. Amen.

Es kommt ein Schiff geladen

Ansprache beim Adventsempfang
in der Hauptkirche St. Katharinen in Hamburg, 8. Dezember 1994

Herr Bürgermeister,
liebe Brüder Jaschke und Krusche,
sehr geehrte Damen und Herren,
liebe Schwestern und Brüder,
unsere kirchlichen Feste und Feiertage sind in die Schlagzeilen geraten, und sie werden nicht nur unter dem Aspekt des Geldes, der Kompensation gesehen.

Der Buß- und Bettag, dieser rein protestantische Feiertag, seit genau 100 Jahren auch bei uns in Hamburg auf das Datum Mittwoch vor Ewigkeitssonntag festgeschrieben, wurde in diesen Tagen manchmal fast zum Symbol der Evangelischen Kirche in Deutschland hochstilisiert. Doch Feiertage sind nicht etwa Privatbesitz der Kirche, einer Kirche. Feiertage sind mehr.

Sie sind heilsame Unterbrechungen unseres Alltagslebens, Signale einer anderen Dimension. Und es ist gut, daß unsere Gesellschaft und die politisch Verantwortlichen erneut daran erinnert wurden –, wenn auch die Ergebnisse vorerst nicht unsere kirchliche Zustimmung finden.

Sonn- und Feiertage – als Zeiten für Seele und Leib oder wie es das Grundgesetz sagt (Artikel 139): »Tage der Arbeitsruhe und der seelischen Erhebung« – unentbehrlich nicht zuletzt deswegen, damit wir endlich begreifen, daß Arbeit und Geld nicht alles sind, keinesfalls das Wichtigste.

Täuschen wir uns also nicht: Wenn wir die Feier- und Ruhetage abschaffen, ist es, als brächen wir einem Vogel die Flügel.

Dann mag er nur noch torkelnd vegetieren am Boden, aber fliegen, fliegen kann er nicht mehr.

Keine Angst, die ganze Debatte soll hier jetzt nicht fortgesetzt werden, obwohl es mich schon reizte, manches richtigzustellen, was hartnäckig als Unterstellungen gegen die Kirche in diesem Zusammenhang immer schon vorgetragen wurde. Dennoch: Ich will kein

Klagelied singen, sondern ein Loblied und hinweisen auf ein Phänomen oder Geschenk, das damit allerdings zusammenhängt: nämlich auf das freizeitliche gesellschaftliche Engagement von Menschen, als »ehrenamtlich« gemeinhin bezeichnet.

Mich erstaunt und erfreut es immer wieder, so viele Jugendliche und Erwachsene zu erleben, die ihre Zeit und Kraft für andere, für anderes hergeben, ohne auch nur einen Pfennig dafür zu erhalten.

Im Gegenteil: Sie lassen sich oft gar nicht die Auslagen bezahlen, keine Aufwandsentschädigung, keine Abrechnungen.

In Kirchengemeinden und diakonisch-sozialen Einrichtungen, für den Kirchentag und bei der Stadtteilarbeit, in Verbänden und Institutionen, bei der AIDS-Hilfe und in Chören, überall treffen wir sie, manche schon Jahrzehnte im Einsatz, andere ganz neu dabei, und bei uns in der Kirche sind es – Gott sei Dank – besonders viele noch. Zur Zeit wird auf die Ehrenamtlichen viel hingewiesen und überlegt, wie sie unterstützt und gefördert werden können.

Nun raunen manche: Weil das Geld knapper wird, sollten jetzt die Ehrenamtlichen ran, als seien sie eine Manövriermasse für undichte Stellen.

Es ist schon fatal, daß solche Befürchtungen aufkommen, zeigt uns das doch in deutlicher Weise: Geld – vorhandenes oder fehlendes – bestimmt wesentlich unser Leben, unsere Mitmenschlichkeit, auch unsere kirchliche Verantwortung und unseren Glauben.

»Nimm aus meiner Hand nicht den Taler, sondern das Versprechen meiner Nähe.«

»Mach dich nicht abhängig von dem täglichen Blick auf die Börsendaten, sondern von der täglichen Bibellese.«

»Rechne nicht alles auf, und spiel nicht das eine gegen das andere aus.«

»In allem: Wuchere mit deinen Pfunden, mit denen, die dir anvertraut sind, und mit denen, die du dir schon erworben hast.«

Hat man je gehört, daß Engel sich für ihre Dienste bezahlen ließen?

Hamburg ist die Stadt der Stiftungen seit alters her. Keine Selbstverständlichkeit, und wir können dankbar sein, daß die einen mit ihrer freien Zeit, mit ihren persönlichen Begabungen und andere mit ihren finanziellen Möglichkeiten Aufgaben übernehmen, die für unsere Gesellschaft wichtig sind.

Und das Schöne daran: Die, die sich für andere einsetzen, haben zudem meist großen Gewinn davon, innere Bereicherung, sie erhalten neue Kräfte für sich, mit anderen.

Wer sich mit Kindern beschäftigt, gewinnt andere Perspektiven, wer alte kranke Menschen betreut, Asylsuchende begleitet, sich an die Seite von Armen und Obdachlosen stellt, wer sich nicht nur von den eigenen beruflichen und geschäftlichen Kategorien leiten läßt, der und die bekommen Zugang zu Lebensfeldern, die sonst verborgen blieben.

Scheuklappen-Bildung läßt sich so vermeiden. Das gilt für den kulturellen, sozialen und religiösen Bereich in ähnlicher Weise.

»Geben ist seliger denn Nehmen« – dieser Satz der alten Griechen gilt heute genauso wie damals, ebenso das, was das deutsche Sprichwort sagt: »Mit Geben wuchert man am meisten.«

Und die Advents- und Weihnachtszeit gibt Anlaß, sich dessen bewußt zu werden und es auch zu pflegen.

Sind wir wirklich Menschen, die auf etwas Großes warten in dieser Zeit? Oder sind wir es nicht mehr? Sind wir erwartungslos? Haben wir Visionen, haben wir Bilder, die in uns leuchten?

»Es kommt ein Schiff geladen bis an sein' höchsten Bord« – das alte Adventslied mag Pate gestanden haben für die Grafik auf der Einladung zu diesem Empfang. Ein großes Schiff kommt auch zu uns nach Hamburg, begrüßt von Sonne, Mond und Sternen, ersehnt von uns die wir hier wohnen.

Grafik: Dorothee Bachem, 1994

»Trägt Gottes Sohn voll Gnaden, des Vaters ewigs Wort.«

Seit über 1100 Jahren wird Advent hier in Hamburg gefeiert, waren Menschen hier, daß Gott seine Freundlichkeit und Herrlichkeit zeigt, und sind dankbar, daß so viel Gutes erfahrbar wird, mit Händen greifbar, mit Ohren hörbar.

Als vor wenigen Wochen das gewaltige Schiff die Queen Elizabeth, kurz: die »Queen« kam, wurde es begrüßt von mehreren Tausend Menschen am Hafen. Vielleicht hat der eine, die andere da an die alte Fassung des Adventsliedes gedacht, die da lautet:

Auf einem stillen Wasser
kommt uns das Schiffelein,
es bringt uns reiche Gabe
die heilige Königin.

Maria, du edle Rose,
aller Gnaden Reis,
du schöne Zeitenlose,
mach uns von Sünden frei.

Sie werden denken: Was redet eine evangelische Bischöfin so katholisch daher? Nun – das mag mein Gruß an die Schwesterkirche, insbesondere an den neuen Erzbischof, sein mit dem Dom »Maria-Hilfe der Christen«. Doch eigentlich zitiere ich diese alten Strophen wegen des Wappens unserer Stadt, der weißen Burg auf rotem Grund, dieses Wappens, das uns ja nicht nur im Rathaus überall begegnet, sondern auch in der Stadt selber.

»Trägt Gottes Sohn voll Gnaden.« »Es bringt die heilige Königin.«

Das Eigenartige ist: der Gottes-Sohn, die heilige Königin Maria, sie sind die Krönung Hamburgs im Wappen, über der Hammaburg.

Das Kreuz als Zeichen Jesu, die Sterne als Attribute Mariens – über den drei Türmen. Christliche Zeichen, die uns an die Gründungs- und Glaubensgeschichte Hamburgs erinnern.

Den geschichtlich Interessierten sei es in Erinnerung gerufen: Die Urkunde Gregors des IV. von 832 nennt als Kirchenpatron Hamburgs »den Erlöser und seine heilige und makellose Mutter ... Maria«.

Diese heraldische Orientierung unserer Stadt ist nicht nur Zier, sondern auch Verpflichtung – in besonderer Weise für die, die hier Verantwortung tragen.

Es ist gut, daß der Luxusliner »Queen« nach Hamburg gekommen ist, ohne Frage. Solche Besuche erhalten Arbeitsplätze.

Doch wichtiger ist das andere Schiff, jenes adventliche Königs-Königin-Kreuz-Schiff besonderer Art, das uns in besonderer Weise Gewinn und Heil verspricht, aber vorher auch »groß Pein und Marter viel« zumutet.

Das Adventsschiff, das nicht mit Geldbeuteln beladen ist, sondern mit Segen, lädt nicht nur zur Besinnlichkeit ein, sondern auch dazu, für andere uns einzusetzen, für die, die bei uns »Pein und Marter viel« leiden, segensreich zu sein: für die Asylsuchenden, insbesondere für die aus der Osttürkei und aus dem ehemaligen Jugoslawien, für die Obdachlosen und AIDS-Kranken, die Einsamen und immer noch Arbeitslosen, für die Pflegebedürftigen und die Kinder.

Unser Stadtwappen sogar erinnert und mahnt uns an unsere Sünden, an unsere Fehlbarkeit und an das Evangelium, das uns reiche Gaben schenkt und uns zum Weitergehen befähigt.

Das Stadtwappen mit den Marien- und Christussymbolen, die Einladungskarte mit dem Christus- oder Marienschiff, Erinnerungen, daß nicht nur Handel und Dienstleistung Fundament unserer Stadt und unseres Lebens sind. Die göttliche Zuwendung ist von Nöten – und eben auch Augenblicke, besondere Tage, in denen wir der Arbeitsruhe und der seelischen Erhebung Raum lassen.

Falls irgendeines Tages jemand wieder mal auf die Idee kommen sollte, das Stadtwappen zu vereinfachen, zu verändern, aus finanziellen oder anderen Gründen, so werden sich hoffentlich alle gemeinsam für die Beibehaltung der christlichen Symbole – das Christus-Kreuz und die Marien-Sterne – entscheiden, daß diese über uns, für uns sichtbar bleiben – als Mahnungen des Himmels an die Erde, als Zeichen, daß wir nicht das Maß aller Dinge sind, und daß auch die politisch Verantwortlichen unter diesem Zeichen ihren Dienst in der Stadt und für die Stadt tun.

In dem gemeinsamen Wort der Kirchen »Zur wirtschaftlichen und sozialen Lage in Deutschland« wird deutlich, daß wir Kurskorrekturen vorzunehmen haben.

Das taten die Seeleute früher, indem sie zum Himmel blickten und sich nach den Sternen richteten. Wir heute, wir brauchen diese Kurskorrekturen, um die Interessen des Gemeinwohls und um die Interessen Sozialschwacher und Benachteiligter bei uns stärker zu berücksichtigen – aber auch die Belange der armen Länder.

Vor der Wahl sorgte allein schon die Ankündigung dieses Wortes für gewisse parteipolitische Unruhe. Heute regt es weniger auf, denn die Plätze sind verteilt, die Programme laufen weiter, weithin an den Armen vorbei, so scheint es.

Ja man geht schon wieder lässig mit den Sozial- und Gerechtigkeits-Anfragen um, vielleicht bald gar nachlässig.

Das wäre typisch für ein politisches Gefüge, in dem der Ellenbogen mehr zählt als die offene Hand.

Aber noch gibt es viele, die das merken und die das zu ändern versuchen – so die Kirchen eben und auch die Ehrenamtlichen, die in besonderer Weise Verantwortung wahrnehmen im sozialen Bereich, die Ehrenamtlichen, die im Stillen und manchmal auch mit lauten Protesten Gerechtigkeit tun und einklagen und hoffentlich nie aufhören, ihre Stimme zu erheben, prophetisch oder profan, mit Paragraphen oder Parolen.

Wem die Liedstrophen des Chorals »Es kommt ein Schiff geladen« zu pietistisch erscheinen, wem der Grundgesetzartikel von der seelischen Erhebung gar nur poetisch vorkommt, der oder die möge ruhig andere Texte und Bilder wählen.

Aber bitte keinen stillen Rückzug in die ganz private Nische! Unsere Gesellschaft braucht das vielfältige menschenfreundliche Engagement, damit nicht einzelne Gruppen auf ihr Verliererschicksal festgelegt bleiben oder werden.

Unsere Gesellschaft braucht Feiertage als heilsame Unterbrechungen, daß wir – biblisch adventlich gesprochen – auffahren mit Flügeln wie Adler – oder wie Tauben – fürsorglich und friedensstiftend dabei, aber auch unbeschwert und den Engeln ein wenig vergleichbar.

Ich hoffe, daß beispielsweise alle Vermittlungsversuche im Karo-Viertel und an der Hafenstraße, in Asyl-Fragen, bei Hinz und Kunzt und in der Drogendebatte scharfe Konfrontationen und harte Schnitte verhindern.

Wir brauchen, ganz einfach gesagt, Menschenfreundlichkeit und Barmherzigkeit, in allen Bereichen.

Zum Schluß: Ob wir am Buß- und Bettag hängen oder bewußt Mariä Empfängnis feiern, ob wir zur Kirche gehören oder nicht, das Stadtwappen mit den Sternen und dem Kreuz verbindet uns alle, und es verpflichtet uns. In diesem Sinn: Eine gesegnete Adventszeit.

Nicht nur eine heile Nische

Predigt über Jesaja 11,1–9
in Trittau, 26. Dezember 1994

Liebe Gemeinde,
in unserem Wohnzimmer hängt ein Bild, das eigentlich gar nicht schön ist, und manche Gäste setzen sich so, daß sie es im Rücken haben. Das Bild wirke so grausam und aggressiv, heißt es dann, und so ganz unrecht haben sie vielleicht nicht.

Als ich das sehr große Bild vor genau vier Jahren in der Kunsthalle in Kiel entdeckte, war ich von ihm fasziniert. Es ließ mich nicht mehr los. Zwei-, dreimal besuchte ich es von Harburg aus, und ich kaufte es, obwohl mir Farben und Motiv eigentlich nicht gefielen, kein wirkliches Wohlgefühl in mir auslösten, eher eine Art Unbehagen, eine Unruhe, aber ein Gepacktsein eben, das ich nicht mehr abschütteln konnte und wollte. Ein Stachel-Wildschwein beherrscht das Bild, daneben zwei Lämmer und eine Schlange. Sie springen aufeinander zu, aber bleiben doch in einer Distanz. Sie tun sich nichts an. Eine Bewegung, und zugleich bleiben sie an ihrem Platz, das bunte aggressive Stachel-Wildschwein, die grau gesprenkelten Lämmer, über allem die sich windende Schlange.

In gewisser Weise erinnert mich das Bild an Michelangelos Darstellung von der Erschaffung Adams durch Gott. Auch da ist Bewegung, Berührung zu sehen, die eigentlich gar nicht gemalt ist.

Der Finger Gottes berührt den Adam ja gar nicht, es bleibt die Lücke, die Distanz, und doch spüren wir beim Bild, daß Gott ihn berührt, ihm von seiner Göttlichkeit etwas vermittelt, ihn ins Lebendigsein bringt.

Nun: Das Bild in unserem Wohnzimmer, es hat nichts mit Gott und seiner Schöpfung direkt zu tun, aber es erinnert mich immer wieder an die paradiesischen Verheißungssätze aus dem Jesaja-Buch.

Bei aller Aggressivität, die es gibt, die wir in uns und um uns spüren, wird Frieden angesagt, gute Gemeinsamkeit deutlich.

Die wilden, gefährlichen Tiere und die Lämmer halten die Spannung aus und vermitteln dann eine Harmonie, die unerklärlich und doch real vorhanden. Ein Hoffnungsbild für scheinbar unversöhnliche Gegensätze und Widersacher.

Als die Künstlerin Hanne Nagel-Axelsen mir die Entstehung ihres Bildes erklärte: Es seien bloß Erinnerungen aus ihrem toskanischen Arbeitsurlaub, an die Tiere, die dort ganz alltäglich vorkämen, keine biblischen oder sonstigen mythologischen Anklänge, wie ich geargwöhnt hatte, nur Alltagssituationen, da wurde mir erneut klar: Solche Bilder brauchen wir, auf denen nicht nur Schönes, still-Heiles vorgehalten wird, sondern Bilder, wo alltäglich Aggressives, wo traditionell Feindliches aufeinander trifft und es doch nicht zu zerstörerischer Auseinandersetzung und Konfrontation führt.

Als Kirche, als Christen und Christinnen stehen wir ja für viele unter dem Verdacht, nicht konfliktfähig zu sein, offene, klare Auseinandersetzungen zu meiden, alles doch Drohende zu schnell zu beschönigen, mit dem Mantel der Liebe zu ersticken, was angesprochen und ausgesprochen werden muß.

Im Bild gesprochen: Eben eher der gute Hirte mit freundlichem Gesicht und dem Schaf auf der Schulter und der Herde, die friedlich um ihn herum grast, als der Hirte, der den Kampf mit Wildschwein und Schlange aufnimmt. Eher die Idylle als die Gefahr und die Auseinandersetzung mit harten Mitteln.

Die weihnachtliche Verheißung aus dem Prophetenbuch Jesaja malt uns ein sehr schönes Bild: Die Tiere wohnen friedlich beieinander, und die Menschen, die kleinen Kinder spielen freundlich zusammen mit den sonst gefürchteten Tieren. Eine Vision, die wirklich paradiesischen Charakter hat: Frieden und Versöhnung, geschaffen allerdings erst durch den Geist Gottes, genauer: durch den, der aus diesem Geist heraus urteilt und handelt, auch in Härte und Schärfe.

Frieden ist nicht einfach da, wo nichts Böses geschieht, wo Ruhe ist.

Frieden ist vielmehr da, wo Gewalttätige auf Gewalt verzichten, wo Rechtlose geachtet werden, wo Unterschiedliche aufeinander zugehen und miteinander weitergehen.

Frieden entsteht und wächst, wo nicht nur die Sieger, die Stärkeren die Bedingungen stellen, sondern wo aus dem Blick der Schwächeren Gemeinschaft geschaffen wird: Das Lamm nimmt den Wolf als Gast auf, kleine Kinder hüten Haus- und Wildtiere, Säuglinge spielen an sonst gefährlichen Orten. Angst hat ihre Kraft und Begründung verloren.

Friedensvisionen brauchen wir heute nicht weniger als in bibli-

Hanne Nagel-Axelsen:
Das Lamm und die Schlange 1990, 214 × 175 cm
Dispersion / Öl / Sand auf Leinwand

schen Zeiten oder in den Generationen vor uns. Im Blick auf Bosnien-Herzegowina, auf Nahost und Südsudan, auch auf unsere Situation sind diese Geschichten und Bilder ermutigend.

Es muß doch nicht immer so weitergehen, daß den Schwächeren keine Rechte zugestanden werden, daß die Stärkeren das Sagen behalten, daß Tiere nur als beliebig ausnutzbare Objekte gesehen und behandelt werden.

Der Wille Gottes sieht anders aus. Seine Vorstellung zielt dahin, daß Gegensätzlichkeiten wahrgenommen und angenommen werden, hinführen zu neuem Miteinander – oder zur völligen Trennung.

Lauheiten, die sind nicht in Gottes Sinn.

Halbheiten mag er nicht.

Weihnachten ist auch die Ermutigung, uns neu zur Parteilichkeit Gottes durchzuringen. Das Kind in der Krippe, die Familie im Stall, auf der Flucht, Ochs und Esel neben den Hirten – das sind keine Machtposten und Herrschaftsräume, keine Herrschaftsträume.

Opfer- und Lasttiere, Mittellose und Obdachlose, Flüchtlinge und Fremde, sie gehören auf unsere Weihnachtsbilder. Dazu kommen dann Engelschar und Stern, und es wird Zukunft angesagt durch diese mit Frieden und Heil.

Das Kind in der Krippe bringt dann den neuen Schein, bricht die Dunkelheiten der Welt auf.

Von nun an zählt die Sicht der Schwachen, der Rechtlosen, der Niedrigen.

Es gilt nicht mehr das Recht des Stärkeren und der Eliten.

Wo Jesus als Sohn Gottes geglaubt wird, als der, der vom Geist Gottes erfüllt ist, da gelten die Maßstäbe der Jesaja-Verheißung:

Aus der Sicht der Schwachen, der Kinder, der Schöpfung heraus wird die Welt gesehen und in ihr gehandelt.

Eine Gemeinde-Vision wie wir sie brauchen, auch heute: von unten lebt Gemeinde, von denen, die Gott um Gerechtigkeit anrufen und ihn um Frieden bitten, von denen, die biblische Gebote und Worte in ihren Alltag einbeziehen und aufs Exempel stellen.

Unsere Kirche ist eine Institution mit einem großen Apparat, aber sie bezieht ihre Bedeutung nicht von den Strukturen her, sondern von denen, die in ihr wirken, die sich da engagieren – lammfromm oder bärenstark, kindergläubig oder geistesscharf.

Wo Menschen mit ganz unterschiedlichen Interessen und Begabungen einander begegnen und gemeinsam Konflikte anpacken und für Frieden kämpfen, da ist Gottes Geist, da öffnet sich die Tür zum Paradies.

Wer in der Gemeindearbeit, als Kirchenvorsteher sich engagiert, der weiß, daß Konfliktbewältigung in der Kirche nicht immer und keineswegs schnell zu guten Wegen führt.

Oft scheint es so, als mache der gute Geist Gottes einen weiten Bogen um uns herum.

Dann aber nicht aufzugeben, sondern immer neu sich von den weihnachtlichen Worten »Fürchte dich nicht!« und »Friede auf Erden!« leiten zu lassen, das steht dann an.

Und erstaunlich oft gelingt dann auch die gemeinsame Suche, das gemeinsame Aushalten von Gegensätzen.

Wenn heute V. M. mit der Bugenhagen-Medaille von der Nordelbischen Kirchenleitung ausgezeichnet wird, dann ist damit Dank und Anerkennung verbunden, daß er sich immer neu um dieses Gemeinsame bemüht hat, mit seinem beruflichen Sachverstand als Architekt und mit seinem persönlichen Engagement. Er war beharrlich und ausdauernd, vermittelnd und verbindend.

Es ist keine Selbstverständlichkeit, wenn Mitglieder unserer Kirche über Jahre, Jahrzehnte in der Gemeinde und darüber hinaus im Kirchenkreis und in der Landeskirche sich einbringen – ehrenamtlich, zu Bedingungen, die ja nicht immer optimal sind. Keine Selbstverständlichkeit und doch so notwendig für unser Glaubenszeugnis innerhalb der Kirchen und außerhalb.

Denn Kirche ist ja nicht - und darf es nicht werden - heile Nische nur, sondern ein Ort, eine Gemeinschaft, wo die Probleme der Welt aufgenommen werden und wo Lösungen gesucht werden – mit Sachverstand, mit Erfahrungen, mit Gebeten.

Mögen wir eine Kirche bleiben, in der nicht nur Gleiche unter Gleichen sich finden, sondern wo ganz unterschiedliche und gegensätzliche Menschen, Gruppen, Interessen aufeinanderstoßen und vom Geist Gottes gelenkt werden zu Lösungen im Sinne Jesu. Wo Lämmer und wilde Tiere, wo Rechtlose und Machthaber sich aufeinander zu bewegen, Frieden suchen, da weihnachtet es. Da geschieht das Wunder, daß Gott den Himmel verläßt und sich mit uns verbindet, mit seinen Kindern, mit seiner Schöpfung. Amen.

Einheit in Verschiedenheit

Ansprache zur Einführung des Erzbischofs Dr. Ludwig Averkamp in Hamburg, 7. Januar 1995

Sehr geehrter Herr Bürgermeister,
liebe Frau Bürgerschaftspräsidentin,
sehr geehrte Herren und Damen, liebe Brüder und Schwestern,
insbesondere lieber Bruder Averkamp,
»Siehe, wie fein und lieblich ist es, wenn Brüder einträchtig beieinander wohnen« (Ps. 133,1), wenn Geschwister miteinander in Eintracht leben: dieses Psalmwort zitierte ich in meinem Einführungsgottesdienst als Bischöfin für Hamburg – damals auf meine Kindheit gerichtet. Heute sei es auf unsere ökumenische Geschwisterlichkeit bezogen, auf die bisher erfahrene und auf die vor uns liegende, ob ich an unsere Gemeinden denke oder an die Gemeinschaft in der Leitungsebene oder Hierarchie.

»Miteinander in Eintracht zu leben«, wie es die Einheitsübersetzung sagt oder »Mitsammen auch zu siedeln« – nach Martin Buber, das ist für die beiden großen Kirchen, aber auch für die vielen anderen Kirchen und christlichen Gemeinschaften hier in Hamburg eine Herausforderung und – so möchte ich sagen – fast eine Selbstverständlichkeit inzwischen.

Ansgar, von dem ja bedeutende Träume überliefert sind, er hätte sich wohl kaum träumen kassen, wie sich sein Erzbistum Hamburg entwickeln sollte. Nach wenigen Jahren wurde es mit Bremen verbunden, 1529 durch die Bugenhagensche Kirchenordnung evangelisch-lutherisch, zuerst mit einem Superintendent, dann einem Senior, später mit einem Bischof und nun mit einer Bischöfin in der Leitungsaufgabe.

Bis ins 19. Jahrhundert hinein durfte es keine freistehende katholische Kirche hier geben – und nun im 1150. Jahr, nachdem Ansgar Hamburg verließ, verlassen mußte, ist ein zweites römisch-katholisches Erzbistum Hamburg errichtet.

Auf Ansgars Stuhl sitzen nun eine Bischöfin und ein Bischof geschwisterlich und einträchtig beieinander.

Beide sind – wie Ansgar damals – damit beauftragt, den christlichen Glauben hier zu festigen und vielen neu zum Glauben zu verhelfen, haben wir doch eine Situation heute, die besonderes missionarisches Engagement verlangt.

Und wenn über Ansgar zu lesen ist, er hätte sich im Mischbereich von Seelsorge und Politik engagiert, insbesondere sich für Friedensarbeit, für die Achtung von Menschenwürde und für die Sonntagsheiligung eingesetzt, so ist auch dieses weiterhin akut geblieben und von uns immer neu anzumahnen – innerhalb unserer Kirchen, aber auch den politisch und gesellschaftlich Verantwortlichen gegenüber.

Da geht es nicht nur um den Buß- und Bettag. Es geht inzwischen um sehr viel mehr, wenn ich an manche Pläne denke, nach denen die Maschinen mehr beachtet werden sollen als das dritte Gebot. Arbeit und Gewinn würden dann mehr zählen als Menschlichkeit und Gott selber.

Lieber Bruder Averkamp,
im Namen der Arbeitsgemeinschaft christlicher Kirchen (ACK) sage ich: seien Sie herzlich willkommen in unseren lutherischen Kirchen und bei den anderen Kirchen und christliche Gemeinschaften hier im Norden, willkommen insbesondere natürlich in Hamburg, wo nun mal das alte Zentrum oder richtiger die alte Zentrale des christlichen Glaubens war, wo der Ansgar öffentlich zu sehen ist – auf der Trostbrücke – zwischen dem Rathaus hier und der Lutherischen Bischofskanzlei in der Neuen Burg.

Erinnert sei auch an unser Stadtwappen: die erzbischöfliche Burg in der Mitte – so eine Deutung – und darüber das Kreuz Christi bzw. Ansgars und auf den kleinen Türmen die Sterne, die Attribute Mariens.

Als Ludwig der Fromme, der Kaiser, im Jahre 831 die Errichtung des Erzbistums beschloß und Hamburg zu Ehren Christi und der Jungfrau Maria geweiht wurde, nein, da hat man nicht ahnen können, daß diese Namen später einmal wieder im Zusammenhang der Gründung eines Hamburger Erzbistums gemeinsam auftauchen sollten, zwar von ganz anderen Seiten her, aber auch in deutlicher Weise einen Neuanfang signalisierend, in christlicher – ökumenischer Ausrichtung und Verbundenheit. Und ich hoffe, daß diese besondere Konstellation sich als konstruktiv und hoffnungsreich erweisen wird. Ich freue mich, daß dadurch die Diskussion über das Amt und die Stellung der Frau in der Kirche weiter belebt wird.

»Ertragt einander in Liebe und bemüht Euch, die Einigkeit im

Geist zu wahren durch das Band des Friedens... Ein Herr, ein Glaube, eine Taufe...«, so heißt es im neutestamentlichen Epheser-Brief.

Das ist uns aufgetragen, ohne Wenn und Aber, ohne Lehrverurteilungen und Verdammungen, ohne Ausgrenzung und Zurückweisung, mit dem Ziel der »Einheit in versöhnter Verschiedenheit«.

Ich sehne den Tag herbei, an dem wir miteinander Abendmahls-Gemeinschaft haben – also weiter sind als heute morgen.

So werden wir unserem christlichen Glauben und Auftrag gerecht. So werden wir segensreich auch das Erbe Ansgars hier im Norden verwalten und leben.

Fast 300 Jahre lang durfte im lutherischen Hamburg keine katholische Kirche freistehen, sich öffentlich erkennbar zeigen. Das ist längst anders geworden. Freistehen können die Gebäude überall in unserer Stadt, ebenfalls in Schleswig-Holstein und Mecklenburg. Aber seien Sie gewiß: Sie stehen frei, aber nicht allein da, denn auch die Zeit der Duldung und des Argwohns ist längst überwunden. Wir suchen und pflegen Gemeinschaft auf allen Ebenen.

Diese ökumenische Verbundenheit haben wir als die hier ältere Schwester, als die Evangelisch-Lutherische Kirche, sichtbar gemacht durch das alte Ansgar-Tafelbild von Bornemann aus der St. Petri Kirche, das früher im Marien-Dom hing und das wir leihweise zu dem Festgottesdienst in den Marien-Dom gebracht haben.

Ich überreiche Ihnen nun, lieber Bruder Averkamp, als Begrüßungsgeschenk einen Ansgar-Steindruck, der Ansgar mit dem Hamburger Marien-Dom zeigt und der zugleich hinweist nach Norden in die Nachbarsprengel Holstein-Lübeck und Schleswig und nach Skandinavien.

Gott lasse uns unsere gemeinsame Arbeit geschwisterlich und einträchtig und segensreich sein.

Gott segne Sie – und unseren Weihbischof Jaschke.

Räuberhöhlen in der Medienwelt

Rede in der Vortragsreihe »Medien – Macht – Moral«
in der Hauptkirche St. Katharinen in Hamburg, 16. Januar 1995

Es heißt, in den Wasserwerken mancher Städte gäbe es immer noch neben den riesigen Bassins, aus denen wir Verbraucher und Verbraucherinnen versorgt werden, kleine Aquarien. Deren Wasser steht in dauernder Verbindung mit den Bassins.

In solchen Aquarien schwimmen unterschiedliche Fische, die alle sehr sensibel sind. Treibt einer von ihnen bauchoben, bedeutet es, daß irgendein Gift im System ist; und es wird Alarm gegeben.

Die Angestellten sind angehalten, das Aquarium rund um die Uhr im Blick zu halten. Sie sind die Wächter der Wächter. Das Eigenartige ist: Daß die kleinen Fische sensibler sind als die Angestellten.

Was mich fasziniert: Bis zu diesem Zeitpunkt, wo ich Ihnen dies vortrage, weiß ich nicht, was genau dieser Vergleich zu unserem Thema: »Medien – Macht – Moral« genau austrägt und wie die Vergleichslinien zu ziehen sind. Sind die Zeitungsleute, Fernsehleute und Rundfunkmenschen, die Journalisten und Journalistinnen diese sensiblen Fischlein, die sich fast aufopfern, um uns auf die Gefährdungen des politisch-gesellschaftlichen Systems hinzuweisen, in dem – und von dem ja auch – wir leben?

Und sind unsere Zeitungen, Radios und Fernsehgeräte so etwas wie die Aquarien, in die wir deshalb aufmerksam blicken – wir verlassen uns auf die Sensibilität ihrer Macher? Das wäre schön!

Oder fühlt sich in ihrem Selbstverständnis die Medienwelt als außerhalb vom System, in dem wir anderen leben, und betrachtet es und uns gewissermaßen nur als Objekt: berichtet man nur vom Leben und Sterben und geht dann nach Haus, wie ein Angestellter, der seine Arbeit getan – ist das der Vergleichspunkt?

Oder geht der Vergleich aufs Gift hin, das uns unsichtbar umgibt und in undeutlichen Mengen eingeflößt wird in dem, wovon wir leben, was uns als Medium umgibt und was ja auch irgendwo produziert wird, und wir sind die Fische und brauchen Wächter ganz außerhalb.

Oder: Ist mit dem Fischsterben das Zeitungssterben oder Verlagssterben gemeint – und die Großen fressen die Kleinen im Aquarium usw. Und je größer die Mediengruppen werden, desto mehr nimmt die Sensibilität ab – denn wen man frißt, dessen Eigenarten zerstört man ja auch.

Kurz: Das Thema ist komplex, und man gerät leicht ins Schwimmen, wenn man sich ihm aussetzt – denn die alte Idylle stimmt ja nicht mehr: die Idylle, die da lautet: »Morgens geht mein erster Blick aus dem Fenster, und ich weiß, was für ein Wetter ist.

Und mein zweiter Blick geht in die Zeitung, und ich weiß, was für ein Klima herrscht in der Stadt.«

Allein die Hamburger Blätter: Das Abendblatt und die taz oder die Morgenpost und die Bild – das sind ja nicht nur Nuancen, sie stellen das gesellschaftliche Klima bei uns durchaus unterschiedlich dar, und sie stellen es nicht nur dar, sie mischen ja auch kräftig mit, ein Klima zu erzeugen zwischen uns, kurzfristig und längerfristig, mal heiter und wolkig, mal aber auch recht turbulent und stürmisch.

Und wenn ich dann noch das Rundfunkgerät dazu schalte und hin und her springe zwischen den Sendern, den öffentlich-rechtlichen und den privaten, die sich in manchem zunehmend gleichen, dann stelle ich fest: daß es sehr viel einfacher ist, sich einen ordentlichen Kaffee zu machen, als eine klare eindeutige Meinung zu bilden.

Dann weiß ich, daß mein Denken, meine Moral der Maßstab und Rahmen bleiben müssen für meine eigene Meinung.

Aber: Auch wenn es manchmal verwirrend ist: Ich bin froh über diese Vielfalt und möchte sie nicht missen, gerade auch für den lokalen Bereich nicht. Medienvielfalt ist ein demokratischer Wert.

Die Macht der Medien wird dann korrumpiert, wenn die Vielfalt eingeschränkt wird; das wäre üble und gefährliche Zensur.

Diese Einschränkung kann von außen, aber auch von innen heraus geschehen. Und gerade letzteres ist dann ja ein Prozeß, der in diesen Jahren zunehmend zu beobachten und zu beklagen ist.

In jeder größeren Stadt müßten doch wenigstens zwei voneinander völlig unabhängige Zeitungen erscheinen können, wie es vor Jahren in Dithmarscher Kleinstädten durchaus noch möglich war, aber nicht nur dort.

Doch die Tendenz geht für ganze Bundesländer eher in eine andere Richtung: Zentralredaktionen beliefern die Leserschaft, und das Lokale wird lediglich eingeschoben.

Übertrüge ich das auf unseren kirchlichen Bereich, könnte das bedeuten, daß wir an den Bischofssitzen in Schleswig, Lübeck und

Hamburg die Sonntagspredigten fertigten und sie dann an all unsere Kanzelstellen übermittelten und die Aufgabe der Pastorinnen und Pastoren wäre es, lediglich etwas Lokalkolorit hinzuzufügen und sich ansonsten auf die Abkündigungen mit den Amtshandlungen und den Veranstaltungskalender zu konzentrieren.

Die Botschaft selber aber, die evangelische, die kirchliche Wochenmeinung würde zentral organisiert und einheitlich publiziert.

Und da wir Bischöfe und Bischöfin uns dann ja auch manchmal etwas unterscheiden, zwischen »sanftem Feminismus« und »eher strammen Luthertum«, würde schließlich die EKD-Spitze alles an sich ziehen. Und wir hätten über das ganze Land einen christlichen Zentraldienst oder Einheitsbrei, und nur im Musikprogramm zwischen Bach und Buxtehude bis zu Taizé-Gesängen und vielleicht noch in der liturgischen Ausgestaltung – nur da schließlich unterschieden sich die Gottesdienste.

Das wäre das Ende lebendigen Christentums in unserer Kirche, das wäre Abschied vom Protestantismus.

Ich karikiere natürlich. Doch meine These ist: daß an der Basis soviel Unabhängigkeit wie möglich sein muß, daß dort, wo gelebt, gehört, gefühlt und gesehen wird, der einzelne verantwortlich und erkennbar seine Botschaft zu übermitteln hat, die einzelne ihre Nachrichten auszusenden und auszuwählen hat.

Der einzelne Mensch muß erkennbar sein, in seiner Individualität zur Geltung kommen können. – Wir haben den Brauch, daß der Kanzelprediger oder die Kanzelpredigerin nach dem Gottesdienst an der Kirchentür steht und die Besucher verabschiedet: Ihnen, nach allem Gesagten und Gebeteten, Ihnen in die Augen blicken zu müssen, dient der Wahrheit und der Glaubwürdigkeit.

Das wünsche ich mir übertragen für die Journalisten und Journalistinnen auch, gerade wenn sie Meinungen transportieren:

Daß ihr Name dabeisteht, daß sie erkennbar sind – so wie ein Polizist oder eine Verkäuferin ein Namensschild tragen könnte und trägt in der Ausübung des Berufes.

Und daß auch ein Zeitungsinhaber mindestens so erkennbar sein muß wie ein Magazin – Journalist im Fernsehen, mindestens so erkennbar wie es Axel Cäsar Springer früher war.

Zeitungen, Rundfunkprogramme und Fernsehsendungen müssen erkennbare Verfasser und Verfasserinnen haben, Verantwortliche im Wortsinn – einzelne. Und die Programmgestaltung und Ausrichtung sollte ein Wettstreit sein aller Beteiligten – und nicht von anonymen Gruppen fernab festgelegt werden.

Wer die Macht hat, Klima zu erzeugen oder zu verändern, sollte auch den Mut haben, sein Gesicht zu zeigen und dafür einzustehen.

Ein Beispiel dafür, ein kleines:

Es ist für mich ein Unding – und ich verstehe die beteiligten Journalisten manchmal nicht, was sie da mit sich machen lassen –, daß es anscheinend Schlagzeilen- und Überschriftenredakteure gibt, die über an sich sauber recherchierte Artikel in den Blättern dann knallige Überschriften – Headlines – setzen, die die Tendenz eines Artikels schlichtweg korrumpieren – so etwa aus jüngster Zeit als Beispiel:

Wie zu den bundesweit verbreiteten Äußerungen der Synodenpräsidentin Elisabeth Lingner zur Finanzierung kirchlicher Arbeitsfelder der Begriff »Strafgebühren« dazu erfunden wurde. Ein Wort, das sie gar nicht gesagt und nicht intendiert hatte, das sie expressis verbis, wie ich weiß, ablehnte, das in der Nachricht über ihre Äußerung nicht vorkam, das aber durch die Republik vermittelt wurde, weil es in der Überschrift stand.

So wie ich es erlebte mit dem Wort »Villa«, gar »Millionenvilla«, und alle Beteiligten wußten, es war ein eher normales Einfamilienhaus, bescheidener als viele Pastorate. Das eine Villa, eine Luxusvilla zu nennen, kam schon einer Lüge fast gleich.

So wird Klima erzeugt mit Folgen, die bis heute spürbar sind. So macht man Politik, so will man Menschen oder Institutionen ins Zwielicht bringen oder fertigmachen. Ein Phänomen, daß uns viel häufiger begegnet, als wir meinen.

Spricht man in solchen Fällen als Beteiligte die betreffenden Journalisten an, zucken diese bedauernd die Achseln und sagen: »Sie wissen doch, für die Überschrift bin ich nicht zuständig.«

Ich frage mich: Was steckt da für ein Berufsbild hinter? Was für eine Selbstachtung eines Berufsstandes?

Da baut einer sich ein schönes Haus, und ein anderer kommt und malt es giftgrün an; muß man damit leben?

Klar: Überschriften sollen Haken sein für die Augen der Leser und Leserinnen (es gibt Zeitungen, Blätter, die arbeiten auf Seite eins nur so). Die Headlines sollen ins Auge stechen und oftmals einen bestimmten emotionalen Bereich, nicht immer den besten, berühren.

So aber bestimmt dann die Reklamefunktion die Verkäuflichkeit, der reine Kommerz siegt.

Und das Schlimmere ist: Andere dann transportieren allein die Überschrift weiter und ignorieren oder verachten das wirklich Gesagte. Verachten das, was die Grundlage ihres Berufsstandes ist.

Sie werden lächeln, daß ich eine solche Kleinigkeit so ernst nehme.

Aber an den Überschriften können wir weithin den Seriositätsverfall eines Blattes oder eines Magazins erkennen.

An solchen Kleinigkeiten zeigt es sich, ob es noch um Nachrichten und Meinung geht oder nur noch um Kommerzlinien, um Verkaufbarkeit.

Und auf der anderen Seite ist man dann überempfindlich und geht den juristischen Weg, damit ein Blatt ja nicht tv-more heißt – das könnte ja nach mehr und besser klingen, statt tv-pur. Da hat man plötzlich die gute alte Goldwaage doch zur Hand.

Mich interessiert, wem sich eine Journalistin, ein Journalist verpflichtet fühlt, wie frei er ist, wem sie dienen will und wo die Grenzen der Unabhängigkeit liegen, wo er oder sie ihre eigenen Moralgrenzen haben. Schließlich haben es Journalisten mit Menschen zu tun und handeln mit dem, was uns von den Tieren unterscheidet, um es plakativ zu sagen – oder poetisch: Mit der stärksten Droge, die es gibt: dem Wort.

Was geht etwa in einem TV-Reporter vor, der eine Mutter, die ihr Kind gerade verloren hat, solange bedrängt, bis sie irgend etwas herausschreit, was nur vom Schmerz bestimmt ist, aber sich gut verkaufen läßt, gut rüberkommt, weil es extrem ist.

»Witwenrüttler« oder »Witwenschüttler« nennt man so etwas ja wohl – eine abscheuliche Form eines pervertierten Journalismus, aber immer mehr gang und gäbe. Hier von öffentlichem Auftrag und Informationspflicht zu sprechen, ist unpassend und widersinnig.

Natürlich hat ein Journalist zu bohren und nachzuhaken und weichzuklopfen – aber es ist schon ein Unterschied, auf welcher Ebene das geschieht, und es fällt auf, daß die doch mediengeübten politisch Verantwortlichen und Prominenten weniger hart angegangen werden als eine solch geschilderte Frau.

Das Witwenrütteln vor laufender Kamera ist wohl die perverseste Form des kommerziellen Ausschlachtens der Intimsphäre, wie sie etwa auch zu beobachten ist bei Sendungen wie »Verzeih mir«, wo öffentliche Bekenntnisse von persönlicher Schuld gegenüber anderen Menschen vor einem Millionenpublikum vermarktet werden.

Was unter vier Augen gehört, gehört nicht vor die Kamera.

Das ist nicht das, was gemeint ist mit dem biblischen Auftrag, sich um Witwen und Waisen zu kümmern. Das widerspricht auch eklatant dem kategorischen Imperativ Kants.

Ist denn etwa der verantwortliche Redakteur bereit, seine eigene Mutter so vorzuführen oder seine eigene Schuldgeschichte auszubreiten – just for fun.

Bisher wurden solche intimsten persönlichen Konflikte im geschützten Beichtbereich ausgesprochen oder unter Freunden.

Oder: Von Schauspielern auf den Theaterbühnen und in Kinos in größter Eindringlichkeit.

Selbst in deutschen Gerichtssälen gibt es ein wohlbegründetes Kameraverbot und die Möglichkeit, die Öffentlichkeit auszuschließen.

Nebenbei bemerkt: Auch das Zeugenschutzzimmer im Strafjustizgebäude in Hamburg ist aus ähnlichen Gründen eingerichtet worden. Das Fernsehen kann nicht alle Funktionen erfüllen. Es überschätzt sich sonst selbst.

So mag man verlassene Hunde und Katzen vermitteln – aber verlassene Seelen nicht.

Wenn man solche Beobachtungen für symptomatisch hält, als Spitzen eines Eisbergs betrachtet und hier die Frage nach der Moral in der Medienwelt anlegt – und kritisch wird, dann läßt sich durchaus mit Theo Sommer fortfahren: »Es geht nicht um die Konten der Verleger oder die Geldbeutel der Redakteure.

Es geht um das Überleben einer seriösen Presse, die – ob links, ob liberal, ob konservativ – das Unterfutter unserer Demokratie bildet.«

Das ist der Anspruch, der auf dem Spiel steht.

Und noch eine Diskrepanz, die ich für symptomatisch halte:

Da hält der Präses der Handelskammer, Herr Dr. Asche, vor über 1000 Gästen einen Vortrag in seinem Hause, der weit länger als eine halbe Stunde dauert, und alle hören zu, aber im Fernsehen und Rundfunk behauptet man, die Aufmerksamkeit von uns betrage nur eine Minute und 30 Sekunden, dann müsse wieder Musik kommen.

Ich habe nicht festgestellt, daß in der Handelskammer oder bei ähnlichen Veranstaltungen gerade um die Jahreswende alle entschlummert wären, auch die anwesenden Journalisten aller Medien übrigens nicht – aber über die Sender werden wir zunehmend nur noch mit Brocken beliefert, hingeworfen zwischen die Musik, als wären wir Hunde.

Früher hieß es: »Und nun eine Zwischenmusik.«

Die Tendenz heute scheint eher zu werden: »Und nun ein Zwischenwort, aber ein kurzes!«

Nebenbei: In der Kirche gehen wir immer noch von 15 bis 20 Minuten aus, die man zuhören kann, und gute Kanzelredner wissen, wenn sie ihr Handwerk verstehen: Es kann ruhig auch mal länger sein. In der Kürze liegt die Würze, aber satt werden kann man normalerweise davon nicht; und es kann durchaus auch mal ein Gericht mit drei Gängen geben.

Also: Ich erwarte eigentlich von den Leuten, die sich Wort und Bild zum Beruf gemacht haben, einen Aufstand gegen die, die sie nur noch als Anhängsel von Musik und Werbespots instrumentalisieren wollen.

Natürlich läßt sich auch in kurzer Zeit Entscheidendes sagen. Jesus etwa hat mit Textbeiträgen von nur einer Viertelminuten-Länge mit seinen Gleichnissen jahrhundertelange Nachwirkungen erzielt. Aber er hat eben auch die Bergpredigt und die Feldrede gehalten, unzerstückelt, lang und keineswegs leicht oder seicht.

Nun soll und kann er nicht der Maßstab für Programmkalkül sein. Aber daß im Rundfunkbereich der Discjockey den Sprechbereich beherrscht – daß plakativ gesagt: Das Dudeln wichtiger geworden ist als der Duden, gibt zumindest zu denken.

Auch die im privaten Medienbereich Tätigen sollten sich nicht selbst amputieren oder den Mund verstopfen lassen.

Aber da scheint der Kampf schon verloren.

Wie genau gucken wir Lehrenden und Erziehenden auf die Finger bei dem, was sie reden und tun!

Wie engagiert wird die Bildungsdebatte geführt – aber was über die Kanäle, insbesondere die privaten, auf uns, die Kinder und Jugendlichen manchmal einplätschert und in die Köpfe geschwemmt wird, steht anscheinend außerhalb der Diskussionen.

Früher kämpften wir noch dagegen, daß alles nur schwarz-weiß dargestellt wurde – geht heute der Kampf nur noch gegen das Rosa der Werbeindustrie? Oder nicht einmal mehr das? – Hier wird Herr Plog sicher einiges anzumerken haben, demnächst in dieser Reihe.

Aber das sollte uns andere nicht daran hindern, selber immer wieder die Ängste und die Gefahren zu benennen, als einzelne, als Gruppen, als gesellschaftlich relevante Institutionen.

Sind die Anzeigenseiten wirklich wichtiger als die redaktionellen? Und die Einschaltquoten die neuen Grundlagen des Journalismus?

Noch einmal Theo Sommer: »Die Nation hat erlebt, wie die Einschaltquoten-Besessenheit des Privatfernsehens schon weite Programmteile der öffentlich-rechtlichen Fernsehanstalten auf Schwachsinnsniveau gedrückt hat.«

Das ist deutlich und trifft sich mit der Beobachtung meines Pressereferenten, der es so formulierte: »Das Layout, die Optik bestimmt immer mehr unser Denken, die Inhalte werden zurückgedrängt« zugunsten einer »nur appetitlich aufgemachten Unterhaltung«.

Wir wollen aber mehr, wir wollen auch solide gute Unterhaltung, über Alltägliches und Gewöhnliches. Und wir wollen auch nachdenkliche, inhaltliche Beiträge zum Zeit- und Kulturgeschehen, mit Analysen und Anfragen.

Hören und Lesen und Sehen darf auch anstrengend sein. Ich ermuntere ausdrücklich dazu, Dritte und Vierte Programme ernster zu nehmen und auszubauen. Der Mensch lebt nicht von Musik allein.

Zum Glück gibt es die anderen Journalisten und Journalistinnen noch, und andere Zeitungen, und andere Sendungen. Zum Glück ist Kommerz nicht alles. Zum Glück auch haben die Medien noch Macht, unkorrumpierte Macht. Und die Kirche: Hat sie ein Wächteramt gegenüber den Medien?

Sie werden es schon gemerkt haben: Mir ist es lieber, die Medien bewachen auch uns bei unseren gesellschaftlichen Aktivitäten, genau und gründlich, skeptisch und solidarisch.

Mir ist es lieber, sie kommentieren und beobachten unsere Einmischungen, unsere geistlichen Beiträge und Defizite, als daß wir nun unbedingt den Spieß umzudrehen hätten. Nebenbei mischen wir mit eigenen Organen und Sendungen ja immer noch mit bei der Meinungs- und Nachrichtenherstellung, versuchen ja auch auf solchen Wegen Klima zu schaffen und zu verändern – hoffentlich immer im Sinne einer guten Moral, einer guten, ehrlichen Berichterstattung.

Aber ganz gewiß werden wir auch institutionell die Stimme erheben und schreien und laut werden, wenn es Not tut, und uns einreihen in die Reihe derer, die ein Auge haben auf die, die ihre Argusaugen auf uns richten. Wir werden unsere christliche Moral der Kommerzmoral entgegenstellen und Gift nennen, was vergiftet.

Wir werden bei bestimmten Themen unsere christlichen Fragen und Antworten einbringen, gefragt und ungefragt.

Das gilt für spezifische Glaubensfragen und für allgemeine Fragen der Menschenwürde, der biblischen Wahrheitssuche, der Sinn- und Wertediskussion überhaupt.

Wir werden nicht gleichgültig alles hinnehmen, was uns und anderen zugemutet wird, nicht unbeteiligt politisch und gesellschaftliche Veränderungen über unser Land und unsere Welt ziehen lassen. Die strikte Trennung von Glauben und Leben, von Kirche und Welt, wie sie manche gerade heute wieder neu fordern, können wir meines Erachtens nicht vollziehen und nicht akzeptieren.

Die schlichten biblischen Sätze »Machet euch die Erde untertan« oder »Die Erde ist des Herrn« sagen uns doch, daß wir unsere Verantwortung als Mitarbeiter und Mitarbeiterinnen Gottes im weltlichen, im irdischen Bereich überall wahrzunehmen haben, nach den Geboten und Anweisungen der Bibel. Wir werden uns nicht herausdrängen lassen, auch wenn uns manche dann beschimpfen, als betrieben wir eine Politisierung der Kirche oder Verkirchlichung anderer Bereiche.

Solche Vorwürfe können und dürfen uns nicht erschrecken und zum Schweigen bringen.

Als Christen und Christinnen, als Kirche haben wir alles, was wir tun und was um uns herum geschieht, mit dem Blickwinkel Gottes zu sehen, wir haben uns zumindest immer neu darum zu bemühen, dieses einzuüben. Es wird uns nie perfekt, nie zufriedenstellend gelingen, aber es bleibt Aufgabe, Übungsfeld für jeden und jede.

Ob wir besser und kritischer und glaubwürdiger als andere gesellschaftliche Gruppen, Verbände, einzelne sind, das will ich nicht behaupten, aber beharrlicher sollten wir sein, uns vom langen Atem Gottes immer neu bewegen und antreiben lassen.

Ein spezielles Wächteramt also beanspruchen wir sicher nicht. Aber daß wir wachsam sind, das ist, das sollte selbstverständlich sein. Daß wir unsere Maßstäbe von den zehn Geboten bis zur Bergpredigt anlegen an die Tätigkeit im Journalismus- und Medienbereich, wird nicht aufhören. Dem achten Gebot ist da hohe Bedeutung zuzumessen.

Dabei werden wir allerdings das Gleichnis vom Splitter und vom Balken im Bewußtsein haben müssen. Aber auch den Splitter bei den anderen zu beschreiben, ist wichtig. Genau und präzis – würden wir doch wie Splitter schnell ins Fleisch dringen und manch eitrige Wunde verursachen, wenn sie zu lange unentdeckt, unfaßbar sind.

Mir scheint, daß Zeitungen wie das Deutsche Allgemeine Sonntagsblatt, daß Regionalblätter wie die Nordelbische Evangelische Kirchenzeitung und auch die unzähligen vielen Kleinblätter auf Gemeindeebene, die sich bescheiden »Gemeindebriefe« nennen, zeigen: daß Nachdenkliches und Vertiefendes im Medienbereich durchaus heute noch seinen Platz haben kann und muß – und das Wunden – welcher Art auch immer – eine angemessene Behandlung brauchen.

Das Privileg, Sendeplätze zu haben, zu erhalten, bei den öffentlich-rechtlichen Medien und bei den privaten, werden wir durchaus nutzen, um seelsorgerlich im weitesten Sinne und auch kritisch die Stimme zu erheben.

Wir werden weiterhin öffentlich immer wieder Themen auch einfordern, die an den Rand gedrängt werden oder ganz unter den Tisch fallen. Als Beispiele nenne ich: Minderheitenschutz und Asylpolitikfragen, Armutsdebatte, Waffenhandel in Deutschland und die vielen ethischen und religiösen Fragen.

Ohne die Angst, nur eine Feigenblattfunktion zu erfüllen, gehört es zum Auftrag der Kirche, auch deutlich vernehmbare Gegenstimme zu sein – nicht nur mit Leserbriefen und Hörerpost als einzelne – aber das ist nicht zu unterschätzen, warum überlassen wir dieses Feld der Medienkritik meist nur den anderen?

Wäre es nicht eine angemessene Form des Priestertums aller Gläubigen hier, wachsam die christlichen Werte zu veröffentlichen? Daneben bleibt es Aufgabe der Institution Kirche, auch mit Zeitungen – lokal und regional oder bundesweit, mit Sendungen für Tag, Woche und Monat – und dann, wenn es sein muß, auch mit besonderen Denkschriften, wie wir sie nennen, uns zu Wort zu melden. Das alles ist Teil unseres Verkündigungsauftrages und unserer gesellschaftlichen Diakonie – und unseres Wächteramtes auch für die Medien.

Insgesamt aber hoffen wir, daß die Medien aller drei Bereiche sich bemühen, das Wort so ernst zu nehmen, das menschliche Wort so zu achten, wie wir dabeibleiben, die Worte der Bibel ernst zu nehmen – zum Schutz der »Witwen und Waisen«, der Minderheiten und Andersdenkenden, der Lobbylosen, der einzelnen – der unbequemen Wahrheiten.

Unterschätzen wir's nicht: Es geht nicht um Waren, es geht um Menschen.

Der Religionsphilosoph Heschel sagte einmal im Hinblick auf die Kommerzialisierungstendenz – und er dachte dabei auch an private Personen: »Jedoch gibt es einige Berufe, in denen Ehrgeiz ein gefährliches Hindernis ist, dazu würde ich Pfarrer, Lehrer, Rechtsanwälte und Ärzte zählen.« So Heschel, und ich füge an: »Auch die Journalisten.« Wir sollten uns weder verkaufen, noch für dumm verkaufen lassen – auch nicht zu reinen Verkäufern werden.

Sondern: Diener, Dienerinnen des Wortes bleiben und der Wahrheit, im Religiösen wie im Profanen.

Darauf zu achten ist demokratisches Recht und Aufgabe jedes einzelnen, jeder einzelnen, eine Aufgabe, die wir nicht abtreten können an ein Amt, eine Partei oder einen Presserat. Und darum auch gibt es Veranstaltungsreihen wie diese hier in St. Katharinen.

Zu allererst aber muß, meine ich, die »vierte Gewalt« sich selbst besinnen, ein Berufsstand, was er sein will: Verkaufsgehilfe oder Verantwortlicher.

Die Alternative wäre ja, wenn es so weitergeht, daß tatsächlich die Sensibilität eines stummen Fisches realiter größer wäre als die eines Journalisten, dem Worte nur noch Geräusche sind unter anderen.

So weit gekommen sollten einige Nachbemerkungen erlaubt sein:

Mir ist dies alles fast zu düster geraten. In Wirklichkeit freue ich mich immer wieder darauf, frühmorgens am Kaffeetisch die Zeitungen, die »Riesenschmetterlinge« zu entfalten und zu sehen, wohin sie mich mitnehmen.

Das ist spannend und erregend zugleich, und ich weiß, von anderen: Sie würden ohne zu zögern auf die Frage nach dem schönsten Tag der Woche antworten: der Donnerstag, weil da etliche Wochenblätter erscheinen. Man muß nur mehr als eins lesen. Man darf sie nicht zu ernst nehmen. Man muß sie als Gesprächspartner ansehen, sie sind nur Zeitungen. Man sollte das Zeitunglesen lernen. Zeitungen spielen auch nur mit. Und sie sind für einen Tag gemacht, oder eine Woche, nicht für die Ewigkeit. Sie haben mehr von Briefen.

Um das Radio habe ich weniger Angst als ums Fernsehen. Der Rundfunk eignet sich einfach nicht mehr genug für Werbung etc., seitdem überall TV-Geräte stehen. Genau das ist seine Riesenchance. Ich denke, das Radio hat unter anderem deshalb mehr Zukunft als das Fernsehen. Wir werden wieder aufmerken und das Wortmedium stärker schätzen.

Das Fernsehen aber wird es immer geben – als Hintergrundausmalung, als Unterhaltungsmedium. Für die Wirklichkeitsdarstellung werden vor allem die Zeitungen zuständig bleiben.

Doch die Macher sollen sich nicht täuschen: Entscheiden über die Zukunft von Radio, Fernsehen und Zeitungen tun nicht sie, sondern wir, die Lesenden, Hörenden und Sehenden – und je unverschämter der Kommerz deutlich wird, desto ablehnender werden wir reagieren, hoffentlich. Und die Quoten werden wir als Fälschungen entlarven oder belächeln.

Noch eine Ermunterung an alle im Medienbereich Tätigen: Lassen Sie ab vom Perfektionswahn. Geben Sie zu, daß Sie auch Fehler machen wie wir alle. Wir brauchen auch in diesem Bereich keine heilige Unbefehlbarkeit, keine geschönte oder gestylte Wahrheit. Etwas mehr Großzügigkeit und Gelassenheit täten uns allen gut. Wie menschlich und menschenfreundlicher würden Programme und Artikel werden, nicht wenn sie bewußt Fehler machen wollen, aber wenn sie sich diese auch dann und wann mal zugestehen und sie eingestehen.

Zum Schluß nun: Als Jesus damals nach Jerusalem kam in den Tempel, da packte ihn der Zorn, und er stieß die Tische der Geldwechsler und Händler um und rief sein berühmtes Wort: »Ihr habt aus dem Haus meines Vaters eine Räuberhöhle gemacht.« Was dieser Vergleich für die Medienwelt bedeutet, will ich nun wirlich nicht mehr ausführen, nicht einmal in »Eins' dreißig«.

»Hier ist nicht Mann noch Frau«

Predigt über Markus 7,24–30
in der Simon-Petrus-Kirche in Hamburg-Poppenbüttel,
22. Januar 1995

Liebe Gemeinde,
eine Happy-End-Geschichte, wie gerade wir Frauen uns sie wünschen, für uns persönlich und im Hinblick auf die, deren Leiden uns berührt. Jesus hat sich von der Syrophönizierin bedrängen oder betören lassen.

Ihre Tochter wird geheilt, der Dämon hat sie verlassen, ist ausgetrieben – durch Jesu Wort – und durch die Worte der Mutter.

Die Hartnäckigkeit hat etwas gebracht, wie bei der bittenden Witwe. Wir sind gar nicht so schwach und klein, wie die Tradition es uns oft nahegelegt hat.

Wir sind nicht viel zu wenig.

Gott und Jesus sind kein unbewegliches, unberührbares Gegenüber; sie gehen auf unser Beten und Flehen ein – und manchmal dann lassen sie sich von uns neu anrühren – und umstimmen; es ist uns erlaubt und geradezu geboten, Gerechtigkeit auch für andere einzuklagen – wie diese Frau – »Du hast recht, aber auch für die anderen bist du da, auch für die draußen vor gilt deine Barmherzigkeit.«

Das ist keine Garantiegeschichte für gelingendes Leben im privaten Bereich oder im gesellschaftlichen Umfeld. Das nicht, aber eine Hoffnungsgeschichte. Die Syrophönizierin, die Griechin, als Vertreterin der reichen und gebildeten Oberschicht, sie pocht nicht auf ihre Privilegien, sie bittet, sie bedrängt, sie harrt, sie hofft, sie glaubt, daß keine und keiner verloren ist, für immer vom Dämon beherrscht werden soll.

Diese Frau zeigt einen unerschütterlichen Glauben an Jesu Heilsmacht und Barmherzigkeit. Sie läßt sich nicht in bestimmtes Rollenverhalten drängen. Sie sucht ihren Weg, sie wagt ihren Weg. Eine starke Frau, zweifelsohne, stark vor allem deswegen, weil sie nicht für sich selbst etwas will.

Darin ist sie vergleichbar den »Frauen in Schwarz«, die in ihren dunklen Kleidern sich auf die Straßen und Plätze stellen. Mütter, Großmütter, die sich mit Krieg und Folter, Ausbeutung und Zerstörung nicht abfinden. Zuerst traten sie in Südamerika auf, um auf die verschwundenen Söhne und Männer hinzuweisen. Inzwischen stehen sie regelmäßig da, in vielen Regionen unserer Welt, auch hier in dieser Kirchengemeinde Poppenbüttel, als Mahnerinnen des Friedens, der Gerechtigkeit und Barmherzigkeit.

Wenn wir die biblische Botschaft wirklich an uns heranlassen und in uns aufnehmen, dann können wir nicht gleichgültig bleiben, wenn andere neben uns leiden, unter Arbeitslosigkeit oder Drogen, unter Krankheit oder Einsamkeit, unter den Dämonen, die heute unter uns wüten.

Zur Kapitulation, zur Resignation führt christlicher Glaube jedenfalls nicht, vielmehr zur Rebellion, zum gemeinsamen Kampf für das Leben, für Menschen unter uns und ebenso in anderen Ländern und Kontinenten.

Als 1988 der Ökumenische Rat der Kirchen die »Ökumenische Dekade Solidarität der Kirche mit den Frauen« ausrief, wurde die Erwartung daran geknüpft, daß die Frauen in den Kirchen innerhalb von zehn Jahren ermutigt und befähigt würden, sich stärker ins kirchliche und gesellschaftliche Leben einzubringen und Veränderungen zu bewirken, in den Strukturen und Inhalten.

Theologisch und atmosphärisch haben sich die Kirchen im Laufe der Jahrhunderte zu einseitig männlich prägen lassen. Denken wir doch an die Gottesdienste – wie wenige biblische Texte hören wir da, in denen Frauen vorkommen. In die Gebete sind die Erfahrungen von Kindern und Frauen selten oder gar nicht aufgenommen. Männer haben unsere Theologie formuliert, durch fast 2000 Jahre – und heute noch sind in den wichtigsten Entscheidungsgremien meist nur wenige Frauen, manchmal gar keine.

Die Erfahrungen, Erwartungen und Begabungen von Frauen kamen zu kurz, wurden zu wenig genutzt, in allen Kirchen und gesellschaftlich ebenso.

Diese ökumenische Dekade nun hat viele Kirchen zumindest aufmerken lassen. Es gibt da inzwischen Veränderungen, die erfreulich sind, nicht nur für die Frauen, sondern auch für die Männer, die Kirchen.

So hatten wir im Oktober letzten Jahres eine Konsultation unserer Nordelbischen Kirche mit den Partnerkirchen aus Tanzania, Kenia, Zaire, Papua-Neuguinea, Indien und Jordanien. Neben den Bischöfen waren Frauen als Delegierte dabei. Und es war spürbar in den

Themen, die die Frauen einbrachten, in dem Miteinander. So wurde unter anderem gefordert, die Ausbildungschancen für Mädchen zu verbessern, die 40 % Quote für Frauen in allen kirchlichen Gremien und Ämtern anzustreben und die Laienbeteiligung in Gottesdiensten zu fördern, ebenso Frauen zu unterstützen in der theologischen Ausbildung und Forschung und in der Öffentlichkeitsarbeit.

»Seht nicht nur eure europäischen Probleme«, mahnten uns die Schwestern aus Ostafrika und Asien, »helft uns, die Beschneidung von Mädchen und die Brautpreis-Verträge endlich zu verbieten und zu verhindern. Viel zu viele Mädchen und Frauen leiden darunter, sterben daran. Laßt uns nicht allein in diesem Kampf – und drängt auf eine stärkere Frauenbeteiligung in den Entwicklungsprojekten. Sonst geht vieles an den Problemen des Volkes vorbei. Laßt uns endlich gute Netzwerke schaffen, daß wir uns gegenseitig informieren, stützen, ermutigen – und nicht ablassen, die verborgene Hälfte, die Frauen, ins Gespräch und in die Entscheidungen einzubeziehen.«

In allen war spürbar die Ermutigung zu mehr Solidarität, zu mehr gelebter Familien-, Frauen- und Kinderfreundlichkeit überall.

In Nordelbien feiern wir seit 1988 jährlich zwei besondere Dekadegottesdienste, in denen Frauengestalten der Bibel neu entdeckt werden, als Leitbilder, als Lebensgefährtinnen. Auf nationalen und internationalen Dekadekonferenzen erleben wir Frauen, wie notwendig es ist, beharrlich Gerechtigkeit anzumahnen, einzuklagen, für uns, für unsere Töchter, daß auch sie Kirche so mit gestalten und mitprägen und mitleiten können, wie Jesus es den Frauen seiner Zeit zugestand.

Der Apostel Paulus schreibt im Galaterbrief: »Hier ist nicht Jude noch Grieche, hier ist nicht Sklave noch Freier, hier ist nicht Mann noch Frau, denn ihr seid alle einer in Christus Jesus, Abrahams Kinder und damit Erben nach der Verheißung.«

So wie Paulus kirchenleitende Frauen anerkannte, auch in den damaligen Diensten und Ämtern, so haben wir es neu zu lernen. Nur so kann die Fülle des Evangeliums hineinwirken in unsere Gemeinden, in unsere Gesellschaft. Die Dämonen unserer Zeit haben vielfältige Erscheinungsformen. Oft haben sie sich an patriarchale Strukturen gebunden – an Wirtschaftsinternessen und Nationalismus, an Militarismus und Herrschaftsbesessenheit.

Damit aber können wir uns als Christen und Christinnen nicht abfinden. Wie die Syrophönizierin haben wir uns mutig an Gott zu wenden und in seinem Namen an die, die an den Unrechtsstrukturen festhalten.

Die Machtfrage in unserer Kirche hat sich schon seltsam verschoben: Vom Dienen zum Herrschen, vom Bitten zum Anordnen, vom gemeinsamen Suchen zur kirchlichen Verlautbarung und Lehre. Wir waschen uns nicht mehr die Füße, sondern eher den Kopf.

Wir klammern uns fest an die Traditionen und wehren die Anfragen und Wünsche der Gegenwart ab, aus Angst vor Veränderungen oder gar Verfälschungen. Lernen wir es doch endlich: Veränderungen sind nicht unbedingt Verfälschungen.

Ecclesia semper reformanda, die Kirche muß sich immer neu an Bibel und Bekenntnis – und an den gegenwärtigen Zeiterfahrungen – orientieren, eben auch an denen von Frauen und Kindern. Sonst bleiben die Dämonen unter uns und beherrschen und zerstören einzelne – und unsere Kirche und Welt als ganze.

»Ja, du hast recht, Herr«, sagte die Syrophönizierin, und sie fügte hinzu: »Aber meine Tochter kann dir doch nicht gleichgültig sein!« Jesus ließ sich ein auf sie und ihr Argument und sagte: »Frau, dein Glaube ist groß, was du willst, soll geschehen.«

Den Glauben von Frauen ernst zu nehmen, ihn einzubeziehen in unsere Theologie und in unser Gemeindeleben, unsere Kirche insgesamt, das bleibt unsere Aufgabe. Bisher sind wir dem noch nicht genügend nachgekommen. Das werden sicher auch die Besuchsgruppen des Ökumenischen Rates der Kirchen feststellen, die in den nächsten Wochen zu uns nach Deutschland kommen.

Ihre Aufgabe ist es: Die ökumenische Dekade der Kirchen mit den Frauen zu begleiten, auf Defizite hinzuweisen und auf Chancen besserer Zusammenarbeit von Frauen und Männern in Kirche und Gesellschaft.

Nutzen wir die Zeit der ökumenischen Dekade bis 1998 und bleiben wir beharrlich, wir alle, und voller Zuversicht, daß die Kirche Jesu Christi von Männern und Frauen in gleicher Weise verantwortet werden muß – vor Ort und weltweit.

Brosamen sind genügend da – für uns alle. Amen.

Hoffnung – Energiebündel des Glaubens

Rede zur Eröffnung der Ausstellung »Mit Thora und Todesmut – Judäa im Widerstand gegen die Römer von Herodes bis Bar-Kochba« im Helms-Museum in Hamburg-Harburg, 26. Januar 1995

»Die Kirche soll im Dorf bleiben« – ein Satz, der gern zitiert wird, wenn wir als Vertreterinnen und Vertreter der Kirche uns in Gebiete wagen, in denen wir nicht die Kompetenz der eigentlichen Fachleute haben. »Haltet euch zurück, redet nicht überall mit, laßt das Agieren; konzentriert euch auf euer Proprium, auf das Eigentliche des Glaubens.«

Und man meint, genau zu wissen, was zum christlichen Glauben gehört – und was nicht; was Sache der Kirche ist – und was nicht.

Ich stimme zu: Die Kirche soll im Dorf bleiben, im Dorf sein – und das Dorf ist die Welt, die nahe und die ferne.

Die Kirche ist kein Nebenbereich, kein Arkanum, in manchem ja, aber nicht als ganze, keineswegs.

So sind wir Kirchenleute zwar nicht kompetent in allen Dingen, das keineswegs. Aber wir haben das Recht und manchmal auch die Pflicht, unsere Gedanken zu äußern über das, was bei uns geschieht, was bei uns geplant wird und was bei uns geschehen ist – als Beobachtende wahrzunehmen, was unsere Ängste und Erfahrungen, unsere Hoffnungen und Empfindungen prägt.

So wie die Küche zur Wohnung gehört oder das Schlafzimmer, gehört die Kirche zur Welt als einer ihrer Bereiche.

Das ist nicht anders mit Museen.

Man gerät, wenn man sie betritt, nicht raus aus allem. Man läßt nicht alles hinter sich. Man gerät auch nicht in die Vergangenheit.

Es ist nur alles etwas anders zusammengestellt als üblich: Vordergründiges und Hintergrund unseres Lebens mischen sich auf weniger gewohnte Weise.

In Kirchen, in Museen ballen sich Gegenwart, Vergangenheit und Zukunft viel vehementer zusammen als in unserem üblichen Tagesablauf.

Da wird mir dann auch bewußt: Wie glücklich kann ich sein, wenn mein Haar, meine Schuhe niemals in eine Museumsvitrine kommen: Wie etwa nun die Schlüssel, die Sandalen und der hölzerne Kamm aus den Höhlen zwischen Qumran und Masada! Oder wenn ich an andere Sandalen, Schuhe, Kleidungsstücke denke, die in Yad Vashem oder hier in der Nähe in Neuengamme ausgestellt werden.

Nicht nur die Entfernungen der Zeit, auch die Entfernungen des Ortes, von Nähe und Fremde, werden verändert in Museen und Kirchen.

Und sie sind Orte, wo der Schmerz ernstgenommen wird, ausgehalten und nicht schnell überspielt, wie sonst so oft.

Das Museum, die Ausstellung über Judäa im Widerstand ist nicht in Stuttgart geblieben.

Sie ist zu uns nach Hamburg, nach Harburg gekommen.

Und das ist gut, denn so können wir hier Gegenwart, Vergangenheit und Zukunft Judäas, Israels, der Juden neu wahrnehmen, uns ansprechen und verändern lassen.

Und daß das notwendig ist, das ist den Verantwortlichen der Ausstellung und des Helms-Museums bewußt – und in ähnlicher Weise uns allen hier, die wir Interesse haben an dieser Thematik, an den Exponaten des »nationalen Erbes« des Staates Israel und von anders her.

Durch »Stillesein und Hoffen würdet ihr stark sein« läßt Gott den Propheten Jesaja sprechen (30, 15.16), »aber ihr wollt nicht und sprecht: Nein, sondern auf Rossen wollen wir dahinfliegen – und darum werdet ihr hinfliegen – und auf Rennern wollen wir reiten – und darum werden euch eure Verfolger überrennen.«

Predigt Jesaja hier etwa der Anpassung das Wort gegen die Übermacht Ägyptens damals?

Stillesein, wie Luther es uns übersetzte, meint ja durchaus stillehalten, abwarten, ruhen gar.

Das ist die eine Traditionslinie: Sich anpassen, sich ducken! Davon ist bei Jesaja allerdings nicht die Rede!

Denn Jesaja setzt neben das Stillehalten die Hoffnung, das Energiebündel des Glaubens.

Und diese andere Linie, biblisch gesehen, kann man an David deutlich machen: Die Widerstandslinie – und wie er, der kleine Junge, gegen den mächtigen Krieger Goliath antrat.

Allerdings auch da nicht mit Rüstung und Schwert, sondern nur mit Kieselsteinen aus einem Bach. Und die schleudert er, die kleinen Steine, und er trifft vernichtend.

Wird David so zum Modell eines Freiheitskämpfers, eines Guerillakämpfers?

Weiter gefragt: Verbietet die Hoffnung auf Gott einem Gläubigen Todesmut oder befreit sie ihn gerade dazu?

Todesmut – Lebensmut – beide Worte kommen in der Bibel nicht vor – schließen sie sich aus? Sind beide nur möglich, wenn da unverblendeter Glaube im Hintergrund ist?

Was war Bar-Kochba für einer: Blind oder verblendet oder hellsichtig?

Und die Leute auf dem Masadafelsen?

Wie weit sind »Thora« – die Lebensgebote Gottes – und »Todesmut« voneinander entfernt?

Gibt es Situationen, wo Gott als Herr über Leben und Tod uns drängt, das eigene Leben aufs Spiel (und was heißt dann noch Spiel) zu setzen und das derer neben uns?

Oder ist Stillehalten und Abwarten eher biblisch, der gottgebotene Weg?

Ist Anpassung, die die Römer ja forderten, die listige Anpassung eines Soldaten Schwejk etwa, das bessere Handlungsmodell? Die Widerstandskämpfer in diesen Tagen in Grosny, die sich aufs Land in ihre Höhlen zurückziehen gegen die brandmordende russische Übermacht; Graf Stauffenberg mit seiner Bombe unterm Eichenholztisch: sein schlecht gezielter davidischer Stein auf Hitler; die Aufstände im Ghetto von Wilna oder Warschau, in den Lagern und besetzten Ländern?

Sind das die von Gott gewollten, von ihm gebilligten Handlungsmodelle?

Was tun gegen die Kreuzigungsexzesse der Römer zu Beginn unserer Zeitrechnung: Stillehalten?

Abwarten, sich und andere abschlachten, ausrotten lassen? Wie Ungeziefer vertilgen lassen?

Wie häßlich und menschenverachtend ist das Gerede bei uns in Deutschland hinterher, wenn gefragt wurde, auch heute noch wird:

Warum haben die Juden denn nicht aufbegehrt, sich gewehrt, als die Waggons kamen?

Wer begehrte in Deutschland denn auf, als die Frage gestellt wurde: Wollt ihr den totalen Krieg?

Wann begehren wir auf, wenn bei uns wieder Menschen in Not sind, wenn sie bei uns Zuflucht suchen und nicht erhalten? Wie und wo erheben wir unsere Stimmen, wann zeigen wir heute Lebensmut, Todesmut?

Ich soll hier keinen langen Vortrag halten. Es gilt, eine Ausstellung zu eröffnen, am Vortag des 27. Januar allerdings – zu einer Ausstellung in einem Museum, das als »Archäologisches Museum« firmiert, aber selbst Archäologie, selbst die Funde zwischen Herodes' und der Bar-Kochbazeit zeigen, daß es Vergangenheit pur nicht gibt und Gegenwart und Zukunft pur eben auch nicht.

Wir wissen doch, daß die Zeit immer vehement zusammengeballt ist, daß Museen nicht die Orte »stiller, zurückgezogener Betrachtung« sind.

Und so taucht nicht von ungefähr ein Emil Nolde aus Seebüll auf in dem Austellungskatalog.

Orte und Zeiten, Nähe und Ferne relativieren sich.

Zu Recht behaftet man uns in der Kirche immer wieder mit der Kirchengeschichte: Unser Paktieren, unsere Nähe mit der Macht, unser Schweigen.

Zu Recht werden wir mit Schärfe befragt, wenn es um die Gestaltung der Gegenwart geht – um Frieden und Gerechtigkeit und Barmherzigkeit.

Wie oft verrieten wir unsere Hoffnung, indem wir uns abwandten, wegguckten oder hinsahen und doch stillehielten?

Wo tun wir es heute? Als einzelne, als Gruppe, als Kirche? Haben wir Christen und Christinnen seit Kaiser Konstantin im »christlichen Abendland« die biblischen Hoffnungen verloren und verkürzt?

Wo sind wir heute angepaßt, still, schweigend, mit geschlossenen Mündern und Ohren, Augen und Herzen?

Ich breche die Reihe der Fragen hier ab. Es sind Fragen, die sich uns immer neu stellen für unsere Gegenwart, für unsere Verantwortung.

Nur gut, wenn ein freies Gespräch darüber möglich ist und wir unsere Schulderfahrungen, Belastungen und Hoffnungen benennen, austauschen und verändern können – ohne Schlußstrichmentalität!

Doch aushalten können wir das wohl nur mit der Hoffnung, daß die Thora Gottes Hilfe und Macht gibt, den Schalom-Zustand zu gewähren und spürbar zu machen.

Denn allein können wir das nicht, schon gar nicht nach dem, was wir alles angestellt haben gegen Gott, gegen seine Gebote, gegen sein Volk.

Wir brauchen das Vertrauen: daß die Thora die warme Macht Gottes ist gegen die eisige Todeskälte der Menschenverachtung, daß die Thora die Wurzel des Lebensbaumes bleibt, der auch außerhalb des Paradieses wächst, für Israel, für uns alle. Es geht darum, dem Tod die Macht zu nehmen, zumindest aus der Sicht Gottes.

Auf Seite 46 und 47 des Kataloges wird über den Zensus des Quirinius berichtet, die Volkszählung, die uns aus der Weihnachtsgeschichte vertraut ist. Sie empörte insbesondere die orthodoxen Juden, die Zeloten, die Eiferer, denn, so heißt es in dem Artikel von Frank Unruh: »Die Volkszählung galt im religiösen Verständnis als Anmaßung gegenüber Gott, dem allein als dem Herrn des Volkes Israel die Zahl der Menschen bekannt sei.«

Wie oft haben wir als Kinder das Lied »Weißt du, wieviel Sternlein stehen« gesungen.

Mir war nie klar, daß wir da ein wenig mit dem Feuer spielten. Allerdings fingen wir auch nicht an die Sterne zu zählen. Und das Lied von Matthias Claudius legte beruhigend fest: Gott allein hat sie gezählet – die Zahl der Tausenden Mücken im Sommerwind auch.

Die Zahl wissen zu wollen, wäre menschliche Überheblichkeit.

Als aber Quirinius Statthalter war des Kaisers von Rom und Herodes König in Judäa, wurde jene Volkszählung anberaumt, und die Zeloten witterten eben, daß mehr dahinter stand als nur Finanzpolitik, daß es hier um Weltmacht im Wortsinn ging, um Babelturmbau, um Überheblichkeit und Übernahme der Weltgeschichte, um die Entthronung Gottes.

Ähnliches war schon zur Zeit Davids geschehen, als er genau wissen wollte, wie viele Soldaten ihm in Judäa und Israel zur Verfügung standen; auch da war Gottes Zorn entbrannt.

Was steht dahinter?

Das Bewußtsein aller Großmächte, die Menschen nur als Zahlen und zahlende Zahlen zu betrachten, als Wesen zum Ausquetschen, zum Kämpfen, zum Töten auch.

Dieser Tendenz des Größer, des Mehr, des Allenshabenwollens gilt es zu wehren.

Wenn Menschen sich daran machen, das Miteinander zu entmenschlichen, wenn das Zahlenbewußtsein unsere Wortfähigkeit überwälzt, wenn Menschen mit Zahlen bezeichnet, auf schreckliche Weise versehen, gezeichnet werden wie noch vor 50 Jahren bei uns, wenn es Minderheiten gibt, die geschluckt oder abgeschoben werden, dann heißt es wachsam zu werden mit allen Sinnen.

Minderheiten, wenn der einzelne, die einzelne nichts mehr wert bleibt, nichts mehr gilt, spätestens wenn so von Minderheiten geredet oder empfunden wird, gilt es, aufs äußerste wachsam zu werden.

Gott will nicht: daß »eines fehle« – kein Haar vom Kopf, ein Mensch schon gar nicht, keine und keiner von uns, und von den anderen auch nicht.

Bei Gott haben wir Namen.

Wo wir merken, daß wir nur noch Zahlen sind, nur noch verrechnet werden, da gilt: »obsta principiis.«

Daß das nun gerade ein Satz aus dem machtbesessenen Rom ist, zeigt die Widerstandskraft der Hoffnung.

Die Hoffnung, sie läßt sich eben nicht zerstören oder mit dem schrecklichen Wort gesagt: ausmerzen; die Hoffnung hält nicht still, sie hält dagegen. Das ist heute meine Antwort an Jesaja. Seien wir vor uns und vor der Welt thora-gehorsam, lebensmutig!

Haben wir den Mut, uns Gott anzupassen, seinem Wort – und nicht einer falschen Macht.

»Mit Thora und Lebensmut« – kein Wort der Vergangenheit, gar der Archäologie nur, eine Ermutigung für uns heute – im Hinblick auf unsere Verantwortung Israel gegenüber, den unter uns lebenden Jüdinnen und Juden.

Worte und Bilder und Exponate der Erde und des Himmels – voller Hoffnungskraft.

Deshalb: Lassen wir die Kirche im Dorf, sehen wir die Hölle – und vor allem den Himmel auf Erden.

Diese Ausstellung lädt uns dazu ein.

»Christentum, Christentum über alles«?

Rede bei der Eröffnung der Woche der Brüderlichkeit im Thalia-Theater in Hamburg, 26. Februar 1995

»Nur wer das Vergangene nicht vergißt, gewinnt die Zukunft.« Das mir zugewiesene Teilthema dieser Veranstaltung soll theologisch angepackt werden, in der Tradition der Hebräischen Bibel und ihrer Wirkungsgeschichte, ein Versuch, den jüdischen und christlichen Auslegungsversuchen von Zeit und Ewigkeit gerecht zu werden, ihnen nahezukommen.

Eine Einladung, die reizt, auf den ersten Blick hin, dann aber doch zögern läßt.

Stimme ich dieser Themenstellung so zu?

Ist das biblische Redeweise?

Meine Reaktion ist – vorläufig zumindest – die, daß ich etwas vom Thema abrücke, auf Distanz gehe.

Wenn wir von Zukunft, von Zeit reden, dann kann es nicht im üblichen Sinn um Gewinnen gehen, um Gewinnsteigerung etwa noch.

Und es geht auch nicht beim Erinnern so schnell, so gleich um die Zukunft. Wenn biblisch verstanden Erinnern, Vergangenheitserinnerung gefordert oder angemahnt wird, dann geht es doch zuerst einmal um die Gegenwart, um unsere Gegenwart.

Überspringen wir diese nicht so schnell mit irgendwelchen Zukunftsplänen und Gedankensplittern.

Wir haben noch viel zuviel mit der Gegenwart zu tun, als daß wir uns schon auf die Zukunft kaprizieren könnten.

Schließlich sind wir ja erst dabei, uns der Vergangenheit zu stellen, sie vor uns so stehenzulassen, wie sie ist, sie uns zu eigen zu machen, soweit es möglich ist.

Wir stellen uns die Zeit ja meist räumlich vor – und die Vergangenheit wäre dann der Raum, der hinter uns liegt.

Also: Wir stehen in der Gegenwart und machen uns auf, in den Raum vor uns zu gehen, als sähen wir da eine Tür – und die Tür führt in den Raum Zukunft.

Doch ist es wirklich so? Stimmt die Vorstellung von drei Räumen?

Nein, mir scheint: Da ist nur ein Zeitraum.

Und wir stehen voll in unserer Vergangenheit: ihr Glück und ihr Elend um uns herum und gegenwärtig, und es ist keine Klinke da, die wir niederdrücken können und dann nur noch einen Schritt, und wir sind raus aus allem.

Ich glaube, Gott hat es anders gemacht.

In die Zukunft können wir nicht gehen, wir können sie auch nicht gewinnen.

Sie ist und bleibt ein Geschenk Gottes, nicht mit einem Lotto- oder Toto-Gewinn vergleichbar, der irgendeinem zukommt – nach Zufall oder Wahrscheinlichkeitsberechnungen.

Nein, für uns ist neue Zeit immer Geschenk Gottes, in toto, auch mit den dunklen und schwarzen Flecken.

Zukunft – das, was Gott auf uns zukommen läßt, wenn er es denn will und mag.

Und er gibt es uns nicht en masse, sondern eher tropfenweise wie eine Medizin – und manchmal als Elixier, immer persönlich zugeschrieben, zugemutet.

Im Hebräischen wird immer wieder aufgefordert, sich der Vergangenheit zu erinnern, Gedenk-Arbeit zu tun.

Auf andere Weise zeigt aber auch unsere Grammatik, wie groß die Vergangenheit ist.

Wir kennen nur eine Gegenwartsstufe – das Präsenz, aber wir haben drei Vergangenheitsstufen: Imperfekt, Perfekt und Plusquamperfekt, das Unabgeschlossene, das Abgeschlossene und das mehr als Abgeschlossene. Unsere deutsche Geschichte in diesem Jahrhundert, unsere Vergangenheit, wie wir sagen, ist so gesehen höchstens imperfekt, gar nicht perfekt und überhaupt nicht plusquamperfekt.

Es war Jochen Klepper im Jahre 1938, der die Zeit wohl ähnlich sah und dann dichtete: »Der Du die Zeit in Händen hast, Herr, nimm auch diese Jahreslast und wandle sie in Segen.«

Das ist eine kindliche Bitte, aus dem Glauben an Gott erwachsen.

Und es stellt sich die Frage, ob es nicht gar Gottes Kraft übersteigt, die Last dieses Jahrhunderts, in dem wir leben, in Segen zu verwandeln. Ja, ich bin sicher, wenn ich nur an das denke, was in Deutschland geschah, es läßt sich nicht in Segen verwandeln, niemals.

Dieses Leid, das über das jüdische Volk kam, das unser Volk ihm antat und anderen auch, es läßt sich nicht wegwandeln, verwandeln.

Dafür reichen nicht einmal himmlische Kräfte.

Auffallen müßte uns eigentlich, daß wir Christen uns in der Geschichte in unserem Verhältnis zu den Juden niemals bisher mit dem Begriff bezeichnet hatten, den wir als Ausdruck unserer christlichen Verbundenheit über alle Grenzen hinweg gebraucht haben: »Brüder und Schwestern« – manchmal sehr formelhaft gebraucht, aber immerhin.

Ein Blick in die Kirchengeschichte und Theologiegeschichte lehrt ja eindeutig, daß wir sie uns, die Juden und Jüdinnen, nie geschwisterlich nahe sahen, von wenigen Ausnahmen abgesehen.

Sie hatten Schuld auf sich geladen, so oder so, wurde freiweg behauptet, durch Lehre und Kunst wirkungsvoll tradiert.

Sie waren nicht mehr das Volk Gottes, nicht mehr das Volk der Propheten und Verheißungen.

Die Enterbung wurde durchgängig behauptet, mit allen Konsequenzen. Die Juden standen nicht nur außerhalb, sondern sie waren uns Feinde, zu bekämpfen, zu überwinden, zu töten, zu missionieren: zu verändern also. Es galt, ihre Herzen umzuwandeln »auf Teufel komm raus«. Als müßten sie von uns in Segen verwandelt werden, mit Gottes Hilfe, wie wir missionierend sagten.

Auch die assimilierten und die getauften Juden und Jüdinnen wurden letztlich nicht voll akzeptiert, weder im Dritten Reich noch in den Jahrhunderten davor, denken wir nur an Heine.

So hat es durchaus etwas, auch im Wortsinne Peinliches, wenn wir nun in diesem Jahrhundert auch noch Wochen der »Brüderlichkeit« begehen; es mischen sich Scham und Glück in mir, daß wir nach allem, was war, hier zusammenkommen können, wie wir es tun, unter solchem Titel.

Doch eine Randbemerkung: Es melden sich manche Stimmen, die diese »Woche der Brüderlichkeit« umbenannt haben wollen, zugunsten der Geschwisterlichkeit.

Gewiß, es ist schon wichtig, wie eine Veranstaltungsreihe sich nennt, aber hier kommt es mir doch zuerst einmal auf die theologische, die geschichtliche Annäherung der jüdischen und christlichen Gemeinden an, darauf, daß wir diesen Anfang einer Begegnung wahrnehmen, mit Erstaunen noch und Dankbarkeit und mit dem Ziel, ihn normal werden zu lassen – für unsere Welt- und Glaubensgeschichte.

Doch täuschen wir uns nicht, das sage ich vor allem uns Christinnen und Christen: Es ist nicht so wie in der Josefsgeschichte, in der die Brüder sich entzweiten und sie den einen ins Loch, in den Tod warfen, wie sie meinten, und blutige Kleider dem Vater zeigten – und ganz am Ende der Erzähler dann den Josef sprechen läßt, als sie sich alle als Brüder erkennen: Ihr gedachtet es böse zu machen mit mir, aber Gott gedachte es gut zu machen, um zu tun, was jetzt am Tage ist, nämlich am Leben zu erhalten ein großes Volk.

So ist es in diesem Jahrhundert und mit uns nicht. Hier hat nicht Gott die Fäden gezogen, sondern hier war ein böses Volk, und es hat es böse gemeint und böse gemacht, böser, als himmliche Kräfte es gut machen können.

Tief ist der Brunnen der Vergangenheit, so beginnt Thomas Mann seinen Josephs-Roman, doch dieser ist vergiftet von uns, die wir uns Christen nannten.

Und wir Christen haben nicht nur die Jahre 1933 bis 1945, sondern die gesamte Christentumsgeschichte zu erinnern als eine stetige Entfernung vom Volk Gottes, als eine Zeit, in der wir so gut wie nie jemals den Anschein der Brüderlichkeit, Geschwisterlichkeit boten dem Volk, das unsere Herkunft ist, die wir verleugneten.

Die viel beschworene These, daß nach Auschwitz sich die Theologie zu ändern habe, anders werden müsse, ist eine Erinnerungsarbeit, die fast unberührt noch vor uns liegt.

Uns selbst müssen wir missionieren, unsere Herzen, unser Denken, Tun und Handeln umkehren.

Nun: Wenn auch nicht zu Brüdern und Schwestern, so doch jedenfalls bitte zu Hörenden, zu Zuhörenden, zu Gesprächspartnerinnen und Gesprächspartnern zu werden, überhaupt einmal dem Judentum und den einzelnen jüdischen Menschen.

Viel zu schnell, viel zu leicht, viel zuviel fallen wir in die alten Denkmuster – vom »Alten« Testament und unserem Neuen.

Selbst unter theologisch Gebildeten gibt es da Schwarz-Weiß-Behauptungen, die alle Vorurteile bestätigen und anheizen; das ist nicht nur Vergangenheitsdenken.

Noch heute dogmatisieren wir viel zuviel, reden von dem einen Weg, als sei es der einzige, und blicken herab, als sei nichts gewesen.

Absolutheitsanspruch und Arroganz bestimmen uns weiter.

Statt uns, statt das Christentum aufzubrechen und statt selber zu Hörenden zu werden, zu Fragenden auch, bleiben wir die, die es doch schon immer besser wissen.

»Verstockung« ist ein Stichwort der Bibel. Erinnerungsarbeit vielleicht mag unser verstocktes christliches Herz aufweichen.

So vertraue ich darauf: Nicht, daß Gott die Vergangenheit in Segen verwandelt, aber hoffentlich uns und unser Herz und Denken verändert, weich und empfänglich macht für Gerechtigkeit und Ungerechtigkeit, für Scham und Schuldgefühle, die unbearbeitet nur lähmen und nichts Neues, Gutes bewegen. Und so höre ich nicht auf, das Gespräch mit denen zu suchen, die nach Gottes Willen sein Volk sind, und so wende ich mich verantwortungsbereit der Vergangenheit zu in der Hoffnung, daß Gott uns neue Zukunft gibt, neue Zeit, ja, gemeinsame Zeit, aus seiner Hand.

Und ich arbeite daran, daß die Zeit der christlichen Überheblichkeit endlich zu Ende gehe. Statt Arroganz eher die Mahnung Rogate – »Betet, bittet, öffnet Euch« – auch im Sinne des sterbenden Luther: »Wir sind Bettler, das ist wahr.« Wir haben die Festung unserer Institution Kirche, unserer christlichen Theologie und Glaubensgerechtigkeit aufzubrechen und hinauszugehen, Exodus-Erfahrungen zuzulassen, wenigstens hier und da zu üben.

Ja, wir sind es, die in vielem umlernen müssen.

Denn wir haben uns viel zuwenig erinnert, wir haben aus unserer Vergangenheitsgeschichte der Kirche und des Glaubens noch viel zuwenig gelernt, als Deutsche nicht, als Christen nicht.

»Deutschland, Deutschland über alles!« – diese Strophe haben wir gestrichen, aber sie klingt noch oder schon wieder neu mit, wenn Haydns Musik angestimmt wird, und

»Christentum, Christentum über alles« – wir haben es zwar nie so gesungen, aber unser theologisches Denken ist davon noch immer weithin besetzt, als stünde das Christentum über dem Judentum, was es niemals tat, aus Gottes und aus Jesu Sicht.

Erinnerung meint ja nicht, daß man etwas einfach besichtigt, so wie man in ein Museum oder in eine Ausstellung geht und sich vorbereitet oder eher zufällig von etwas berühren läßt, was auch noch da ist, neben dem Eigenen, dem eigentlich Wichtigen.

Erinnerung meint nicht, etwas aus der Vergangenheit nebenbei oder großartig zu zitieren und vorzuführen, lediglich äußerlich darauf aufmerksam zu machen, weil es vielleicht en vogue ist oder sich auszahlt. Um es ganz kraß zu sagen: Da hat doch tatsächlich in diesen Tagen eine japanische Modedesignerin eine Kollektion entworfen, in der sie Anklänge an die gestreifte KZ-Kleidung als Hauptmotiv verwendete und über den Laufsteg schickte, weil sie meinte: das wäre auf der Höhe der Zeit: und gewinnträchtig allzumal.

Sie hat die Kollektion inzwischen zurückgezogen.

Aber ich sehe, auch für uns persönlich, durchaus diese Gefahr immer wieder, vor allem in diesem Jahr mit all seinen Gedenktagen –, daß die Beschäftigung mit dem Holocaust das angesagte Modethema ist, das man danach dann erleichtert wieder abhaken kann, etwas, daß man kurz trägt wie das passende Kleid zur richtigen Situation und dann auf den Bügel hängt für irgendwann wieder, und es ist kein tägliches Kleid, und es geht schon gar nicht unter die Haut, da, wo die ethischen Entscheidungswege laufen – also: daß wir reden, weil's gefordert erscheint oder: um es uns von der Seele zu reden, wie man so sagt.

Erinnerung aber meint das Gegenteil: Es nach innen zu holen, zur Seele hin – und nicht weg von ihr.

Da war einmal ein Baum, ein Feigenbaum in einem Weinberg, an dem war lange keine Frucht zu finden, so daß er abgehauen werden sollte, weil er dem Boden nur die Kraft nahm.

Da sagte der Gärtner zum Herrn des Weinbergs: Herr, laß ihn noch dieses Jahr, bis ich um ihn grabe und ihn dünge, vielleicht bringt er doch noch Frucht. Wenn aber nicht, so hau ihn ab.

Das ist ein Gleichnis über das, was Erinnerung meint: Graben im eigenen Boden.

Wir Christen müssen die Bibel gegen uns lesen, damit sie zu einem Buch wird für uns. Wir müssen auch die Kirchengeschichte, die Weltgeschichte, die Vergangenheit gegen uns lesen, damit wir nicht in falsche Abhängigkeit geraten, stehenbleiben in Ressentiments, zurückträumen, schwärmen von Brunnen, die vergiftet sind, von Fleischtöpfen, die zum Wahnsinn führten.

Wir müssen uns befreien lassen zu gemeinsamen Hoffnungen, zu Exoduserfahrungen und dann auch zum Aufbruch bereit sein – in Theologie und Glaubensgeschichte, in Kirche und Gesellschaft.

Die Zeit-Räume haben keine Trennmauern. Sie sind keine Zimmer, die abgeschlossen werden können, verschlossen und harmlos sind.

Wir haben uns an die Vergangenheit zu erinnern, nicht zu vergessen, was Gott uns Gutes getan hat, nicht vergessen, was wir anderen angetan haben.

Wir haben uns dem mit Kopf und Herz zu stellen, auszuhalten, uns und unseren Kindern vorzuhalten, nicht nur an Feiertagen, sondern im eigenen Alltag.

Dann kann es besser werden, für uns, für uns hier und alle, die bei uns leben und von uns Hilfe erwarten oder einfach nur Nähe und Offenheit.

Insofern: Durch die Erinnerung kann die Zukunft gewinnbringend sein, und darauf setze ich.

Ein Schlußstrich jedenfalls ist nicht angebracht, heute noch nicht – und wohl niemals.

Ich schließe mit einem Vers Rose Ausländers: »Die Vergangenheit hat mich gedichtet. Ich habe die Zukunft geerbt. Mein Alter heißt Jetzt.«

Störenfried sein um des Friedens willen

Predigt über Jeremia 20,7–11
in der Bugenhagen-Gemeinde in Hamburg-Barmbek, 19. März 1995

Liebe Gemeinde,
Frieden zu stiften, dazu sind wir aufgerufen, und die Seligkeit wird dafür versprochen. Frieden und Freude zu ermöglichen, zuzulassen, bei uns und anderen, das ist es, worum wir uns bemühen sollen, so zeigt es uns die Bibel immer wieder, aber: nicht um jeden Preis. Friede und Freude sind nicht Selbstzweck, nicht alleiniges Lebensziel.

Es geht nicht um Flucht in eine heile Nischenwelt, wo wir schließlich nur das sehen und erfahren wollen, was uns schmeichelt und wie ein warmer bequemer Mantel umhüllt.

Nein, die Bibel mutet uns zu, uns manchmal in den kalten Zug zu stellen, ohne Mantel, ohne Schutz, ganz allein auch – und sogar Störenfriede zu sein - um des guten Friedens willen.

»Du hast mich überredet, und ich habe mich überreden lassen« – so sagte es der Prophet Jeremia.

Überredet wurde er von Gott, die frohe Botschaft weiterzusagen, in der eigenen Familie und darüber hinaus vor denen, die ihre eigenen Pläne hatten, die sich von den Geboten und Verheißungen Gottes nicht leiten lassen wollten.

Überredet wurde Jeremia von Gott, so sagt er, und dann konnte er sich dem nicht mehr entziehen: »Du bist mir zu stark geworden und du hast gewonnen«, und so mußte er dann Frevel und Gewalt beim Namen nennen, laut und vernehmlich, gegen die Mächtigen im Lande, im Königspalast und im Tempel.

Jeremia, ein religiöser und sozialer Eiferer, so könnte man ihn beschreiben, einer, der sich vom eifernden Gott hat anstecken lassen, der sich als sein Volontär engagiert, als einer, der seinem Willen zu entsprechen versucht, auch da wo es schwierig und peinlich ist, mit Angst und Pein verbunden.

Eiferer – eifernd – oder auch fanatisch – Worte, die für uns negativ belastet sind, und doch meinen sie von ihrer ursprünglichen Bedeutung her, daß Menschen von der Gottheit, von Gott ergriffen sind, sich religiös einbringen, für den Himmel ein Wort einlegen und sehr vieles riskierten. (Für besonders Interessierte sei es gesagt: fanatisch kommt vom lateinischen Fanum her, was Tempel oder Heiligtum heißt.) Wir sprechen in bezug auf unseren Glauben, unsere Kirche kaum von eifernder, fanatischer Rede oder Haltung. Wir drücken es lieber so aus: engagiert, voller Elan und Begeisterung.

Doch: so setzt sich Jeremia ein als eifernder, als fanatischer Prophet für seinen Gott und für sein Volk, und er riskiert sein Ansehen und seine Sicherheit und auch sein Leben.

Der Eifer für Frieden und Gerechtigkeit, der Eifer für Wahrheit und Barmherzigkeit läßt sich nicht einfach einschüchtern oder abschütteln, bei Gott nicht – und bei Jeremia nicht – bei uns allerdings sieht es meist anders aus.

Oder sind auch wir so von Gott überredet, von ihm so angesteckt, daß wir laut und vernehmlich von ihm reden, trotz Hohn und Spott, den wir ernten könnten?

Bringen wir es fertig, auch dort die biblischen Hoffnungen und Visionen zur Sprache zu bringen, wo Ängste nach schärferen Gesetzen verlangen, wo Härte statt Barmherzigkeit verlangt wird? Wo Gewalt angedroht und ausgeübt wird?

Meist wohl wollen wir keine Eiferer und keine Fanatiker sein – aber ein bißchen Überschwang, ein bißchen fröhliche Ergriffenheit – das wäre doch ganz schön und notwendig, missionarisch vor allem.

Man soll sich nicht verbrennen, aber doch jedenfalls erwärmen können an uns. Kalte, eiskalte oder auch nur laue Christen, das sollten wir nicht sein wollen.

Wagen wir es in persönlichen Gesprächen und öffentlichen Diskussionen, die Angebote, die Gebote Gottes zu zitieren und als verbindliche Leitbilder vorzuhalten? Sind wir so stark wie Jeremia?

Oder richtiger: sind wir ähnlich wie Jeremia im Gespräch, in der Auseinandersetzung mit Gott, daß wir wie er sagen können: »Gott, Du bist mir zu stark geworden, und Du hast gewonnen.«

Nun höre ich schon den Einwand: damals war es ja auch einfacher, unsere Welt ist so komplex geworden.

Deshalb wissen wir heute doch auch nicht mehr genau, was denn Gottes Wille ist, was gut und notwendig nach seinen Vorstellungen geschehen soll oder darf. Die Gottesbeziehung, das religiöse Wissen trägt heute nicht mehr so einfach, so selbstverständlich wie früher. Begründungen und Entschuldigungen, Ausreden sind schnell auf dem Tisch.

Doch machen wir uns nichts vor: die Kirchentagslosung »Es ist dir gesagt, Mensch, was gut ist« sagt es deutlich: wir wissen, was nach Gottes Willen gut ist, vielleicht nicht in jedem Einzelfall, das ist richtig, aber im großen und ganzen in den Leitlinien für unser Leben und unsere Welt ist Gottes Wille nicht verschwommen oder aus dem Bewußtseins gefallen. Viele – in Kirche und Gesellschaft – verbinden mit Gottes Willen folgendes: Es ist nicht gut, daß Kriege geführt werden und mehr Geld für militärische Forschungen und Maßnahmen ausgegeben wird als für soziale und ökologische Aufgaben – ganz kraß ist das in den Staaten Afrikas und Asiens zu erkennen, aber auch bei uns sind da immer noch manche Fragen zu stellen.

Es ist nicht gut, daß für parkende Autos mehr Platz zur Verfügung gestellt wird als für spielende Kinder – ganz abgesehen von den Straßen und Autobahnen, die Stadtteile und Landschaften zerteilen und zerstören.

Es ist nicht gut, daß Asylsuchende abgeschoben werden sollen in Länder, in denen Bürgerkrieg, Verfolgung und Folter das Leben bedrohen.

Es ist nicht gut, daß die Schere zwischen Reich und Arm immer weiter auseinandergeht – in unserer Stadt und weltweit.

Die einen wissen nicht, wie sie ihr Geld gewinnbringend anlegen und schützen, die andern haben weder Wohnung noch Nahrung.

Es ist nicht gut, daß Kinder ohne Perspektiven heranwachsen, keine Bezugspersonen haben, denen sie vertrauen, ohne Arbeitschancen, ohne religiöse Bindung.

Es ist nicht gut, daß Menschen unter uns verkümmern, einsam und allein gelassen vegetieren, im Alter und auch in jüngeren Jahren.

Sind wir da wirklich machtlos?

Können wir da wirklich die Hände nur noch in den Schoß legen und sagen: so ist es nun mal, damit haben wir und die anderen sich abzufinden – oder schaffen wir es, die Hände zum Gebet zu falten und sie anderen zu reichen, daß wir uns gemeinsam und von Gott her aufrichten und stärken lassen, daß wir trotz aller Ohnmachtsgefühle von dem reden, was Gott uns verheißen hat – von Frieden und Gerechtigkeit, von Wahrheit und Barmherzigkeit?

Jeremia war allein, ein Gottesmann, der sich von Gott gepackt wußte und der sich von ihm nicht lösen konnte.

Jakob, der Stammvater Israels, kämpfte am Jabbok mit dem Engel und sprach: ich lasse Dich nicht, Du segnest mich denn.

Jesus sagte: nimm diesen Kelch von mir; doch nicht mein, sondern Dein Wille geschehe! Und da erschien ihm ein Engel vom Himmel und stärkte ihn. Und er betete heftiger.

Und er war dann bereit, den Weg zu gehen, der ihn ans Kreuz führte, weil er nur so die Glaubwürdigkeit des göttlichen Willens zeigen konnte.

Nun sind wir gewiß kleingläubiger und schwächer als Jeremia und Jakob und Jesus, aber wir haben eine Hilfe, die wir nicht gering achten sollen: Wir haben Menschen um uns, einzelne zumindest, mit denen wir uns zusammentun können, um gemeinsam Zeichen zu setzen, daß Gottes Wille auch heute noch gilt – und daß unsere Welt trotz des vielen Elends von Gott nicht verlassen ist. Bürgerinitiativen gibt es hier und da, wenn etwas verhindert werden soll, für einen Stadtteil oder das ganze Land oder wenn besonderes Engagement die Menschen beflügelt und in Gang bringt.

Wie ist es eigentlich mit Christeninitiativen?

In der Bußtagsdiskussion hat sich so etwas langsam gebildet, denken wir an die fast siebzigtausend Unterschriften für die Erhaltung des Buß- und Bettages als gesetzlich geschützten Feiertags in Schleswig-Holstein – aber wie sieht es sonst aus? Gehen wir auf die Straße für soziale Nöte oder geistliche Anliegen? Wagen wir es um Gottes willen, Störenfriede zu sein, im Namen Jesu Frieden zu stiften auch da, wo es schwierig und gefährlich ist?

Oft ziehen wir uns zurück in unsere eigenen vier Wände und eigenen Sorgen, und wir meinen, es hätte doch keinen Sinn: was kann ich, was können wir schon machen?

Nehmen wir es doch wahr: Gott zieht sich nicht zurück, er hat sich aus unserer Welt trotz aller Gegenpropaganda und allen Schweigens nicht zurückgezogen. Gott hat nicht resigniert, seine Zeichen hat er hiergelassen, in den Kirchen, in den christlichen und jüdischen Gemeinden, in einzelnen Menschen, Worten, Taten, in bildender Kunst auch.

Ihm sind wir und die anderen nicht gleichgültig.

Er hat seinen Segen nicht von seiner Welt genommen.

Gott ist eben nicht mit einem Gärtner vergleichbar, der seinen Segen wie mit einer Gießkanne gleichmäßig über die ganze Welt ausgießt. Daher sind da ja auch immer wieder Bereiche, Menschen, die von ihm weniger getragen und begleitet erscheinen.

Die Frage nach seiner Liebe, seiner Nähe läßt sich nicht überall einfach und klar beantworten. Da gibt es schon Situationen der Hoffnungsleere, aber nicht der völligen Gottverlassenheit.

Manche Lasten sind schwer, unglaublich schwer, wie wir es von Hiob und anderen wissen, wie wir es in der Gegenwart erfahren, vielleicht auch mal im eigenen Leben.

Zweifel an der Macht und Freundlichkeit Gottes sind keine Sünde, sind keine Zeichen für Unglaube, sondern rühren aus dem Bestreben heraus, aus dem Wunsch, Gott wirklich verstehen zu können, seine Nähe deutlich zu spüren.

Und nach all dem, was wir aus der Bibel wissen, können wir uns, trotz allem, in allem darauf verlassen, daß Gott weiterhin seine Welt liebt, wie in den ersten Tagen der Schöpfung.

Ja, Gott will, auch heute noch, daß seine Geschöpfe leben und seine Kinder sich für seinen guten Willen engagieren, daß wir mit Eifer und Glaubenshoffnung leben, Frevel und Gewalt beim Namen nennen und Frieden und Gerechtigkeit einfordern in den verschiedenen Bereichen und Ebenen.

Eine Kirche, die sich in Schweigen zurückzieht, wo sie reden muß, hört auf, Kirche Jesu Christi zu sein.

Christen und Christinnen, die sich damit abfinden, daß Armut und Arbeitslosigkeit wachsen, stehen nicht mehr in der Nachfolge Jesu.

Wir sind aufgerufen, Hoffnungsträger und Friedensstifterinnen zu sein, mit Worten und mit unserem Verhalten, mit Zeichen, die immer neu an Gottes willen erinnern, im kleinen und im großen, im persönlichen und gesellschaftlichen Engagement.

Unsere Gottesdienste haben dabei eine große Bedeutung, denn da werden wir hineingestellt in die Geschichte derer, die sich von Gott immer wieder ermutigen ließen, trotz Angst und Gefahr von ihm zu reden und in seinem Namen zu handeln. Gottesdienste und andere Veranstaltungen im gemeindlichen Leben, im Kirchengebäude, sie können zumindest andeuten, welche Fülle des Evangeliums uns gegeben ist. Diese gemeinsam zu entdecken, zu entfalten, eben auch mit Theater und Gesprächsabenden, mit Konzerten und Vorstellungen verschiedener Art, das ist es, was uns, was Ihnen hier in der Bugenhagenkirche in Barmbek in besonderer Weise am Herzen liegt und was von Ihnen in seinen Bedingungen verbessert werden soll, damit wir als Kirche erkennbarer, hörbarer, spürbarer werden, wie Sauerteig hineinwirken in die Gesellschaft, in die verschiedenen Möglichkeiten und Aufgaben, die gerade hier in Barmbek vorhanden sind oder verbessert oder ganz neu entdeckt werden sollen.

In diesen Monaten werden wir an unsere deutsche Geschichte erinnert, an die Zeit vor 50 Jahren, an den Krieg und die Konzentrationslager, an die Ideologie und Nazidiktatur – und an Dietrich Bonhoeffer, der am 9. April 1945 in Flossenbürg ermordet wurde.

Wir zitieren gern die Bekennende Kirche und ihre Wortführer.

Wir spüren Erleichterung, daß diese zumindest die Stimme erhoben und sich so von Gott gepackt wußten, daß das Evangelium zur Sprache kam, gerade auch mit seiner Verbindung zur Hebräischen Bibel, mit seiner Herkunft aus Israel, aus der jüdischen Religion und seinem Volk.

All diese Erinnerungen, all diese Gedenkfeiern haben doch nur eine Berechtigung, wenn wir in unserer Situation heute nun die Stimme des Glaubens deutlich zur Sprache bringen – in der Kirche und in der Öffentlichkeit, wenn wir uns und andere ermutigen, sich von Gott stärken zu lassen, daß wir in seinem Sinn und in seinem Auftrag uns für Frieden und Gerechtigkeit einsetzen, der Barmherzigkeit neue Möglichkeit zu geben, der Wahrheit zu dienen.

Liebe Gemeinde, daß der Glaube an Gott nicht nur etwas Schönes und Bequemes ist, nicht nur etwas Stimmungsvolles und Tröstendes, das wissen wir, machen wir das auch nach außen hin deutlich.

Ermutigen wir uns, Zeichen zu setzen, deutlich anzuzeigen, daß wir uns nicht mit der gegenwärtigen Situation abfinden, daß wir Änderungen wollen, Verbesserungen im Sinne Jesu, nach den Worten der Propheten und der Bibel überhaupt.

Graffitisprache bunt und phantasievoll finden wir inzwischen an fast allen Häusern und Wänden, und sie wird erneuert, sobald sie von anderen gelöscht wurde.

Warum eigentlich bringen wir unsere Sprache nicht immer erneut in die Öffentlichkeit hinein, beispielsweise durch Werbesprüche in Schaukästen und durch unsere eigenen Worte in Diskussionen und Gesprächen? Durch Kunstwerke in Wort und Bild, auf der Bühne, Kanzel oder Straße?

Da sind wir Erwachsenen doch manchmal recht phantasielos, zaghaft, resigniert vielleicht auch.

Oder ein anderes Beispiel: Das Abendgebet, es wird noch geübt, so scheint es wenigstens. Kinder und Erwachsene falten die Hände abends, um Gott und Jesus Christus zu danken für die Begleitung am Tag und vor allem: zu bitten für das Dasein in der Nacht.

Warum aber beten wir nicht morgens? Wollen wir die Nähe des Himmels nur in der Nacht haben, wenn es dunkel ist, wenn wir allein sind?

Trauen wir dem Himmel nicht mehr zu, daß er am Tag für uns von Bedeutung ist?

Wollen wir nach Gottes Wort lieber ruhig schlafen als christlich handeln und bewegt werden draußen unter den anderen? Nehmen wir Gott nur fürs Private noch in Anspruch? Das wäre fatal – und es wäre Stillstand, Rückzug – aber keine Nachfolge mehr.

Versuchen wir, neu unsere Wege zu gehen, nach den Worten der Bibel, zusammen mit anderen, da, wo wir wohnen und arbeiten!

Sprechen wir an, was uns wichtig ist, was uns drängt und treibt, was uns trägt und tröstet, was Recht ist und was Unrecht, was ungerecht und unbarmherzig – und: laden wir ohne Scheu andere ein zu Gottesdiensten und kirchlichen Veranstaltungen, Kinder und Erwachsene!

Denn so wie wir selber immer wieder die Zusage Gottes brauchen – so auch die anderen, die Zusage, daß wir von guten Mächten wunderbar geborgen sind und Gott mit uns ist am Abend und am Morgen und ganz gewiß an jedem neuen Tag. Amen.

Bibelstellenregister

Lieferbare Radius-Bücher (eine Auswahl)

Heinrich Albertz: *Bremer Predigten*. 100 S., br.
Ders. (Hrsg.): *Die Zehn Gebote*. 12 Bde. Je 108 bis 160 S., br.
Peter Bichsel (Hrsg.): *Für Peter Härtling*. Eine Festgabe. 200 S., br.
Karl Bohrmann: *Rote Figur*. 100 Zeichnungen. Mit Notizen des Künstlers. 128 S., geb.
Ders.: *Zeichnungen*. Mit einem Gedicht von Walter Helmut Fritz. 160 S., br.
Jürgen Brodwolf: *Theresienstadt. Wunde*. 15 Arbeiten auf Papier. 48 S., geb.
Jürgen Brodwolf / Peter Härtling: *Transparentblätter*. Gedichte. 120 S., geb. im Schuber.
Ingeborg Drewitz: *Junge Menschen messen ihre Erwartungen aus...* 80 S., br.
Wolfgang Erk (Hrsg.): *Briefe von Brodwolf*. 152 S., geb. im Schuber.
Ders. (Hrsg.): *Danken, Klagen, Loben / Alles reift, um Gabe zu werden*. 2 Bde. Zus. 508 S., geb.
Ders. (Hrsg.): *Für Christoph Eschenbach*. Eine Festgabe. 152 S., br.
Ders. (Hrsg.): *Für diesen Tag und für alle Tage Deines Lebens*. Ein Brevier. 128 S., geb.
Ders. (Hrsg.): *Hoffnungstexte*. Ermutigungen für jeden Tag des Jahres. 240 S., geb.
Ders. (Hrsg.): *Nimm dieses Wort*. Texte für Liebende. 128 S., geb.
Ders. (Hrsg.): *Wer bin ich?* Woher kommen wir – wohin gehen wir. 100 Texte. 128 S., geb.
Richard Exner: *Gedichte 1953-1991*. 320 S., geb.
Iring Fetscher: *Utopien, Illusionen, Hoffnungen*. 312 S., br.
Traugott Giesen: *Christsein praktisch*. 100 Proben Glaubensmut. 224 S., geb.
Ders.: *Gebete der Zuversicht*. 100 S., geb.
Ders.: *Glaube mit Hand und Fuß*. 94 Kolumnen. 200 S., geb.
Ders.: *glauben heilt*. Energien aus dem Glaubensbekenntnis. 176 S., geb.
Ders.: *Gott liebt Dich und braucht Dich*. 366 Worte zum Weiter-Leben. 192 S., geb.
Ders.: *Ich kann von Glück sagen*. 30 Lockrufe. 208 S., geb.
Ders.: *Schmerzlich – schön – wunderbar*. Alltagsglaube in 90 Kolumnen. 212 S., geb.
Ders.: *Vater unser in Ewigkeit. Amen*. 42 An-Reden. 200 S., geb.
Traugott Giesen / Hans Jessel: *Sylt für die Seele*. 45 Texte. 45 Farbfotos. 96 S., geb.
Janet und Paul Gotkin: *Zu viel Zorn, zu viele Tränen*. 288 S., br.
Hannah Green: *Ich hab dir nie einen Rosengarten versprochen*.240 S., geb.
Gustav-Heinemann-Initiative: *Wege zu einer zivilen Gesellschaft*. Dok. 1994. 80 S., br.
Peter Härtling: *Brüder und Schwestern*. Tagebuch eines Synodalen. 80 S., br.
Ders.: *Für Ottla*. 40 S., geb.
Ders. (Hrsg.): *Fundevögel*. Geschichten zum Wieder- und Wiederlesen. 320 S., geb.
Ders.: *Und hören voneinander*. Reden aus Zorn und Zuversicht. 112 S., br.
Ders.: *Die kleine Welle*. 32 S., geb.
Ders.: *Das Land, das ich erdachte*. Gedichte 1990-1993. 128 S., geb.
Ders.: *Das wandernde Wasser*. Musik und Poesie der Romantik. 128 S., br.
Ders.: *Zueignung*. 100 S., geb.
Ders. (Hrsg.): *Textspuren*. Konkretes und Kritisches zur Kanzelrede. 8 Bde. Je rund 260 S., br.
Peter Härtling / Arnulf Rainer: *Engel – gibt's die?* Gedichte. Übermalungen. 112 S., geb.
Leo Hartmann: *»... bis über die letzte Schwelle«*. Reisen in philosophische Gefilde. 144 S., br.
Karl Herbert: *Kirche zwischen Aufbruch und Tradition*. 408 S., geb.
Klaus-Peter Hertzsch: *Der ganze Fisch war voll Gesang*. 80 S., br. u. gebundene Ausgabe
Ders.: *Nachdenken über den Fisch*. Texte und Predigten. 160 S., br.
Inge Jens / Walter Jens: *Vergangenheit – gegenwärtig*. Biographische Skizzen. 88 S., geb.
Walter Jens: *Das A und das O*. Die Offenbarung des Johannes. 96 S., br.
Ders.: *Die Zeit ist erfüllt. Die Stunde ist da*. Das Markus-Evangelium. 96 S., br.
Ders.: *Und ein Gebot ging aus*. Das Lukas-Evangelium. 160 S., br.
Ders.: *Am Anfang: Das Wort*. Das Johannes-Evangelium. 128 S., br.
Ders.: *Ein Jud aus Hechingen*. Requiem für Paul Levi. 60 S., br.
Ders.: *Roccos Erzählung*. 40 S., geb.
Ders.: *Das weiße Taschentuch*. 32 S., geb.
Ders.: *Zeichen des Kreuzes*. Vier Monologe. 80 S., br.